政治がつむぎだす日常

東ドイツの余暇と「ふつうの人びと」

河合信晴

Politischer Alltag

Freizeit und Bevölkerung in der DDR

現代書館

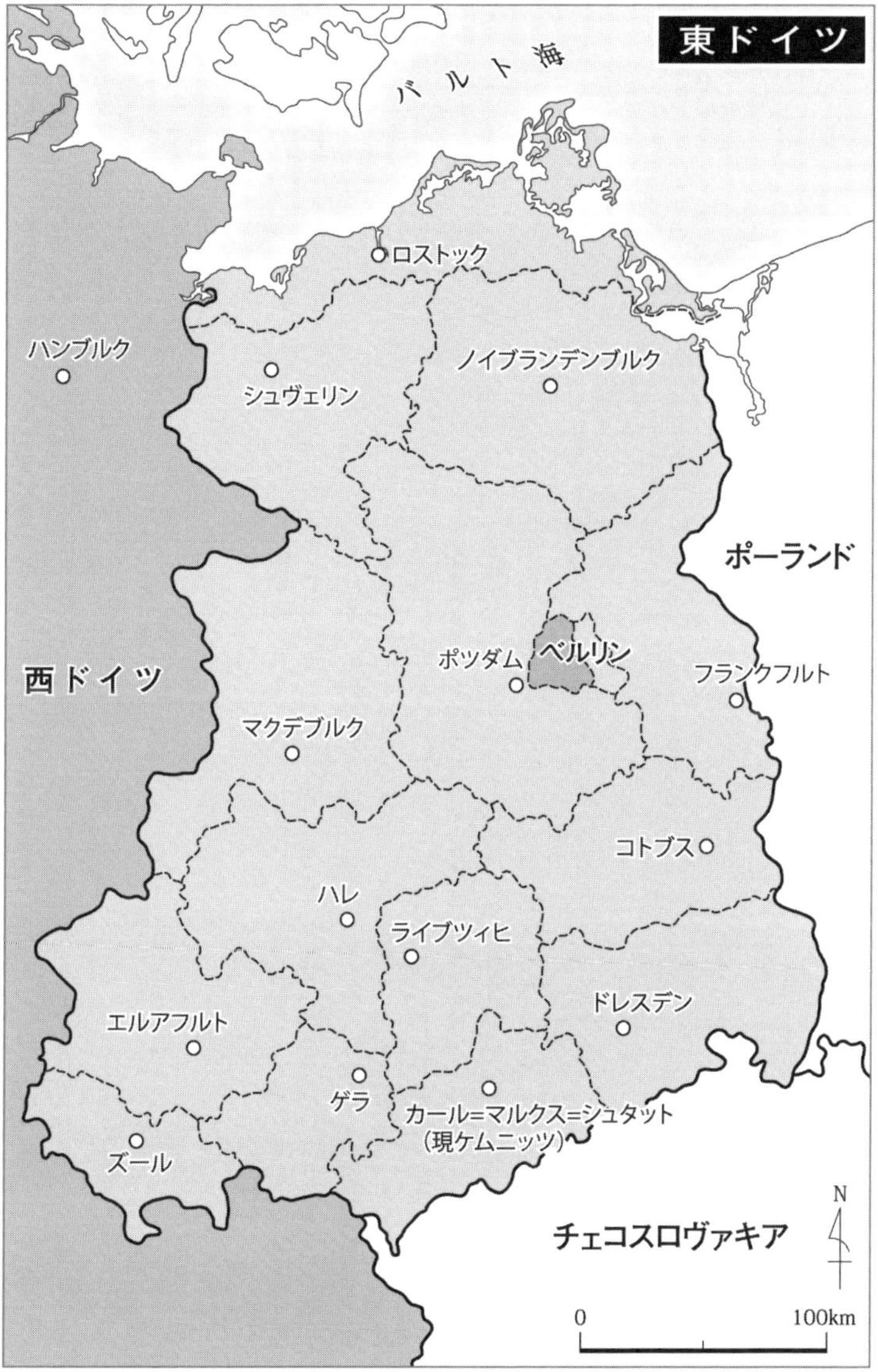
東ドイツ
バルト海
ロストック
ハンブルク
シュヴェリン
ノイブランデンブルク
ポーランド
西ドイツ
ポツダム
ベルリン
フランクフルト
マクデブルク
コトブス
ハレ
ライプツィヒ
ドレスデン
エルアフルト
ゲラ
カール=マルクス=シュタット
(現ケムニッツ)
ズール
チェコスロヴァキア
N
0
100km

労働者は苦痛をもたらす蛇から「身を守る」ために集わねばならない、そして、階級として、自由な意思に基づいて資本と契約をすることで、自身と同類のものを死と隷属状態へと売りわたす事態を自分自身で防ぐことになる圧倒的な社会的障壁、一つの国法を力ずくで手にいれねばならない。『譲渡不可能な人権』などという壮麗な目録に対して、法的規制のかかった就業日という慎ましやかな権利の憲章が取って代わる。この就業日は、「労働者がいつ売り払った時間が終わりを告げるのか、彼自身に属する時間がいつ始まるのかを、ついに明らかにする。」なんと大きな変化であるだろうか！

マルクス『資本論』

政治がつむぎだす日常——東ドイツの余暇と「ふつうの人びと」＊目次

凡例

東ドイツに関係した社会組織に関しては、初出で「　」で正式名称とドイツ語の略語を記す。その後は、簡略化した形で記す。正式名称と略語、簡略化して用いる語については、巻末の略語表も参照のこと。例外として、東ドイツの政権政党である「ドイツ社会主義統一党」は頻出するために初出以降はＳＥＤとする。

公文書館史料の出典記載は、文書館名、ファイルナンバー、紙面番号(Bl.)：宛先・受け取り先、タイトル、日付の順である。タイトルがない場合、ohne Titel、日付番号がない場合、ohne Datumとする。

序章　社会主義体制と余暇

第一節　東ドイツの余暇を検討する意味

(1) 近現代史における余暇と社会主義体制

我々は現在、社会主義体制に対していかなるイメージを持っているのだろうか。ソ連や東欧の社会主義体制が崩壊してすでに二〇年以上が経過する中で、この体制は我々の日常生活とは何ら関係のないものと考えるのが素直な反応ではないだろうか。果たしてどれほどの人が、現在、この体制に興味や関心を抱いているのだろうか。

かつて存在した社会主義体制に対する認識が希薄化している例は、戦後ドイツをめぐる言説に、端的に見ることができる。戦後ドイツは、日本の隣に位置する朝鮮半島と同様、第二次世界大戦の結果、米ソの対立が激化する中で、連合国の直接占領下に置かれた後、一九四九年、社会主義と資本主義の国、「ドイツ民主共和国」(東ドイツ)と「ドイツ連邦共和国」(西ドイツ)の二つに分裂した。それにもかかわらず、この事実さえも忘れさられ、今では、元の西ドイツを指してドイツであると言われることが多い。しかし、東ドイツはすでに忘れ去られた存在となってしまっている。

たとえ、東ドイツに言及されることがあっても、この国に対する一般的な印象は否定的なものではないだろうか。すなわち、工場からは黒い煙が立ちこめ、人びとが朝からパン屋や肉屋の前に何時間も列をなして待ち、秘密警察「シュタージ」による監視に社会が絡め取られて政治的な自由の存在しない世界、これが現在の東ドイツを代表する姿であろう(1)。

しかしながら、一九六〇年代後半以降、西ドイツの豊かさを示す消費財に相当する商品が、東ドイツに流通していたことも事実である。トラバントとフォルクスヴァーゲン、ゴールドブロイラーとマクドナルド、ビタ・コーラとコカ・コーラが東西ドイツにおいて対をなす消費財の代名詞となっている。さらには、バルト海と地中海への休暇旅行に類似点を見ることができる。ここからは、東西の日常生活には大きな違いは存在しなかったと考えることもできなくもない。

このような現在の東ドイツひいては社会主義体制をめぐる忘却や批判的評価、さらには東西ドイツの相違点と類似点が交錯する社会主義体制のイメージは、むろん戦後世界における冷戦の対立構造を反映したものであることには疑いはない。

ただ、第二次世界大戦直後には、この社会主義や計画、あるいは調整といった言葉は、西側においても注目を浴び、将来の方向性を示すものとして意義を持っていた。西ヨーロッパにおいては、フランスでは一時期共産党が政権に加わっており、イタリアでもその勢力は侮りがたいものがあった。西ドイツにあっては、以前から労働者の多くを組織化することに成功していた「ドイツ社会民主党」(SPD以下、社会民主党)のみならず、当初は、共産党の影響力も無視し得るものではなかった。共産党系の青年組織である「自由ドイツ青年同盟」（ＦＤＪ）は積極的な活動を繰り広げて、青年層に一定程度浸透することに成功しており、共産主義は若者に未来の希望として捉えられることもあった。

しかし、この西ドイツでは国家の分断によって直接ソ連の脅威を受けることになったために、早期に社会内部で反共産主義の社会的了解が形成されていった。当時の左右両派を代表する政治家、「キリスト教民主同盟」（ＣＤＵ）のＫ・アデナウアーと社会民主党党首であったＫ・シューマッハーが、共にソ連を反民主主義的体制であると見て、脅威を感じていたことも、この了解を定着させることに寄与した[2]。一九五六年には憲法裁判所の判決により、共産党は禁止されながらも、この国では市場経済体制を万能とは見ないで、政治体制が経済社会に介入することを是認し、「社会的市場経済」が標榜されることとなった。

なお日本においても、社会計画と共産主義に対しては、西ドイツと同じく矛盾した様相が現れる。たとえば、一時的とは言いながらも、社会党党首の片山哲を首相とする左派・中道政権が成立したことからは、社会改良を目指す勢力には一定の支持が存在していたことが確認できる。しかし、東アジアにおいては、体制選択の違いは冷戦にとどまらず現実の戦争となった。中国における国共内戦や朝鮮戦争という国際情勢の展開を受けて、この体制を忌避する人びとにとってみて、現実の社会主義体制は非難の対象にしかならなかった。

その一方で、日本においては戦後の一時期、社会・人文科学分野においてマルクス主義を評価する潮流が存在しており、ソ連型の社会主義体制を肯定的に捉える傾向が強かった。そのために、戦後初期にはこの体制の問題点を批判することには消極的な姿勢も存在していた。

西ドイツと日本においては、戦後の社会主義体制が現実政治に持っていた影響力の大きさと政治的なスタンスの違いから、この体制について客観的な分析を行ない得る余地は少なかった。むろん、一九六八年以降には新左翼運動が盛り上がる中で、日本においても、現実の社会主義体制を批判する動きは生じた。

ソ連や東欧諸国の社会主義体制が崩壊した後にあって、統一ドイツでは、戦後四十年にわたる国家分断を克服するためにも、東ドイツを見直す政治的必要性があり、この国を対象にした社会主義体制研究が進展した。逆に、日本においては、市場経済型自由主義の優位性が立証されたとする考えが社会に広まる中で、当事者意識がなかったためか、かつては社会主義体制を支持するかないしはシンパシーを抱いていた人びとの多くは沈黙した。

しかし現在、冷戦の終焉から二十年以上たち、以前の政治的な立場や価値観に縛られた言説や、そのときどきの政治的な雰囲気には飲み込まれることがなく、客観的にこの体制を振り返ることが可能な時期になっている(3)。

この作業のための基盤は、近年になり一次史料の公開が進んできたことからも整っている。とりわけ旧社会主義体制国の中で東ドイツについては、近隣の旧社会主義諸国以上に広範囲にわたる大量の一次史料が各地の公文書館ですでに一般に公開されているのである。

もともと、社会主義は十九世紀、「大衆的貧困」(パウペリスムス)が最大の社会問題となる中で発展を遂げた(4)。この時期、人口が都市部に集中する一方で、職が十分には確保されない不均衡状態が生じたことにより、低賃金や長時間労働、劣悪な住居・衛生環境下に多くの人びとが置かれることとなった。貧困は人間が生きていく上で、逃れられることができない苦しみの原因と見なされた。だが、当時の経済体制下において、その責任は社会構造にあるのではなく、一人ひとりの運や努力に還元されるものと考えられていた。救貧は教会やボランティア精神にあふれると同時に私財を持つ篤志家が行なう事柄であっても、国家が扱うべき問題とは認識されてはいなかった。むろん、この教会の行なう旧来の救貧システムでは、近代初めの「大衆的貧困」には十分対応できなかった。

これに対して、社会主義運動は公的な権力を用いて、貧困やそれに伴う公衆衛生等の社会問題の解決を訴えた。ドイツにあっては、近代的組織政党として、社会民主党が多くの労働者層をひきつけ、第二帝政期の終わりには、帝国議会において第一会派となるまでに成長した。それに対して、第二帝政期に帝国宰相を務めたビスマルクは、早くからこの動きを警戒し、「社会主義者鎮圧法」を制定して、社会民主党の前身であった「ドイツ社会主義労働者党」の活動を禁止する一方で、疾病保険の導入に代表される労働者への保障策を導入した。彼の方策は政治権力を掌握する側の革命に対する恐怖から、労働者の団結を阻止することを目的としていたが、人間の日常生活の苦悩を和らげたことも事実である。いずれにせよ、この国にあっては早くから、人間一人ひとりの苦しみをどのように解消していくのか、ないしは緩和していくのかが、思想や運動レベルのみならず体制までも含めて政治的な課題として認識されていた。

政治体制が社会へと介入する傾向が明らかになる中で、これまでの政治指導や政治参加のあり方さえも決定的に変化させたのが、第一次世界大戦であった。この戦争はこれまでの戦争とは異なり、「総力戦」となった。一国の政治・軍事指導者の采配や前線における軍事行動の優劣によって勝敗が決まるものではなく、銃後の国民が戦争に協力することで、初めて戦いを継続し得る形に戦争のあり方が変化した。そのため、第一次世界大戦後には戦争に協力した「ふつうの人びと」を政治の主体として政治体制内部に組み込み、彼らの利益を直接考慮する重要性が一段と高まった[5]。

むろん、このことは平凡であることを主張する大衆が公的空間を占めることへの危機感を呼び起こし、知識人の間から「大衆社会」に対する批判も生み出した。(6) 理性的なエリートが卓越した指導によって、政治運営を行なうことが望ましいと見なされたのである。もし政治を統治のための技術と見なすならば、社会全体の利益ないしは「国益」を正しく認識できるエリートこそが、政治運営の主体となる。だとすれば、一部の指導者の行動や彼らの実施する諸政策にこそ政治の本質が現れよう。しかし、近代化の中で「ふつうの人びと」が参政権の拡大を直接の契機にしながら、政治の舞台に主体として登場してきた際、彼らはそれまでの資産に依拠しながら政治に携わってきた人びととは異なり、自らの日常生活と関連させて政治を思考することになった。それゆえ、政治には生活を維持し豊かにしていく手段としての役割も期待されることになったのである。

第一次世界大戦は同時に、ロシア革命の成功をもたらして、史上初めて社会主義体制を生み出した。このことは、貧困を含むあらゆる社会問題に直接責任を持つ政治体制を生み出すことになった。むろん、共産党による独裁的な政治支配を民主化とは異質なものであると捉えることもできる。しかし、この見解は「独裁」イコール抑圧的という社会主義体制に対するイメージを投影したものであり、少なくとも、共産主義者が労働者による主体的な社会建設を期待していた点を過少評価するわけにはいかない。彼らの理解によれば、共産党の指導下で、労働者階級は正しい利益が何であるのかを理解し、政治的な主体になることができると考えられていた。ただ、この「プロレタリア独裁」という考えに立ち、政治を共産党が独占的に担っている場合でも、彼らは労働者の意志を完全に無視することはできず、世論動向を探る努力をしていた。(7)

いわば、第一次世界大戦と第二次世界大戦の間にあたる戦間期にあっては、政治体制から社会への積極的介入が進展しつつ、政治活動に主体として関与する人間が増大していった。また、日常生活において政治が覆う範囲が拡大したことによって、人間と政治との関わりは大きく変化することとなった。

そして第二次世界大戦後には、ドイツは修正資本主義と社会主義という二つの政治体制に分かれることとなった。その東側には生産手段を国有化し、国が計画に基づいて経済を管理運営し、社会問題に対応する体制がソ連から導入された。残りの西側部分には、政治権力の介入を「社会的市場経済」という言葉を用いて正当化しつつも、市場経済を維持する体制が確立したのである。

政治権力の強制力を用いて人間一人ひとりの苦悩を解消しようとする方向性が模索される中、もともとは同じ国民としての共通の文化基盤を持つ社会が分断されたことにより、東ドイツでは他の国にもまして、国家と社会との関係をめぐる歴史と、東西世界の対立に関する問題が集中的に現れることになった。いわば、東ドイツの四十年の歴史の中には、現代社会において問われるべき論点のいずれもが含まれているのである。だからこそ、東ドイツという場所に着目して戦後史を考える意義がある。

この点はドイツの代表的な現代史家の一人であり、ポツダムにある「現代史研究所」の所長を務めたC・クレスマンによれば、次の三点にまとめられる(8)。第一に、東ドイツはナチス体制による過去を振り返りつつも、従来の労働運動がもたらした成果に代表される遺産を継承しながら、国家建設を図っていく必要があった。東ドイツでは、ドイツの伝統がどのようにして継承され、それがいかに表面化するのかが問題とならざるを得なかった。第二に、この国では、ソ連型の国家社会主義体制が新たに導入されたことによって、政治生活は「ソ連化」の影響を正面から受けることとなった(9)。「ソ連化」の具体例としては、統一リストに賛成するか反対するかを求める擬似的な民主選挙、職場での労働組合を通じた政治集会への動員が挙げられる。そして第三の特徴は、東ドイツは西ドイツとの競合の中で豊かな生活を実現する必要があった点に求められる。西ドイツでは一九五〇年代後半において、戦後復興から飛躍的な経済成長を見せ、ほぼ完全雇用状態を実現する中で、消費社会化が進んでいった。東ドイツはこの状況に遅れをとっていることを公式には認めるわけにはいかなかったのである。さらには、東ドイツにあってもこの戦後の豊かな日常生活へのあこがれと、そこへの接近のモデルであったのは、西ドイツを超えた先にあるアメリカであり、消費生活の「アメリカ化」という現象に東ドイツも巻き込まれていたとする議論も存在する。(10)

ただ、戦後の政治社会空間を振り返るにあたっては、政治体制が社会へと介入する原因となった、貧困に代表される人間一人ひとりの生における苦悩への対処にのみ目を向けるだけでは、その特徴が十分解明できるとは言えない。というのも戦後復興が進み、一部の人びと以外にはそれまで手に届かなかった、自動車やテレビといった耐久消費財が普及するにしたがって、豊かな消費生活は単にあこがれに留まるものではなく、「ふつうの人びと」にとって身近な存在になっていったからである。このことは、一般に政治的事項となり得る問題とは異なる私的生活の充実に関わる話題に、人びとの関心が移動したことを意味する。この人間が純粋に喜びを感じる活動は、絶えず生きていく糧を得る労働とは反対の活動である余暇に求められよう。

それでは、現代社会においては、民主化による公的領域への「ふつうの人びと」の参加が拡大したことによって、政治体制と社会との距離が縮まる一方で、余暇の領域は政治権力からの介入や他人からの干渉が及ばない領域であり、自らが楽しいという感情を抱くことができる、私的な世界を純粋な形で構成していたのであろうか。次にこの点について考えみたい。

（2）余暇の「政治化・民主化」

元来、余暇は個々の人間が生活を成り立たせるために行なう労働とは異なり、それぞれ個人が自らの楽しみを享受する時間や活動と理解できる。ドイツ語の単語において直接余暇を意味するものは、「自由な時間」を意味する「フライツァイト」（Freizeit）であり、時間としての側面が重視される。英語で余暇を示す「レジャー」（leisure）では、活動としての側面が重視される。なお普段は余り使われないが、この「レジャー」と近い意味の単語として、「ムーセ：閑暇」（Muße）というギリシア語に由来する単語もドイツ語には存在する。(11)

これに対して、日本語の「余暇」という言葉から想像される人生の余りものや、何もしない時間という位置づけは、現在まで日本における時間感覚、生活感覚を支配しているために、日常生活において余暇の積極的な意義を見いだしにくくしている。(12)

余暇という言葉が持つ本来の意味について、ドイツと日本における意味の違いを踏まえつつも、人間の生活空間における政治と余暇との関係を考えるにあたっては、古代世界にまでさかのぼって言及した、H・アレントの見解を取り上げることにしたい。彼女によれば、古代ギリシア世界では、私的世界とは経済的な必然が支配し、人間の生存にとって必要不可欠な活動を行なう場であった。逆に、公の世界はこの必然から逃れることのできる人間が行動する領域と位置づけられる。このとき、「余暇」（スコレー）は私の領域ではなく、時間が必要な政治を行なうための活動を意味するものとして、公の領域に属していた。古代ギリシアにあっては余暇とは政治を意味していたのである。そのため、余暇は奴隷や他の人びとに労働を任せられる一部の人間だけが手に入れられるものであった。(13)

また近代に入っても、あらゆる人びとがこの余暇をすぐに自らのものと認識することができたわけではなかった。というのも、余暇は有り余る資産を有し、時間的な余裕があるブルジョワ階級以上の人びとが享受できるものであったからである。そこから余暇である「閑暇」(leisure)とは、自己の所有する富を顕示するためのものであり、生産とは結びつかない行動をとる「有閑階級」(leisure class)に特有な行動形態であると見る、批判的な見解が導き出される。(14) 逆に、現代の著名な社会学者であるJ・ハーバマスによれば、この閑暇こそが読書サークルやサロンのような政治的言論空間である「公共圏」を生み出したのであり、民主主義の土台になったとの評価が与えられる。(15) これら二つの相異なる見解は、近代初期の余暇には批判と肯定双方の意味内容があったことを示している。しかし、余暇がすべての人に開かれたものではなかった点については、共通点を見ることが可能である。余暇とは自己の生存のために経済活動に追われる必要のない一部の人間だけが享受できるものであり、まさに特権として位置づけられていたのである。

この経済的な余裕を持っていた人びとと比べて、民衆は生産と消費活動が未分化な状態で生活を営んでいた。そのため、労働時間とそれ以外の時間との区別があいまいな時代にあっては、余暇は彼らにとっては独自の活動領域としての意味を持っていなかった。近世までは、一日の日常生活が太陽の動きによって規定されており、日の出と日の入りによって活動時間が区切られる中で、日時計が時間を知るための手段として利用されていた。太陽は「永遠なる黄金の時計」と呼ばれ、「人びとの暮らしを司る支配者」であった。(16) しかし、近世から近代にかけて人間の行動は徐々に機械時計が刻む客観的で、計測可能な時間によって規律されることとなったのである。日中の生活時間が、労働・食事・家事・通勤として分化して具体的な活動と結びつけられることによって、余暇も独自の活動領域として現れることとなった。

ただし、現代の「ふつうの人びと」は古代に見られた奴隷労働や近代初期に見られた有り余る所有財産に依存して、余暇活動を営んでいるわけではない。彼らは自らが日々の労働のなかで手に入れた財を投入して、余暇を楽しむ。いわば、日常生活全体において労働のみならず、睡眠や家事労働といったそれぞれの活動とのバランスの中に余暇は存在することになった。

二十世紀に入りこの余暇は、第一次世界大戦後イタリアで成立したファシズム体制によって、明確に政治問題と捉えられた(17)。彼らは物理的な暴力によって支配を打ち立てただけにとどまらず、この余暇活動を組織化するために「ドーポラボーロ」と呼ばれる官製組織を結成して、私的領域への公権力の浸透を図ろうと試みた。もし当時、余暇が一部の人間にのみ享受し得るものであったならば、ファシストが大規模な余暇の組織化を試みる必要性はかなり低いものであっただろう。余暇の存在が社会の大多数の人間が関わる問題となっていたからこそ、彼らはそこに政治的重要性を見いだしたのである。

ここまで古代から現代までの余暇が置かれた位置づけを確認してきたが、余暇が公と私との領域を跨ぐ位置に存在していることが理解できる。そのために、余暇については私的な問題として、文化的観点から検討するだけではなく、政治的な意味を問う必要がでてくる。

余暇が特定集団の特権ではなく社会階級、さらには性別や年齢層を超えて広く拡大し、さらには政治と密接に結びついている、近代半ばから現代に至るこの方向性を、本書は「余暇の政治化・民主化」として捉えたい(18)。「余暇の政治化・民主化」が始まったのは、労働時間の法的規制が導入されたことによる。十九世紀に入り、人間が工場に定時に出勤して生産活動に従事する中で、労働時間の管理が厳格化しただけでなく、生産現場における機械化が進展したために、人間の生活観は大きく変化した。また、ガス灯や電灯といった人工的照明が導入されたことは、人間が機械に合わせて労働を余儀なくされる事態を招くことになった。それだけでなく、農村から町への人口流入が活発化し都市化が進展する中で、自己の生存手段を確保するために、人間同士が競合する状態に陥った。一人ひとりの人間の生命は機械と同様に取り替え可能なものとして扱われたために、労働時間は一日十数時間にも及ぶことになった。[19]

その反面で、資本や経営の側にあっても生産性に悪影響が及ぶことは認識されており、労働時間を制限しようとする動きも存在した。むろん、労働運動も人間的な生活を回復すべく、労働時間の削減を早くから要求していた。しかしながら、企業は競争にさらされる以上、自発的には労働時間を削減することができなかった。それゆえ、絶対的な第三者である国家権力による強制力を持った規制によって、初めて労働時間の削減は実効性のあるものとなり得た。むろん、労働時間の削減だけでは即座に余暇を生み出すこととはならないものの、少なくともその必要条件は備わることとなった。その際、やはりドイツの経験は特筆すべきものである。

（3）ドイツにおける余暇と政治

ドイツではナポレオン戦争後のウィーン体制確立以降に、国家統一を求める運動が高揚する中で、ドイツ・ナショナリズムを育成する手段として、青年ブルジョワ層を中心に合唱や体操、射撃の活動を行なう結社が大きな役割を果たした。[20] むろん、これらの団体の活動目的は本書で取り上げる余暇とは異なる目標を追求するためのものである。しかし、その活動内容は典型的な余暇活動として見なすことができるものが含まれており、国家統一という目的を達成するための重要な政治的手段として、余暇活動が意識されていたことに注意を払っておきたい。

ブルジョワ階層から労働者層への余暇活動の拡大は、ドイツでは十九世紀後半になると本格的に進んだ。その際、どのような余暇を労働者に提供するかは、社会的に重要な関心事であった。というのも、労働者層が就業外の時間を獲得することは、彼らが問題行動を引き起こす余地を与えるものだと経営者や資本家には見なされたからである。当時、市民層の余暇は、読書や音楽に見られる情操を豊かにして教養を身につける性格を持ち、自立的な人格を形成するために役立つものとして見なされていた。それに対して、労働者や農民の余暇は飲酒に費やされ、アルコール依存や街頭での暴動を引き起こす要因として、市民層からは脅威として受けとめられていたのである。そこで雇用主は生産活動に悪影響が及ぶことを避けるために、労働者がこの余暇時間をいかに過ごすべきなのかについて教育する必要を意識することとなった。

労働者運動の側でも無為な余暇時間を送るのではなく、労働者階級としての自覚を促す余暇のあり方が必要だと考えられた。余暇が階級を超えて拡大することは、人間一人ひとりが自由にでき、個々の精神的・肉体的な充足を実現する時間・活動という私的行為として認識されただけではなく、他者に強制を課す権力性を帯びることにもなっていたのである。

大企業においては、労働者に対する福利厚生を提供する一環として、この新しく生まれた労働時間外の時間に対して、文化活動をはじめとしていくつかの余暇機会が提供された。[21] また、ブルジョワ層が作ったさまざまな余暇サークルは、自発的な結社である協会として組織化され、ドイツ社会に次第に根付いていった。この協会は労働者層に「健全な余暇活動」の機会を提供することも目標としていた。ブルジョワ階層は就業以外の時間を無為に居酒屋で飲酒にふける労働者層に対して、「規則正しい秩序ある」市民道徳を伝えるべく活動した。労働者階層の側にあっても、ブルジョワ階層が主催する団体が提供する余暇活動に対抗して、徐々に自ら余暇団体を結成する動きが高まっていった。ドイツ労働運動は、第一次世界大戦前には、一五〇万人以上の労働者を組織するに至ったが、これには余暇活動の組織化がもたらした影響を無視することはできない。[22]

労働者への余暇活動の組織化にあっては、経営者が目論む非政治化への志向と、労働運動が政治的な目的のために労働者を獲得しようとする二つの方向性が交差していた。なお、経営者が労働者層を非政治化したいとする考えは、それ自体政治的であるともいえる点に注意が必要である。具体的にこの動きを見ると、現在まで続く鉄鋼メーカー・クルップ社では、職員層を中心に会社が公認する「クルップ教育協会」が結成されて、「一般的な教養と教育的娯楽」を提供することを目的にして活動が展開されていた。[23]逆に、労働運動の間にあっては、労働者酒場での集会が単なる娯楽に終始し、労働者の政治意識の覚醒に繋がっていないという反省も聞かれた。[24]近代的な余暇は労働者層への拡大を見る中では、単純な私的問題として位置づけられたというよりも、むしろ公的と私的な世界が絡み合う複合的な問題領域を形成していたことが理解できる。

なお労働者による自発的な余暇結社の結成は、ビスマルクによる「社会主義者鎮圧法」の制定が背景にあって活発化した。この法律によって、労働者運動は日常的な政治活動を禁止されたために、隠れ蓑となる代替的手段が必要となり、余暇サークルが利用された。労働者は居酒屋に集まって余暇活動を通じて組織化される中で、階級としての一体感を強めていった。なお、「社会主義者鎮圧法」が撤廃された後、社会民主党は政治的に無用のものとしてこれらの組織を解消しようとしたものの、労働者の反発にあって存続を承認した。[25]共通の余暇活動の経験が、労働者ミリューの発展に果たした意義は大きい。ミリューとは特定の同質的な社会的・文化的な価値観や環境を指す単語だが、これをドイツの労働者階級は同じ住環境で生活し、共通の行動様式を身に着けることで養ったのである。

この労働者ミリューを解体したのはナチスであった。ナチスは政権獲得の後、労働者の消費活動や余暇活動に積極的に介入し、これまでの消費生活のあり方を変化させて、体制への支持調達を図った。この時期、「国民受信機」という名前でラジオを普及させることに成功したが、これは体制のプロパガンダを人びとに届ける役割だけでなく、豊かな消費生活を実感させる手段としての役割も果たした[26]。また「国民車」（フォルクスヴァーゲン）と名付けた自家用車普及の可能性を宣伝し、当時はまだ裕福な人びとしか持つことができなかった自動車への願望をかきたてた。

さらに労働組合解体の後には、労使共に加入する「ドイツ労働戦線」（ＤＡＦ）が結成され、余暇活動の機会を提供するための下部組織として「歓喜力行団」（ＫｄＦ）が作られた[27]。この組織は労働者層にとって今まで手が届かないものであった長期の休暇旅行の機会を提供し、国民としての一体感を高めることに成功したと言われる。このナチス体制による私的領域への全面的な介入は、「もはや寝ること以外に私は存在しない」というような全体主義的状況の到来、人間生活の全面的な政治化を現実のものにしたと考えられなくもない。

ただ、これまでの研究の進展状況に鑑みたとき、ナチス体制が私的空間の破壊を目指して日常生活すべてを公の領域へと置き換えることに成功したとする見解を採ることには慎重にならざるを得ない。というのも、ナチスによる消費や余暇といった分野における介入は、抑圧的な政治空間から逃れるための空間として、私的空間を積極的に人びとに提供することとなったからである。このことをナチスが意識していたかどうかはわからないものの、彼らが設定する私的な空間内部に留まっている限り、ドイツ人は自己の利益充足を図ることができた。いわば、ナチスは公と私との空間を明確に区切りながら、自由になる空間を限定的に設定することを通じて、政治に対する不満をそらすだけでなく忠誠をも調達した。この新しく再編された私的空間は、人びとにとってみれば、日常における政治の持つ役割を隠す役割を果たすことになった(28)。

第二次世界大戦後の東西両ドイツにあっても、人間の日常生活における喜びを表現し得る余暇活動と政治権力との関係は問われざるを得なかった。東西冷戦が単なる政治体制の相違に基づく対立ばかりか、豊かな社会を目指す競合という性格をも併せ持つ以上、それぞれの体制の優位性を示す指標である余暇の豊かさも問題となったのである。

西側世界にあってはアメリカ市場の開放と並んで、労働者が資本にとっての取替え可能な労働力から生産需要の消費者に変化することで、国内市場が拡大した。このことによって、一九五〇年代後半、西ドイツにおける「経済の奇跡」は可能となり、政治体制も安定した。同時に、ミリューに基づく社会的行動様式の分断は大衆消費社会の到来により完全に克服された。その結果、六〇年代に入って階級ごとの余暇活動における差異がなくなることで、はじめて「余暇の民主化」は完成したとされる(29)。だとすれば、西ドイツにおいては、豊かな消費活動を前提とした余暇の増大については、もっぱら私的問題として見なし得るのかもしれない。

だが、西ドイツにあっても、余暇分野において若者世代の「アメリカ化」が進むことが危惧されたことから、一九五六年に「不適切な映画」から彼らを守るため、連邦議会が青少年保護法の改正を決議したことを取り上げた見解も存在する(30)。これは規律を重視するメンタリティーを持つ親世代と、それに反発する若者との関係を描いた事例であり、社会的な対立軸が階級から世代に移行したことが理解できる。政治体制は若者の余暇活動を教育問題に定義しなおすことで、政治が私的領域に介入する余地を見いだそうとした。西ドイツにあっては、近代はじめに市民層が労働者を節度ある人間に教育する目的をもって行なった余暇団体を通じた時間管理への志向は、親世代と若者世代という関係の中で再現されている。余暇は私の領域という認識を保持しながらも、繰り返し政治問題化していたことがわかる。

ただ、この西ドイツでは一九五〇年代後半から、メディアを媒介にして消費意欲が絶えず促され、消費行動が人間のアイデンティティを規定するまでになり、戦前ならば裕福な人間にしか手にできなかった消費財が広く社会に普及して消費社会が実現した[31]。そして消費社会化は余暇活動にも影響を及ぼすことになったのである。たとえば、社会におけるモータリゼーションに伴って、個人や家族で出かける休暇旅行が一般化したことから、余暇活動の平準化を語ることができよう。西ドイツでは、余暇を教育問題として世代間の対立と捉えた場合には、公的領域に関わる問題と見なされたものの、余暇需要をいかに満たし得るのかという観点からは私的な問題として捉えられ、その中で「余暇の政治化・民主化」が進展したのである。

その一方で、東ドイツにおいては消費社会化に伴う「余暇の民主化」を語ることはできない。それはこの国が政治的に非民主的な体制であったということよりもむしろ、「不足の社会」と言われる状況にあったことが重要である。社会主義体制における経済活動は、計画経済によって規定されていた。この計画経済では、政府の計画委員会が策定する経済計画に沿って社会に流通する商品は、何をどのくらいの量生産するのかが決められていた。このことはハンガリー出身の経済学者であるJ・コルナイによって、国家社会主義体制下の「不足の経済」を生み出したものとして批判される。彼によれば「不足の経済」は以下のように規定されている。

「(1)不足状態が全般にわたって存在している。すなわち、(物・サービスの小売り取引、投資財を含めた生産手段、労働力、輸出入産品、国際取引の決済手段という)全経済分野で認められる。(2)不足状態は頻発するものであって、例外的ないしは時々生じるものではない。(3)不足状態は激しく、経済活動に参加する者の行動や彼がおかれた環境に非常に強い作用を及ぼし、経済の動きに特徴を与え、その結果にも影響を残す。(4)不足状態は慢性的であり、継続的である。(32)」

むろん、この状況は東ドイツの経済状況にも該当する。ただ、この国では物が全く存在しないわけではなく、必要な場所にはないという偏在状況にあったことから、この状況を指す言葉として「不足の社会」が用いられる。(33) この物不足は人びとが不満を持ちながらも、この状態に適合していこうとするメンタリティーをも育んでいた。(34)

ただこの「不足の社会」にあっても、人びとの東ドイツの消費社会化への期待を無視することはできない。彼らは西ドイツやアメリカの消費社会を理想の社会として認識していただけでなく、「社会主義統一党」(SED)自らが、資本主義体制の超える豊かさを実現すると宣伝していた。そのために、基礎ならびに耐久消費財をいかに多く、そして公正に提供していくかは、体制と社会双方に政治的な課題として認識されていた。しかも、究極的には共産主義社会を目指すこの国では、余暇機会が公平そして平等であることも、政治体制の目標が実現しているかどうかを示す重要な指標と見られたのである。

東ドイツの余暇を検討することは、東西世界における戦後社会の共通性と相違点を批判的に捉え直すきっかけとなる。そして、このことは同時に西側社会とは異なった近現代社会において進んできた「余暇の政治化・民主化」の到達点を示し、日常生活において政治がどのような形で関与していたのかについて検討することを意味する。それゆえ、日本においては検討対象にあげられてこなかった、東ドイツ、しかも余暇に焦点を当てることが重要なのである。

（４）本書の時代背景

では、東ドイツの余暇についていかなる時期に着目する必要があるだろうか。西ドイツにおいては日常生活に「アメリカ化」の影響が及び、余暇活動も本格化していったのは一九五〇年代後半以降であった。[35]ただ、代表的な西ドイツ余暇史研究によれば、後年一般にイメージされる消費社会化と強く結びついて、余暇社会の様相が成立したと言えるのは、この年代の最後三分の一になってからであり、それ以前はむしろ戦前との連続性が見られたとされる。[36]これに対して、東ドイツは社会主義・計画経済システムの導入によって経済構造がそれ以前と断絶していただけでなく、五八年まで配給制が残存したために物不足の影響が「ふつうの人びと」の日常を規定せざるを得なかった。それゆえ、この国においては西ドイツと同時期に余暇の発展を見ることはできない。

東側世界において、経済・社会的な状況が安定するのは一九六〇年代に入ってからであった。この時期、六一年には「ベルリンの壁」が建設され、六八年にはワルシャワ条約機構軍がプラハに侵攻する中で政治的には不安定な状況にあったものの、米ソ両陣営はお互いの勢力圏を黙認したために、五〇年代前半に比べて両者の対立が先鋭化することはなかった。この国際環境を背景にして、東側においても六〇年代から七〇年にかけて経済成長の成果を享受できる相対的安定期が訪れた。

また、近年多くの東ドイツに関する研究を著しているイギリスの現代史家M・フルブルックによれば、西側世界だけでなく東側世界をも規定するこの流れは「正常化」（Normalisation）と呼ばれる。この言葉は西ドイツに関しては一九五〇年代、徐々に戦時下の非常状態を脱して、日常生活が豊かになり「経済の奇跡」を実現していく過程を肯定する表現である。その反面で、彼女は、「正常化」という社会内部におけるかけ声が、ナチス体制の過去を封印して、あたかもユダヤ人をはじめとするマイノリティーに対する迫害が存在していなかったかのように、ドイツ人が行動する基礎を生み出した点を批判することを忘れてはならないとも強調している。

なお、この枠組みは西側だけでなく、旧東欧諸国の戦後を理解する際にも使用できると考えられる。というのも、ソ連と東欧各国の共産主義政権は、チェコスロバキアの「プラハの春」を鎮圧した際や党内闘争を収束させたときには、正統的な共産党一党独裁体制を回復するという意味をもって、社会の「正常化」を説いたからである。この言葉は東西両方の世界において、意味内容が異なりながらも同時期に使用されていた。

しかも、東西ともになるべくなら目を背けたい戦後社会の現実を隠すために用いられており、この点に鑑みれば批判的な捉え方をすべきであろう。しかし、戦後の問題性を隠すことができる言葉であるからこそ、一九六〇年代から七〇年代にかけて、東西の社会的に共通して存在した現状肯定的な日常生活の有り様を強調することにも繋がっている。東西世界双方でこの時期、人びとは日常生活を営むにあたり、まったく先が見通せないということはなく、予測を立てながら日常生活の行動を選択することが可能となった。また、体制の側にあっても最高指導部だけでなく、現場において実際に人びとと接している行政担当者もこの状況を織り込んだ行動をするようになったとされる。いわば、体制と社会との間に一定の合意が継続している状況になった(37)。また、日常生活のルーティーン化は、現状肯定的なメンタリティーを生み出すことになり、不満があったとしても、それが生産や社会活動に対するサボタージュ、さらには反乱といったような劇的な形で現れることを防ぐことになる。日常の政治や社会のあり方を探ろうとする研究にとっては、この「正常化」は社会の現実を示す有効な概念であるのみならず、東西の戦後史の類似点を念頭に置きながら、それぞれの社会を比較検討することも可能にする(38)。

さらにこの一九六〇年代から七〇年代の前半にかけては、近現代の産業社会の最後の黄金期であったと評価され得る。この産業社会では生産性と効率化が追求されることによって、人間の物質的な豊かさが増大して、階級別に分かれていた消費行動には相違がなくなった。西ドイツの例を挙げるならば、六〇年代半ばにはドイツ人男性の完全雇用はほぼ達成されて、労働市場が「売り手市場」になったことから、一般労働者の賃金は上昇していった。また、以前であれば年金生活イコール貧困化の一歩手前といわれるような状況にあった高齢者に対する年金制度も拡充されるなど、社会保障制度が整えられた。

だが、一九九〇年代以降、失業率が高くなるにしたがって社会問題と見なされるようになった外国人移民にまつわる社会統合問題や排斥の種は、この時期、イタリアさらにはユーゴスラビアやトルコ出身の人びとを「ガストアルバイター」(外国人労働者)として単純労働部門に受け入れたことにさかのぼる(39)。六〇年代から七〇年代にかけては、第一次世界大戦以降本格化した政治体制の社会に対する積極的に介入状況が極大化して成果を収めたと同時に、その限界を準備した時代でもあったのである。

この「正常化」に限界が訪れたのが明確になったのは、一九七〇年に入ってからである。その際、近現代社会の特徴であった産業社会の危機がもたらされたと言われる。西側ではスタグフレーションによって経済・社会的な安定が失われるだけでなく、それまでの成長によって人間生活が豊かになるとする産業社会の価値観も疑問視された。スタグフレーションは、経済成長が止まるにもかかわらず物価が上昇する状況を意味するが、その原因は、七三年から七四年にかけての第一次石油危機にあった。第二次世界大戦後の産業社会の発展を支えてきたものは、安価な原材料であることが明らかになったのである。くわえて、六八年の学生運動に触発されて登場した脱物質主義的なモラルが人びとの間に浸透したことは、大量生産・大量消費による経済成長を支えるメンタリティーを揺るがすことになった。この動きは東側世界においては、戦後復興が遅れたこと、石油危機の影響もソ連が勢力圏に原油を供給していたことから、西側に比べて五年から一〇年の時間差をもって生じたとされる。ただ、西側以上に東側世界において、これらの危機は直接的かつ深刻な影響を及ぼし、八九年に社会主義体制の崩壊をもたらしたのである。(40)

本書は、東ドイツの建国期とこの危機が訪れる間にあって、社会主義体制が相対的に安定していたこの時期を中心にして、余暇の実態を検討する。その意図は一九六〇年代から七〇年代にかけての社会主義体制の成果を再評価することではなく、むしろ社会主義体制が機能していながらも、内在的に抱えていた問題を明らかにすることにある。

第二節　東ドイツ研究における本書の位置

(1)　ドイツにおける東ドイツ研究の現状

ここでは、ドイツ国内外における東ドイツならびにその余暇に関する研究を確認し、本書が研究史の中で占める位置を確認する。

東ドイツが現実に存在していたとき、その国内においては、自国を客観的に再検討する研究はなされてこなかった。それはＳＥＤが歴史学や政治学を支配のための道具として見なしていたことに由来する。たとえば、『ドイツ労働運動史（全八巻）』においてはＳＥＤの指導の下で、いかにして労働者が革命を達成したのかが論じられており、既存の社会主義社会が肯定的に描かれていた。[41]ここから見て、東ドイツ国内では政治体制や社会に対する客観的かつ批判的な見解を提示することは困難であったと言える。

これに対して、東ドイツに関する研究は競合相手の西ドイツにおいて発展した。第二次世界大戦後初期に、政治学を中心にして東ドイツ研究（DDR-Forschung）が成立したのである。この研究領域は冷戦による国家分断という現実を踏まえて、自己の合わせ鏡でもある東ドイツの現状を批判的に理解することを目指していた。そして一九八九年の「ベルリンの壁」崩壊と翌年のドイツ再統一以降にあっても、東ドイツ研究は現代史へと研究領域を移行させつつ、活況を呈している。

この活況は史料状況が格段に改善したことによってもたらされた。旧来、東ドイツに関係する一次史料は、ＳＥＤ体制の正統化に貢献する研究者以外に閉ざされていた。しかしながら、現在では、多数の史料群はほぼ例外なく公開されることとなり、ドイツ内外の研究者はこれらの史料に基づいた研究を展開している。[42]

この史料公開の背景には、政治的な強い要請があった。というのも、西ドイツに吸収合併される形でドイツ統一がなされたことから、旧東ドイツを否定しつつ、従来の西ドイツの政治体制を正統化することが求められたからである。

一九九〇年以降にあっては、歴史の政治化が研究の発展を促した。その典型的な例として、九二年、連邦議会が招集した特別公聴委員会を取り上げたい。この公聴会はそのタイトルに「独裁の克服」という言葉が含まれていることから理解できるが、かつての東ドイツの政治体制を批判することに力点が置かれていた。この公聴会資料には、SEDの政治権力のあり方について当事者からのインタビューが掲載されただけでなく、多くの東ドイツ研究に従事する研究者も研究論文を寄せている。[43] 連邦政府によって、東ドイツのSED支配が旧西ドイツの代議制民主主義とは異質のものであったことが強調されたことから、統一後しばらくは、SED体制に対する批判が研究の主流を占めることとなった。

このうち、一九八九年以前から東ドイツ研究の拠点であったマンハイム大学においては、H・ヴェーバーを中心とする研究者が、SED政治体制の脱正統化を行なう研究をリードした。[44] 彼らは三〇年以降のスターリン統治下のソ連と同じく、東ドイツにおいても権力維持を優先したために、テロルによる抑圧によって体制は支えられていたとし、SEDを批判する。また、八九年以降にあってSED体制の抑圧性を批判する「全体主義論」の枠組みを再度提示した議論や、SEDによる東ドイツ社会の「均質化」(Entdifferenzierung)を説く研究も広く受け入れられた。[45]

これら研究の方向性は政治史によるものであり、東ドイツに暮らした人びと、本書でいう「ふつうの人びと」はあくまで政治体制によって統制される対象として捉えられている。それゆえ、ここからは社会を同化しようと努力するSEDの意図を証明できるものの、現実の東ドイツ社会がどのようなものであったのかについては、理解できない。ヴェーバーらの議論はSEDの姿勢を批判するものの、東ドイツ社会を一枚岩的に把握できると考えている点では、東ドイツを「労働者と農民の国」として、自らが実施する政策が社会を豊かにすることになると、一方的に主張していたSEDと同じ想定に立っているのである。

この理解の背景には、旧東ドイツ社会はドイツ統一によって抑圧から解放されて自由になり、これからは明るい未来が開けているとする想定があった。しかし、この考えは再統一後時間が経つにつれて、修正を迫られざるを得なかった。一九九〇年の連邦議会の選挙に際して、西ドイツ首相コールは東西の経済格差は近いうちに解消すると述べたのだが、統一後、旧東側の経済復興は思うように進まなかった。そして、東西ドイツで暮らす人びとの行動様式の違いが、九〇年代半ば以降強く認識されるようになった。旧東ドイツ地域には、「オスタルギー」と呼ばれるかつての社会のあり方に郷愁を抱く雰囲気も広がっていった。統一当初の楽観的な雰囲気が霧散する中、東ドイツ研究の方向性にも反省が迫られることとなったのである。

連邦議会はこの状況もあり一九九五年から九八年にかけて、再統一後の旧東ドイツ地域の社会的実情に検討の焦点を移して、二度目の特別公聴委員会を開催した。これには統一直後の熱気が冷める中で、SED体制を非難するだけではもはや現状の政治体制を正統化できなくなったという政治的な意図を見ることができる[46]。

その結果、東ドイツ研究においては一九九〇年代後半以降、従来の政治史的分析に加えて社会史と呼ばれる研究が盛んになり、東ドイツの社会空間が持った自立性はSEDからの政治的な介入によっても失われずに、人びとはそれぞれ適合的な行動をとっていたとする議論が提出された[47]。さらに、ポツダムに新しく設立された「現代史研究所」には、東西ドイツ双方から研究者が集まって、実証的な研究が生み出されている。SEDが東ドイツ社会を構成する中心的な立場にあると主張してきたのが労働者であったことから、この研究所においては、社会の実態を解明するために労働者を分析の中心に置いた社会史研究が重要視されているのである。このうち、東ドイツ内部にあって以前からSEDの公式路線に抵触しないながらも、独自の研究を進めてきたP・ヒュプナーは、工場労働者の労働条件改善に焦点を当てた研究を著した。この中では、労働者の自発的行動があったために、SEDは政策的意図を貫徹できなかったと考察されている[48]。

なお、SED体制論にせよ東ドイツ社会論にせよ、共通了解がある点を無視することはできない。政治史はいうまでもなく、東ドイツ社会内部の自立性の存在を議論する社会史にあっても、SEDによる社会への浸透は研究の前提と捉えられ、社会史研究の第一人者であるJ・コッカがいう「支配貫徹社会」の枠組みが採用されている。この枠組みでは、教会を除いた他の社会領域に対して、SEDは干渉しようとする意思を持っていたことが表現されている。だが、この議論ではSEDの政治支配の実態を人びとの生活を完全に思い通り管理できたとは描いてはおらず、個々人がいかに体制の意図に対応したのかを問うものとなっている[49]。

このように政治史・社会史ともにSED体制を一枚岩としてみる認識が定着したため、SED体制を理解するにあたっては、「独裁」という言葉が共通了解として定着している。この定義は、議会制民主主義に対する東ドイツ政治体制の非民主的性格を指し示し、SED体制を批判する意味を持っている。

この独裁論のうち、SED体制側の社会への介入のあり方を特に問題視するものとしては、「扶助独裁」(Fürsorgediktatur)論が挙げられよう。SEDは豊かな社会を実現するために、この国で暮らす人びとに対して家父長的ないしは後見的に振る舞った。そして彼らは、東ドイツ社会の平等と豊かさを実現しようとして、社会福利に全責任を負っていたとされる。これはSEDの理想とする目標と強圧的な手段の双方を区別しながら検討し得る枠組みである[50]。

独裁論と並んでSED体制論のみならず、東ドイツ社会論においても、政治史並びに社会史双方で共通認識となっている枠組みが存在する。それは「ニッチ社会」(Nischengesellschaft)論と呼ばれる[51]。この議論によれば、東ドイツに暮らした人びとは、一九七〇年代以降、選挙における投票や職場における政治集会などの政治的な空間においては、表向き全面的に従属するような政治生活を送っていた。しかしながら、彼らは家庭内や親しい友人間に見られる非政治的な私的空間においては、政治に対する不満や批判を率直に表明することができた。東ドイツの人びとは、社会内部でそれぞれ建て前と本音を語る空間を意識的に二分化して、避難場所を作り上げたわけである。そこでは、SEDが政治的目的もって日常生活に介入してこようとも、人びとは壁と壁との間にある隙間に入り込み、政治から吹きつけられる暴風をやり過ごす努力をしていたと捉えられている。

これまでのところ、この議論は社会生活における公と私との分離を説く点で、有効であると考えられてきた。というのも、SED体制を議論するものにとって、公の場における人びとの順応的行動は、抑圧を象徴するものと理解されるからである。逆に、東ドイツ社会を検討する者にとっては、引きこもった世界における本音から社会内部の自立性を議論し得る。

ただし、社会主義体制の実情を考えてみると、たとえば住宅の割り当てに見られるような身近な問題にあっても、人びとは政治権力との関わりを無視して生活を営むことはできなかった。それゆえ、本音と建て前とを分離して東ドイツに暮らす人びとの行動様式を理解しようとすると、本質を見失う恐れがある。[52] さらに、「ニッチ社会」論には、戦後西側社会に見られる「大衆社会」論との密接な接合を指摘できる。この議論では、戦後社会の物質的豊かさを背景にして現れる、選挙の際の低投票率に代表される公の政治空間から私的世界への退去や、マスメディアに左右されやすい人びとの姿が批判的に語られる。東ドイツにあっては、人びとは体制から逃げられないという点では正反対の議論のように思えるが、双方の議論は消費生活の充実を前提にして、公共空間から隔離した私生活の存在を描いている。それゆえ、この議論枠組みは第二次世界大戦後の西側世界のイメージを東側に投影した議論であり、外在的な価値基準から整理された枠組みとも言える。

東ドイツ研究では、政治史並びに社会史双方が有する共通項にもかかわらず、体制論と社会論とでは考察対象が異なるために、両者を積極的に架橋しようとする方向性はこれまで乏しかったのである。これに対して、現在では「ニッチ社会」論とは異なる立場として、東ドイツ社会を捉えようとする「換骨奪胎」（ないしは「自己本位」: Eigensinn）が提起されている。この枠組みは、ナチ体制下の人びとの行動様式に関する理解を東ドイツに応用するものである。[53] それによれば、東ドイツに暮らす人びとはあくまでSEDからの働きかけを自己の都合のいいように解釈した上で行動し、自己利益を体制側から最大限引き出そうとしていたとされる。しかしながら、この議論をはじめとして、体制転換時の「反対派」の主体的役割を重視する「市民社会」論にあっても、政治が問題となる公の空間と日常における私的空間とを分離して理解する傾向はいまだに根強い。[54]

（2）日本における東ドイツ／ソ連研究と英米圏における東ドイツ像

日本はナチス研究を中心にしてドイツ現代史が盛んに議論される環境にありながらも、東ドイツについてはドイツ本国の研究状況と比べると、研究がなかなか進展しない状況にあった。[55] その原因は史料上の制約もさることながら、ソ連の衛星国と見なされたためか、独自の論点を見いだせなかったことに原因がある。

しかし、ドイツ統一以降にあっては、我が国においても東ドイツ研究が現れ始めた。このうち、初期のものは政治学の体制移行研究からの関心に基づく。たとえば、一九八〇年代のSED支配の硬直性と、人びとの期待と現実の可能性とのギャップの広がりに体制危機の要因を求める、「相対的価値剥奪論」

に基づく議論が重要な研究成果である。[56]

その後、公文書館史料を用いた歴史学的手法に基づく研究が生まれた。これには二つの見解を対置することができる。一つはドイツ本国において共通了解となっている独裁概念を基礎として、SED体制の抑圧性、非民主的性格を批判する仲井斌の議論である。[57]他方では、星乃治彦の一連の研究に注目したい。[58]このうち、「一九五三年六月一七日事件」を扱った研究では、SED支配体制を一枚岩としては見なしておらず、東ドイツの労働者がSEDに抗議したのは社会主義の理想を体制以上に重視していたためだとの説明がなされている。この研究は、労働者が当時持っていた主体性を重視する見解を指し示している点で、今日の研究に繋がる意義を持っている。[59]

この二つの研究は東ドイツという同じ対象を扱いながらも、正反対の結論を導き出している。ここから日本の東ドイツ研究は、ドイツ本国と同じく分析する者の立場によって分裂した状況にあると判断できる。また、研究者個々の東ドイツ社会主義体制との関わり方や経験が、それぞれの研究の方向性を規定したとも言える。ただし、この二つの研究の方向性のいずれを正しく、他方を間違っていると判断することは容易にはできない。というのも、SED体制の意図と目的、東ドイツ社会の現実の双方を分けて考えてみると、この二つの研究はそれぞれ異なる領域について議論をしている。そこで、この両者を架橋する研究が現在求められているのである。

一次史料に基づく本格的な研究例がありながらも、日本の東ドイツ研究は、一時期停滞せざるを得なかった。これは社会主義体制分析に積極的な意義を見いだせなくなったという事情による。しかし、このような事態は日本特有のものであり、世界に目を向けてみると、東ドイツ研究は近年多くの外国人研究者が参入して活発な議論を展開している。その要因は一次史料の公開という物理的な条件の改善によるものだけではない。二十世紀における社会主義の進展や戦後史を語る際、東西対立の最前線に位置していたドイツには、資本主義と社会主義の競合が先鋭的に現れる。いわば、資本主義と社会主義双方の現実の姿を検討するには研究素材として、最も適した対象と認識されているのである。東ドイツ研究は、すでになくなった小さな国を回顧するためのものではなく、現代史と戦後史全般における焦点を検討し得る研究領域を形成していると見なされているのである。

特に、早くからSED体制と東ドイツ社会との間に存在した相互関係を意識していたのが、フルブルックを中心とした英米圏の研究者である。(60)彼女は本書で扱う時期である一九七〇年代から八〇年代のホーネッカー期を扱った研究において、SED体制が生み出した社会構造に一人ひとりの行動が規定されつつも、政治に働きかけを行なうことで、体制と社会との間には相互作用が成り立っている状況を、「ミツバチの巣」の比喩を用いて表現する。この「ミツバチの巣」の議論によれば、人びとは政治に参加することを強いられていながらも、SEDがこの行動に反応することによって、相互作用が生じて独裁体制が維持されたとされる。(61)ここでは体制と社会との関係は二項対立で捉えられるものではなく、人びとが自己の利益を実現しようと体制に働きかけをし、結果として、ミツバチが自らの住む巣を作り続けるように、既存の政治社会構造をメンテナンスすることになったと理解されている。(62)

また、東ドイツの社会主義建国期において、一般の人びとは先を見通そうと試み、政治的に無関心であったかと思えば、逆に自己利害に基づいて、SEDの政策を利用することもあったと述べて、このような態度を「建設的順応性」と名付けた議論も重要である。(63)さらには、一九七〇年以降のホーネッカー期を対象にした研究は、SEDと青年や女性といった個々の社会集団との関係を考察し、体制と社会との間にはさまざまな対立があったにもかかわらず、一定の妥協が成立していたと説く。そして、この妥

協こそが体制の安定に寄与したと説明される。(64)

なお日本においては、広く社会主義体制研究という観点から見れば、ソ連史研究の貢献が大きい。これらの研究では、政治体制が社会に対してどのような働きかけを行なってきたのかが中心課題に据えられている。この点では、体制と社会との間の関係を見ようとする本書にとって、振り返るべき論点が多く提供されている。

その中で、自らが社会主義の理念を評価する「六八年世代」に属しながらも、長年、ソ連に関する政治社会史的研究をリードしてきた塩川伸明は、具体的な政策分析を通じて、国民統合のあり方を描きだした。その際、社会主義のイデオロギー的な美化、経済・社会政策を通じた物質的恩恵の提供、そして社会主義体制が日常的に存在しているのだから継続するという感覚を、ルーティーン化した政策によって印象づける三点が重要とされる。(65) 最後の点は、「ぬるま湯」(惰性)による統合と表現されている。(66) また、ソ連社会内部では体制の政策の失敗によって生まれた「隠れた互酬関係」が経済を成り立たせる上で重要な役割を果たしていたとも指摘されている。(67)

近年の日本のソ連研究においても、政治体制と社会との関係性を問う研究は、新たな角度から検討されている。(68) その中で特に社会主義体制に暮らした人間が置かれていた立場から、政治と一人ひとりの人間との関係を問う方向性が近年の研究動向として重要である。このうち、スターリン体制下において多くの人びとが記した手紙・日記・回想録を用いた松井康浩の研究は、人びとが家族や周囲との人間関係を育む中で、政治の世界から距離をとって、自己の精神世界へと退去することがありながらも、自分自身や周囲の人の利益を実現するために、政治権力と交渉したり、社会主義本来の理想と自己を同一化して、政治権力を批判したりと多様な形で、主体性を発揮していた状況を描き出している。(69) この議論は社会主義体制下における公共圏と親密圏との関係を理解するために、両者を橋渡しする「プロト公共圏」の存在意義を述べて、決して、社会主義体制下において社会はアトム化してはいなかったと解説する。(70)

これまでの英米圏における東ドイツ研究の成果と、日本で独自に発達を遂げたソ連研究を踏まえて、日本における東ドイツ研究においても、現在では一次史料を利用しつつ、体制と社会との関係を問い直そうとする方向に目が向けられている。その中にあって、日本の東ドイツ研究をリードしてきた斎藤哲は、東ドイツに留まらず、ヴァイマール体制期から戦後までの期間の消費活動の様相を、労働者と女性を対象にして描く。この研究は東ドイツ研究を、ドイツ現代史全体の流れの中に位置づける必要を述べており、比較史の展望を示すものとなっている。(71)

またフルブルックの指摘を踏まえて、長年現代ドイツ政治と政治史を研究し、移民問題だけでなく政党史も含めて多くの研究を提出している近藤潤三は、権力と抑圧を問題とする政治史研究と、東ドイツにおける普段の生活を明らかにしようとする社会・日常史研究とが二項対立に陥っていると指摘する。なお、彼は国内諜報組織である「シュタージ」による監視と抑圧を、この国の政治体制が抱える問題として提起する。(72)この視点は、社会主義政治体制と社会との関係は密接でありながら、行政への批判や苦情と、社会からの体制批判の間には明確な境界線があったことを示していることから研究上の意義が大きい。

これに対して建国期から一九五〇年代の東ドイツ経済の様相にこそ、この国の四〇年間にわたる存続要因と、崩壊要因の双方が存在すると説くのが石井聡である。彼は造船産業を例にとり、生産活動において資材と人員双方の管理が機能しなかった様子を描いた上で、労務管理も厳格にならなかったため、労働者は生産を遅滞させるような「ある種の自由」を持っていたと主張する。(73)彼によれば、これがSE

D体制を四〇年間安定させることになった要因とされる。

我が国における「東ドイツ研究」がその質・量ともに業績を増す中で、英米圏における研究や斎藤の指摘を正面から捉えたものといえるのが足立芳宏の研究であろう。これは、一九五〇年代の農業集団化の過程をロストック県、「バート・ドベラン」郡を中心に詳細な検討を加えたミクロ・ヒストリーである。彼は、リンデンベルガーのいう「換骨奪胎」論（自己本位論）を再検討しつつ、旧来のように、一人ひとりの人間を政治体制に翻弄される存在としてではなく、主体性を持った存在と位置づけている。そして、農業集団化の中で農村に暮らした人びとのSEDに対する政治的態度は、支持・反抗という二項図式で捉えられるほど単純ではないことを明らかにしている。むしろ、SEDの物理的暴力に対して、農民が多様な行動をおこしながらも順応していった様子を実証しており、政治体制と社会との重層的構造が明らかにされている。(74)

さらに、SED体制に対して距離が近い知識人層の社会主義社会内部での政治的態度を考察した研究も現れた。(75)これは東ドイツの知識人がソ連亡命経験を経て、いかに普通の人びとの戦争観と対峙しながら、東ドイツ建国に可能性を見いだしていたのかを検討したものである。また、東ドイツの知識人がナチスの指導者に戦争責任を負わせつつも、一般のドイツ人を単に犠牲者と見るSEDの公式「反・ファシズム闘争」理念に矛盾や軋轢を感じて格闘していた様子も描かれている。(76)この研究は東ドイツの知識人が社会主義体制確立期にあって、政治に対してどのような行動をとったのかを、彼らが持っていた「自発性」の意味解釈を含めて詳しく検討している。そしてその意味を、社会主義体制への批判や抵抗に収斂させるのではなく、個人の意思が必ずしも思い通りの結果を社会レベルにおいてもたらすとは限らない点までも視野に入れている。ここには、一人ひとりの体制批判に向かう自発的意思が、SED体

制との交渉過程において権力を強化する逆説をもたらしたことを説明する枠組みが提示されているのである。(77)

現在、日本の東ドイツ研究も、社会主義体制そのものが歴史化されたことで、政治体制と社会との応答が生み出す双方向性や、体制側の支配への意思と現実との間の矛盾といった、複合的な問題を議論する方向へと変化している。本書もこの内外の研究動向に竿をさす形で検討を進めていく。

(3) 東ドイツ余暇研究の現在

東ドイツ研究が急速に進展している中にあって、余暇をめぐる問題もこれまで盛んに検討がされてきた。すでに一九八九年以前から、東西ドイツ共に社会学的な余暇研究は多数存在している。(78)これらの研究は、戦後現実的課題となった余暇について、東西ドイツそれぞれの内部状況を明らかにする意図を持っていただけではなかった。東西ドイツの余暇研究は、むしろ、東西共に自己の優位性を示し、逆に相手の国を批判しつつ比較しようとする性格を持つものであった。

そのうち、西側の代表的な研究としては、東ドイツの余暇スポーツがいかにSED体制によって管理されていたのかに焦点を当てた研究を取り上げることができよう。(79)これとは反対に、一九六〇年代以降の青年層と余暇との関係を取り上げ、余暇活動に一定の自立性が認められることを主張したものも存在する。(80)両者の見解からは、社会主義体制の肯定と否定という政治的な価値判断が余暇研究をも規定していたことが読み取れる。

一九八九年以降における余暇研究の進展の中でも、政治史においては、余暇がSEDのイデオロギー浸透を受ける領域であることが論じられる。その代表的な研究では、労働者のシフト労働の実態が分析される中で、SEDの労働管理のあり方を批判し、余暇に積極的意味を見いだそうとする見解が、東ドイツ国内には存在しなかったと主張されている(81)。

これに対して、社会史分野からの余暇研究へのアプローチは、労働現場における最も基礎的な集団であった作業班（Brigade）が日常生活において果たしていた役割に着目し、一九五〇年代においては、この組織が余暇活動へ関与していたことを明らかにしている(82)。この時期の労働者が実践していた具体的な余暇活動については、ロストックのネプチューン造船所の実例を紹介した研究も存在する(83)。

また消費問題に焦点を当てた研究にあっても、余暇についての言及が見られる。この問題を政策面から考察する分析では、一九六〇年代後半以降、余暇活動の本格的な進展により、そのための需要を満たす消費財生産が課題となったことが述べられている(84)。くわえて消費活動を文化問題として捉える研究においては、東ドイツで展開されていたさまざまな余暇をめぐる議論が検討されている。それによれば、東ドイツ社会の余暇議論はSEDの政治路線に従ったものとは言えず、党の公式路線とは矛盾する要素を含んでおり、一定の自立性を有していたとされる(85)。また、消費活動の側面から、東ドイツにおける余暇活動の全体像を示すことに貢献している考察もある(86)。

なお、統一以前から東ドイツで研究を進めていた人びとによる研究の中では、一九六〇年代当時、余暇活動の可能性が拡大したと見る見解はなかったと見るものや、東ドイツにおける日常生活の近代化の文脈上で、この国の余暇の進展を捉えた研究も現れている(87)。さらには、文化史研究における最新の成果としては、東ドイツの人びとが楽しみをどのように享受していたのかという観点から、余暇活動の各分野をまとめた分析も生まれている(88)。

英米圏の研究においては、「ミツバチの巣」の議論をするフルブルックが、一九七〇年代の「余暇政策」を論じている。[89] また、六〇年代から七〇年代にかけてのベルリンとブランデンブルクにおける企業体の経済活動、労働現場における日常がどのように展開していたのかを描いたものも存在する。[90] 他にも同時期の余暇事例については、文化活動やスポーツ活動が研究テーマとして取り上げられている。[91]

しかし、これまでの東ドイツ余暇研究は、個別具体的な東ドイツ像を描くことに集中しすぎるあまり、逆に、正面から広義の意味での余暇を扱いながら、SED体制と東ドイツ社会の関係にまで、考察が及んでいるとは言えない。これにはおおよそ二つの理由が挙げられる。第一は、SEDは消費政策だけでなく、社会政策や文化・教育政策とさまざまな政策の内部で余暇に対する手当てを行ないながらも、逆に、余暇の充実を包括する政策として「余暇政策」を語ることはなかった。特定の部局が担当する事案としてはいなかったことから、余暇については、国家機構のみならず、労働組合をはじめとする社会組織を含めて横断して対応がなされていた。そのため、余暇は一人の研究者が全体像を描くことが困難な研究対象となっている。研究が困難な第二の理由は、一九八九年以降にあっては、研究関心が「労働現場」の解明に向けられていたことにある。SEDは経済的な必要性からだけなく、新しい社会をつくるために労働を重視していたため、この領域を検討することは、社会主義体制の実情を明らかにすることになると考えられてきた。いわば、職場における基本的な機能である労働が強調されるあまり、メダルの裏側である余暇にまでは十分な考察が届かなかったのである。それゆえ余暇研究は、これまでの研究紹介分析の中で概略的に触れられているし、またクレスマンによる戦後ドイツ史の通史の中でも一節を割いて説明されているとはいいながらも、いまだに検討の余地が大きい分野なのである。[92]

本書は近年の社会主義体制研究や東ドイツ研究全般の方向性を踏まえたうえで、社会主義政治体制とそこに暮らす人びとの双方を主体として意識し、両者のやり取りの中で構成されてきた余暇活動の実情に着目する。この作業はこれまでドイツにおける政治史・社会史双方で自明視されてきた「ニッチ社会」論や、近年のフルブルックの説く「ミツバチの巣」による議論枠組みの成果を再検討することになる。さらに本書は、ソ連研究において提示されている「プロト公共圏」に関して、同じ社会主義体制内部における時代的・地理的な相違を踏まえた議論を展開することを可能にする。また、同じドイツの独裁的な政治体制であるナチス体制との違いについても考察の際の手がかりを提供する。これらの点は、比較体制研究のための参照枠組みを提示することに寄与するものとなろう。なお、東ドイツにおいて余暇をめぐって展開されていた社会を説明する本書独自の枠組みは、結論において展開したい。

第三節　本書の課題

(1) 構成

本書は近代以降の「余暇の政治化・民主化」の過程の中に、東ドイツの余暇を位置づけた上で、以下の点を具体的な問題設定として提示する。

本書の第一の問いは、SEDの余暇に関する政策とはどのような特徴を持つものであったのかを検討することにある。SEDは共産主義の実現という目標に向かって日常生活全般を管理し、人間個々の欲求を実現する手段を一元的に提供しようとした。彼らは重要な政策には、必ず担当書記と所管部局を定めて、政策を立案し実行していた。しかしながら、本書が扱う余暇にまつわる政策については、専門的に計画立案や政策遂行を行ない、フィードバックを受け取る特定の専門部局は存在しなかった。その限りで「余暇政策」は存在しなかった(93)。

ここからSEDにとって、余暇は二義的な問題でしかなかったと見ることができる。だが、SEDが自ら「余暇政策」なるものを語らなかったといって、余暇に関わる問題を政策の上で軽視していたと判断していいものだろうか。そこで、本書は余暇に関係して部局横断的に実行された政策を「余暇政策」と位置づけて、その特質を明らかにする。旧来、純粋に私的領域に属するものとされ、政治との関係が等閑視されてきたと言えなくもない余暇は、人間相互の経済的な平等を実現しようとする社会主義東ドイツにあっては、決して政治体制が無視できる問題ではなかったのではないだろうか。

本書は次に、社会主義体制下における余暇の実態を問う。先に取り上げた「扶助独裁」論で見られる家父長的ないしは後見的な態度は、貧困に代表される負の問題への対処にだけとどまるものでなく、余暇を含めた人間の全生活に対する介入となって現れる。だがその一方で、近代化の影響が日常生活に浸透する中にあっては、人間一人ひとりを主体として自己の利益充足を求める余暇活動への期待は高まる。それに加えて、SEDは「不足の社会」下にあっても、余暇財を供給していかざるを得なかった。彼らが余暇財を一元的に提供するとすれば、供給は不十分であり、しかも画一的なものであったと想定される。だとすれば、余暇の実現手段を管理しようとする体制側の方針と個々の利益関心とは衝突しかねない。一人ひとりの多様な利益を満足させる余暇は、量的にも質的にも実現できないこととなる。

また、SEDの余暇に対する政策的手当てと、それに対する社会からの反応を検討する作業は、政治権力が私的領域に対して、どの程度まで浸透することが可能であったのかについて実態的な解明を可能にする。

なお、社会の側からの反応を追うためには、人びとが不満を持つとき、苦情として役所に提出したものが、単に行政的な改善を促すためのものであったのか、それとも社会主義体制そのものへの批判的性格を帯び、政治問題となり得るのかが問題となる。

本書はこれら二つの問いに答えることを通じて、従来の「ニッチ社会」論を批判的に再検討し、独自の社会像を提示する。これが本書の第三の課題である。もはや、旧来の「全体主義」論が提示する権力の社会に対する一方的な介入を前提にして、東ドイツにおける体制と社会との関係を描くことはできない。またSEDの「独裁」には社会に浸透できない何かしらの限界が存在したこともすでに明らかとなっている。しかし、未だに東ドイツでは人びとは政治的な建前と本音を使い分けて生活していたとする見解は否定されてはいない。以上の課題を論じた後で、本書は東ドイツの余暇分析が、現代においていかなる意義を持ち得るのかを考察したい。

本書は東ドイツの一九六〇年代、七〇年代を「正常化」の時代と捉えて、経済的・社会的に最も安定していた時期について、余暇に関する政策と人びとの活動を考察する。第1章では、東ドイツ社会において、どのようにして余暇の可能性が生まれたのかを確認する。四五年にナチス・ドイツが崩壊した後、四九年の東西ドイツ建国までドイツは戦勝連合四カ国によって直接占領下に置かれた。この間、本格的な余暇活動の可能性や、政策的な方向性が打ち出されていたとは、当時の経済状況から考えにくい。余暇活動を可能とする前提条件となり得るのは所得の状態・労働時間の環境・消費生活の充実の三点である。これらの条件がどのように六〇年代まで推移していたのかを取り上げて、「不足の社会」が東ドイツの余暇を規定していた姿を検討する。また、ここでは労働者の教養を高めるために実施された職場での終業後の集団のサークル活動が、個人を主体とする余暇へと変化していった状況が考察される。

東ドイツにおける余暇をめぐる物理的な条件と共に問題となるのは、政府やSEDをはじめとする体制側の諸機関が有した余暇認識である。そこで第2章では、SEDとその周辺における余暇論を取り上げる。SEDに限らず社会主義体制は、自らが行なう政策をマルクス・レーニン主義の原則によって正当化しようとしていた。むろん、余暇についても、社会主義体制が資本主義と異なる社会をつくり上げようとする以上、理想とする社会像や当時の労働観との関わりの中で位置づけがなされる必要がある。また、東ドイツ政府やSEDは現実の余暇活動が進展する中で、具体的な将来像や方向性を探り、政策の土台を作る必要があった。それゆえ、公の各研究機関において余暇をめぐる議論が促された。

これら経済状況と余暇認識の二つは一九六〇年代と七〇年代における余暇がどのような形で可能になったのか、そして、実際の余暇活動の展開をうけて、八〇年代までどのように余暇が認識されたのかについてまで考察の範囲が及ぶ。そのため、本書はこの二つの章については、時代区分を六〇年代から七〇年代に限らず、東ドイツの建国から崩壊までの期間を扱うこととする。

第1章と第2章を踏まえた上で、第3章以降は、具体的事例に沿ってSEDの「余暇政策」の実態と余暇活動の現実を検討する。なお、余暇はその定義からみて、時間と活動の二つの側面に分けて分析する必要がある。このうち第3章は、主に時間としての余暇に焦点を当てる。余暇時間の増大に関しては、SED内部において社会政策にあたる問題として詳しい議論が重ねられていた。彼らが実際に余暇時間を増加させる上で、どのような根拠に基づいて政策を作っていたかを検討することは、「余暇政策」の有無を判断し、余暇の持つ全体像を見通す上で重要な課題である。

ここでは特に週休二日制の導入と最低有給休暇日数の増加に関する政策に注意を払いたい。週休二日制は就業時間をまとまって減少させることで、人びとの旧来の生活リズムのあり方を大幅に変化させる。そのために、この制度を導入することは、従来の慣習や一九五〇年までの日常生活との軋轢を生み出し、新たな課題を浮かびあがらせかねない。

この点を考慮してこの章では、はたして余暇時間の増大がすべての人びとにとって恩恵を平等にもたらすものであったのかどうかを確認する。その際、特に着目するのが女性の置かれた立場である。この国では、単に社会主義的な平等理念からだけではなく、慢性的な労働力不足を埋め合わせる必要もあって、一貫して女性を就業させようとする政策がとられていた。週休二日制導入や有給休暇の増加があったにもかかわらず、東ドイツの女性は男性に比べれば余暇時間が少なく、差別されていたとされる[94]。ただ、これまでの研究からは、週休二日制や有給休暇の増加が、どのように女性に受け止められていたのかについて、未だ詳細には明らかにされていない。第3章では、この点を詳しく考察することによって、SEDの余暇にまつわる政策の内実を掘り下げて評価する。

第4章と第5章は、SEDによる具体的な余暇活動への対処と、それに対する東ドイツ社会の反応を検討する。第4章は、消費にまつわる余暇活動への手当てを取り上げる。近代以降の余暇活動は、市場を通じて消費財やサービスを手に入れることによりその可能性が広がった。ただ、この国の消費領域には、社会主義体制経済の問題である「不足の社会」の様相が典型的に現れる。特に、余暇産業は軽工業や小売り・サービス業にあたり、「不足の社会」が引き起こす問題の影響を最も受ける部門にあたる。本書は外食機会の可能性、身の回りのものを趣味の範囲で作成して利用しようとする「日曜大工・製作」、そして小菜園活動を取り上げて、この「不足の社会」が余暇活動に与えた影響を検討する。

外食は第二次世界大戦以前にあっては余暇活動を充実させる活動ではなく、労働者のアルコール中毒と関連付けて論じられてきた。労働者が終業後、居酒屋でアルコール摂取することは、市民層からは気晴らしや余暇活動としては見なされていなかった。しかし、第二次世界大戦後にあっては、外食産業の発展は消費社会化の典型的な事例の一つとして認識され、家族や友人同士の交流を深める機会としても重要性を増した。

「日曜大工・製作」や小菜園における活動は、純粋に趣味の余暇活動としての意義を超えて、消費財不足を補うために行なわれる性格を持っていた。特に、小菜園活動は東ドイツにあって愛好者が多かった余暇活動であり、現在でも当時の余暇の過ごし方として想起される典型例でもある。これらの余暇活動を検討することは、日常における余暇の特質を解明することになる。

第5章は、現代における余暇行動の典型となった休暇旅行を取り上げる。東ドイツでは、休暇旅行の斡旋を行なう民間の旅行会社は存在しなかった。旅行の斡旋をする組織はすべて公の機関であり、SEDは社会政策の一環として、この斡旋事業を「保養政策」と位置づけていた。これまでの研究によれば、労働者に対する休暇旅行に関する政策は、労働組合である「自由ドイツ労働組合総同盟」(FDGB 以下、労働組合)本部直属の組織である「休暇サービス」(Feriendienst)が担っており、保養所の建設や割り当て、そして余暇財の供給までを引き受けていた。ただ、東ドイツでは各企業も独自に保養所を所有しており、「休暇サービス」と企業保養所との間には密接な協力関係が謳われながら、「保養政策」が機能していた。

この第5章では海外旅行を含めた休暇旅行の全般的な可能性とその問題点を明らかにし、保養旅行の斡旋をめぐる「休暇サービス」と企業保養所との関係について、ベルリン中央における政策の展開を追う。そして、東ドイツ唯一の海岸保養地であったロストック県における保養事業の実態と人びとの反応を詳しく検討する。

以上の分析を踏まえて、結論においては序論で提起した問題について、解答をそれぞれ示し、再度、東ドイツ余暇研究が持つ比較史上の展望と、戦後世界における政治と「私」の世界との関係性を論じることとする。

(2) 史料

第1章で取り扱う余暇の前提条件は、一九六〇年代はじめまでの期間に関しては、これまでの研究成果から検討のための材料が得られる。他方で、六〇年代以降については、未だに研究が進んでいるとは言えないために、党大会議事録をはじめとする公刊史料、未公刊の公文書館史料を参考にする必要がある。ここで用いられる未公刊史料は、「ドイツ連邦公文書館・東ドイツ部門」(Bundesarchiv-Abteilung DDR) と同文書館所蔵の「諸党並びに各大衆団体寄贈文書館」(SAPMO-BArch) が所蔵するものである。

第2章では、SEDが描いた理想の余暇像を明らかにすると同時に、社会の現実と向き合うこととなる各研究機関における議論を検討し、政策分析を行なうための手がかりを得る。そのために、本書はSEDが出版した各辞典やパンフレット類、各種学術雑誌等で掲載された余暇に関する論文やレポートを用いる。

第3章以降の各章では、「諸党並びに各大衆団体寄贈文書館」が所蔵するSED政治局議事録ファイル、政治局員官房ファイル、各部局ファイルの未公刊史料を用いて本格的な分析を行なう。なお、社会主義体制国は共産党の指揮命令ラインに沿って集権的な構造をしており、東ドイツでは国の規模に鑑みても、一般的には中央の政策を見ればおおよその政策の方向性は理解できる。しかしながら、これはあくまで組織構造上の前提であって、近年の社会・日常史研究が明らかにしているように、具体的な問題が生じるのは地方の現場である。それゆえ、本書では、この上下のラインの関係を意識しつつ、ベルリン中央、ロストック県、ロストック市という三層構造を念頭に議論を進める。

特に第4章で扱う小菜園での活動に関しては、当時のロストック県（現在のメクレンブルク・フォアポメルン州）の県都であったロストック市の様子を題材にしながら検討する。そのために一次史料として、「メクレンブルク・フォアポメルン州立グライフスバルト公文書館」並びに、「ロストック市立公文書館」が所蔵する当該史料、特に大衆団体であった「小菜園並びに家庭菜園愛好家・小動物飼育家連盟」（VKSK 以下、小菜園連盟）に関するファイルを利用する。

また第5章においては、この国唯一の海岸保養地であるロストック県における保養政策の実態を分析するにあたり、「州立グライフスバルト公文書館」が所蔵する「ロストック県議会ならびに県行政評議会、保養・海水浴局」ファイルを中心に考察を進める。

一次史料として取り上げるものは、各種の政策提案や報告等になるが、本書では政策に対する人びとの反応を取り上げる際、随所で「請願」（Eingabe）と呼ばれる史料ないしはそれをまとめた報告書を用いる。「請願」は、東ドイツの人びとが、行政にまつわる事項について個人的に何らかの問題を抱えた際、SEDや各政党、大衆団体、東ドイツ政府や県といった行政組織に苦情の内容を明らかにし、その解決を依頼するために送付した手紙である。

すでにソ連研究において、新聞や雑誌への読者投稿は、体制と社会との関係を考える上で重視されている。[95] 東ドイツにおいては、読者投稿やテレビの視聴者投稿以上に、この「請願」という仕組みは、独自の政治文化的重要性を持っていた。というのも法律上、「請願」を受けた行政機関は、一九六一年の法律では基本的に十日から二十一日以内、六六年には二十日以内、七五年には四週間以内に何らかの決定を下して、送り主に返事をしなければならなかったからである。[96]

それゆえ東ドイツの人びとは、自身の個別的利害が侵害されたと感じた際、希望が叶えられるかどうかは別にして、「請願」によって行政機関の見解を質すことができた。また、それぞれの事例を受け付けた各行政機関は、自らが直接の当事者でなく単に監督するか仲介する立場にあった場合でも、該当する部局と密接なやり取りを行ないながら返事をしている。やり取りそのものも一度限りで終了するものではなく、当事者間を何度も往復した事例も存在する。この点では、東ドイツの人びとの考えを探るにあたって、史料としても一級の価値を持っている。(97)

なおここでは、ソ連のスターリン体制下の「プロト公共圏」における自己意思の伝達手段と、東ドイツ社会におけるそれとの相違について取り上げねばならない。スターリン体制下において政治権力と一人ひとりの人間とを結びつけるものの例としては、「権力への手紙」が挙げられる。ただ、政治権力の側はあくまで自分の判断によって、この手紙に対する返事や具体的な対応をとることができたことから、彼らの裁量範囲が大きい伝達手段であったと考えられる。(98) これに対して、本書が分析に用いる「請願」は、人びとが所属している企業や労働組合などを通じて提出される場合が多く、法律上、回答期限が定められていることもあって、SEDは必ず返事を書いており、「権力への手紙」と比べて、公的性格が強いのが特徴である。

また、ソ連における「プロト公共圏」は、家族や友人といった親密圏の延長線上に直接位置づけられ、公共圏を媒介する役割を果たしていた。そこでは、継続的な人間関係が友情や愛情によって維持されつつ、外の公の社会に開かれる場合も、個人の共感に依存する側面が強かったと言える。それに対して、東ドイツ社会では、非公式の人間関係を維持していく上でも、職場や労働組合、作業班といったSEDが導入した公的な場における人間関係が重要であったことはこれまでに指摘されている。特に作業班については、本来労働生産性向上のための装置として上から導入された公的な存在であったのものが、そこに属している人びとの利益を実現し、守る装置へと転化して脱構築されたとの指摘もされている。[99] ソ連のスターリン体制下とこの東ドイツの社会との違いは、時代背景の違いに求められることもできるが、それ以上に、国の地理的な広さが影響していた。国土面積が狭い東ドイツは、シュタージのネットワークを取り上げれば容易に理解できるが、公的組織による網の目が国の隅々まで覆っていた。それゆえ、公的な装置が日常生活に及ぼす影響は大きかった。このことをもって、全体主義的な社会が貫徹していたと見ることもできる。しかし本書は、この請願やそれを用いた当局の分析報告がいかなる内容を持ち、どのような対処がなされていたのかを検討することによってはじめて、体制と社会との具体的な関係が理解できるという観点に立って、これらの史料についての分析を行なう。

第1章　東ドイツ社会の変容と余暇の可能性

第一節　余暇の前提条件

第二次世界大戦末期や戦後直後には食糧や住居を確保する必要があるために、人びとは生活に余裕を感じることはできなかった。余暇を自らの問題として考えることは、この時代には不可能であったと言えよう。また、基礎消費財の供給が配給によって統制されている間は、自己の確保した物資を余暇財として利用できる余地はなかった。しかし、配給制が廃止された後、さらにはラジオやテレビ、自家用車といった耐久消費財が広範囲に流通することで、少なくとも将来急速に生活状況が悪化しないとする意識が東ドイツの人びとの間に広まることとなった。

ただ、社会主義体制下にあっては、人びとはいつ訪れるとも知れない物やサービスの不足状況に備えた行動様式をとり、保存可能な財を蓄える努力をしていたことも事実である。消費財が十分に提供されえない状況は、東ドイツにおける余暇活動に限界があったことを意味する。

ここからは、余暇活動が展開されるにあたって西側と同じ条件が存在してはいなかったものの、東ドイツにあってもその可能性があったことが理解できる。だとすれば、いかなる時期に、どのような状況の下で東ドイツにおける余暇の条件が整えられていったのか、東ドイツの余暇を可能にした特殊要因とは何であったのかを問う必要がある。

東ドイツの余暇が可能となる時期と状況は、労働時間削減の進展、可処分所得の増加、消費生活の充実という三点を検討することで理解できる。労働時間の減少は、人びとに時間的な余裕を与えることとなる。これに対して、賃金が増加することで可処分所得が増加し、消費財を自由に購入できることは、物質的な余裕が一人ひとりの日常生活に生まれることを意味する。時間的そして物質的な余裕が、いかなる形で存在したのかを検討することによって、東ドイツ社会において余暇が可能になった前提条件を明らかにできるのである。

これらの余暇の前提条件を検討することは、SEDの経済政策や社会政策を検討することを意味する。むろん、これまでの東ドイツ研究においては、SEDが主張する「労働者と農民の国」の実態を明らかにすることになるため、この点についてはすでに研究が多く積み重ねられている。これらの研究からは、東ドイツで曲がりなりにも余暇活動が可能となる状況が到来したと見なされるのは、一九七〇年代に入ってからとされる。ウルブリヒト指導下の六〇年代までの社会における経済状況を見てみると、この時代の経済政策は国全体の経済建設を重視する姿勢ゆえに、重工業分野における生産が優先されており、消費財生産は二次的な意義を持っていたにすぎなかったと考えられている。それゆえ、消費生活ひいては余暇活動の充実には絶えず限界があったと見なされる。しかし、七〇年代に入ると東ドイツにおいても、消費生活に余裕が生まれる中で、休暇旅行が本格化した際、余暇の個人化や親子関係を中核として展開される「家族化」が進行したと言われる(1)。

この見方では、SED内部における最高指導者の交代によって、政策が変化した点が重視されている。一九六三年以降、最高指導者であるウルブリヒトは、企業の国有化や農業の集団化と言った社会主義化を進めた後に、各企業に経営上の自由を一定程度認める「計画と指導のための新経済システム」(NÖSPL以下、新経済システム)を採用して、さらなる重工業建設を推し進めた。しかし、七一年、SED第一書記に就任したホーネッカーはこの政策を転換し、計画経済体制を再び強化した。彼はその反面で、「経済政策と社会政策の統合」というスローガンを掲げて、国民の社会福祉を重視した政策へと転換した。この政治指導者の交代に伴って生じる政策の相違を強調する時代区分方法は、ドイツ統一以降、再度強く認識されることとなった(2)。

これまでの研究はSEDの唱えるこの政策転換を文字通り解釈して、政治指導者の交代による経済政策路線の大きな相違や断絶を認めている。それゆえ、ウルブリヒトの経済建設優先の姿勢とホーネッカーの国民生活や社会福祉を重視する政策が対比されながら、一九八九年の東ドイツ体制崩壊の要因は、七一年以降の経済的合理性を考慮しない社会福祉への過剰投資に求められる(3)。

ただ、この一九七一年を研究上の画期とする見解に対して、すでに序論で述べた「正常化」の議論をはじめとして、現在では政治的事件の影響がどのように社会に及んだのかという視点から評価を行なう必要があるとの見方も提起されている(4)。すなわち、SEDの当時の言説に依拠することなく、継続性がありながらも緩やかに変化する東ドイツ社会の現実に即した理解が必要とされるのである。

この見解を考慮するならば、経済的・社会的な変化を引き起こした政治的な転換点として、一九六一年八月の「ベルリンの壁」建設を挙げて、その後の社会構造の変化を見ることが求められる。壁の建設により東ドイツの人びとは、西側への逃亡が不可能になり、SED体制と折り合いをつけて生活を送ることを余儀なくされた。そして彼らは既存の社会秩序の枠組みの中で、生きていくことになった。人びとのメンタリティーの変化に大きな影響を与えたために、「ベルリンの壁」建設は、「東ドイツ第二の建国」と呼ばれるのである。

そこで本章は、一般的に我々がイメージする個人を主体として展開する余暇が、どのように東ドイツで展開されたのか、そもそも個人化にはどのような限界が存在したのかという観点から、東ドイツ社会の構造的な変化と継続とを考察する。そのため、先にあげた余暇の前提条件となる三要件を建国期までにさかのぼり確認する。次いで、一九六〇年代から七〇年代にかけての「正常化」が進展する中で、いかなる社会が形作られていたのかを描く。建国期から七〇年代後半までの東ドイツの経済・社会状況を余暇と関連させながら検討することは、現代史における六〇年代から七〇年代にかけての特徴を明らかにする上でも有用である。

第二節　職場における福利の拡充：占領期——一九五〇年代

（1）ソ連軍政部指令二三四号をめぐって

ナチス体制崩壊後、ドイツは連合国の協定によって分割されて、後に東ドイツになる地域はソ連の占領下に置かれることとなった。この「ソ連占領地区」（SBZ）は、西側の占領地区と比べたとき、賠償支払いが重荷となって、経済を再建していく上で大きな障害となった。ソ連はドイツ全体から賠償を取り立てようとしたものの、西側連合国から拒否された。それゆえ、彼らは自らが占領する地域から、賠償取り立てを行なわざるを得ず、「デモンタージュ」と呼ばれる工場設備や鉄道の線路や枕木等、公共インフラの接収が大々的に行なわれて、多くの産業基盤がソ連へと運び去られた。むろん、この事態はこの地域の経済発展に大きな弊害をもたらすこととなったのである。[5]

ただ、ソ連の側で現地統治を担っていた「ソ連軍政部」（ＳＭＡＤ）は、冷戦の進行からソ連占領地区の経済力回復を図る必要性についても認識していた。それもあって一九四六年以降、賠償を円滑に確保するべく、重要産業の工場は「ソ連株式会社」（ＳＡＧ）に転換された。この措置によって、ソ連は工場で生産された製品を、賠償として受け取ることとなった。

ソ連占領地区におけるドイツ側の占領行政の担い手は、モスクワ帰りの共産党員であった。彼らは賠償を支払うために、東ドイツ経済の再建を必要としながらも、企業の国営化や農業の集団化に見られる社会主義建設を同時に行なった。当時、ソ連占領地区域内の多くの工場では「経営協議会」によって、労働者の自主的な経営運営がなされていた。[6] しかしながら、ソ連占領地区の共産主義者にとってはソ連から科せられた賠償を支払うためにも、自発的な生産管理体制を構築し、段階的に生産の回復を図ることは選択肢になり得なかった。しかも、ソ連の最終的な東ドイツ国家建設への態度がはっきりしない状況にあって、彼らは、自己の存在意義を確かにするためにも東ドイツ社会の社会主義化を強化する必要があった。

ソ連軍政部とＳＥＤは、労働者自身の経営への関与を否定する一方で、中央からの指令に基づいて生産を回復しようと考えた。その際、一人ひとりの労働者が熱心に働いて社会全体での労働生産性を向上させることが重要視された。そこで、ＳＥＤは戦後当初の平等主義的な賃金体系を変更し、生産性の向上と賃金を連動させる出来高給を、一九四七年十月九日のソ連軍政部指令二三四号により導入した。[7]

表1：労働時間の削減（週あたり労働時間の推移）(12)

年	1947	1957	1966	1967	1972	1977	1986
時間	48.0	46.2	44.9	43.6	43.6	43.0	42.9

もともと、ドイツ労働運動の伝統の中で、この賃金体系は「出来高賃金」（Akkordlohn）と呼ばれ、資本による労働者搾取の最たるものの一つと考えられており、現場での導入に対する抵抗は激しかった。そのために、ＳＥＤは指令二三四号だけでなく、一九四九年七月二十一日の「労働生産性向上と住民生活改善に対する措置」においても、再度、生産性の向上と職場での福利厚生とを抱き合わせて、この能率給の浸透を図ろうとした(8)。

生産現場において個々の労働者が規定のノルマを達成し、それぞれが労働生産性を高めるならば、賃金増加の見返りを受けることができた。しかし、東ドイツでは一九五〇年代に入ってもいまだに、生活必需品の配給制が継続していた。そのため、たとえ労働者個人が生産性を上げることによって現金を多く得たとしても、自己が望む消費財を十分には手に入れられない状態にあった(9)。

その一方でこの時期にあっても、労働時間の削減は開始されつつあった。具体的に見てみると、ソ連軍政部指令二三四号では、農業従事労働者を除いて一日八時間労働ないしは週四八時間労働が追認された。これは、一九四六年二月のソ連軍政部指令五六号において規定されていたものであった(10)。また、有給休暇日数は、従事する仕事や職業階層別の差はあるものの、最低十二日は保証された(11)。

表1を見てみると、余暇に割り当てられる時間は徐々に拡大したと、法律上では解釈可能である。しかし、一九五〇年代においては、労働時間と余暇時間は明確に分離したものとして、人びとには認識されていなかった。労働現場では、就業時間が厳密に守られていたわけではなく、労働者はたびたび就業時間終了前に職場から帰宅するか、ないしは病欠

と称し、仮病で出勤しない「病気休日」（Krankenfeiern）を取るというような行動をとっていた。くわえて、企業にあっても原材料が現場になく、やむなく労働者が待機しているという事例が見られ、この事態はより深刻な問題であったと言われる。[13] むろん、このような時間を余暇として取り上げることは不可能である。

ＳＥＤは能率給制への移行によって生産性向上を追求する中で、労働規律の弛緩を防ぐために、ソ連のスタハーノフ運動を真似て「模範労働者運動」（Aktivistenbewegung）を導入した。これは一人の労働者に驚異的な生産ノルマを達成させた上で宣伝を行ない、他の労働者に対しても生産性向上を促すものであった。[14] 社会主義体制はこの方法によって、生産性向上への意図を社会に伝えたのである。

その中で一九四八年初め、労働組合の幹部会委員であったヘルベルト・ヴァルンケは、「褒賞を与え、模範労働者を班長や職長へと昇進させ、成長の可能性が特に見込まれる青年模範労働者を技術大学に派遣し、休暇・保養施設利用に際しては模範労働者を優先し、模範労働者と技術者とを密接に協力させることで、模範労働者運動は、従来にも増して、積極的に促進されねばならない」と述べ、生産キャンペーンに貢献した個人への優遇策を強調している。[15]

指令二三四号をめぐる以上の政策は、一見したところ、労働者階級総体ではなく、個々人の私的利益に配慮したものであると捉えることが可能かもしれない。だが、二三四号はその第九項において、特に重点工業部門並びに輸送部門の労働者を優先しながらも温かい食事を、第一〇項において、衣服、靴、石炭といった消費財を、それぞれ企業内で提供する旨を明らかにした。[16] これはＳＥＤとソ連軍政部が、当時、労働者の生活状況の改善を生産との結びつきの中で捉え、職場での食堂や購買所での消費財供給を重視していた証拠である。いまだに配給制が継続する中で、街頭の商店に対する消費財供給は重要とは考えられていなかった。それゆえ、労働者個人に対する賃金引き上げの可能性が語られながらも、SEDはもっぱら職場において福利厚生の機会を整備することに終始した。また一九五〇年、各職場での作業班の導入は、職場を中心とした労働組織化の一環として捉えられる。すなわち、SEDはこの時期、一人ひとりの人間ではなく集団としての労働者を意識した社会統合を目指していたと言えよう[17]。

このような状況下、当時、生産性向上キャンペーンにおいて、「模範労働者」の一人として表彰されたツィッタウの女性紡績工ホックアウフが一九五三年に語った、「今日働けば、明日の生活が成立つ」というスローガンは、生産を最重要視する当時の雰囲気をよく伝えている。彼女を紹介した新聞記事は、続けて「私たち労働者が自分達の手で前提を作り出せば、私たちの政府は、明日には、もっと多くの、そしてもっと良い品物を配分し、物価を引き下げる政策を継続できる」と述べた。彼女の言説は、現在の生活の豊かさを先送りしながらも、将来には、政府がそれを保証する旨を表明している[18]。

(2) 週四五時間労働制の導入と賃金上昇

一九四〇年代後半から五〇年代にかけて、東ドイツの労働現場においては、原材料の調達困難が原因で生産が停滞し、待機時間を無駄に費やしていた。そのため、法定労働時間を減少させても、SEDが重視する生産性の向上に悪影響は及ばないことは明らかであった。逆に、一日の労働時間を減らせば、名目上は経済合理化と労働集約化に繋がり、労働生産性は向上することとなる[19]。そのためか、五六年から五七年にかけて、SEDは産業部門毎に週四五時間労働制を導入していった[20]。だが、この政策は結果的には、一般の人びとの側から労働時間削減に対して要望をさらに引き起こすこととなった。たとえば、五七年四月にあげられたSED書記局の情報は、「週休二日制労働の導入や十四日以内の追加の休

表2：最低賃金の推移（月収、マルク）[24]

年	1946	1949	1958	1967	1971	1976
最低賃金	104	180	220	300	350	400

日保障、さらには、賃金をめぐるさまざまな誤った議論が企業内で行われた」と述べており、現在のメクレンブルク・フォアポメルン州、ハーゲノウの中央労働委員会は、シュベリンの労働組合県代表に対して、正式に週休二日制までも要求した。[21]

しかし、この措置は当初見込まれていた生産合理化に寄与しなかった。逆に、職場における待機時間が減少しないにもかかわらず、それまでの生産目標を維持したために、必然的に超過時間労働が増え労働者に割増賃金を支払うこととなった。さらにはこのとき、専門労働者の恒常的な不足、資材搬入の不安定、労働者が職場を激しく入れ替わる流動現象といった東ドイツの各企業が抱えていた諸問題が吹き出した。その結果、労働災害が増加することになってしまったのである。[22]

この一九五〇年代後半において、SEDの賃金政策の主要課題は、重点産業分野における労働力の流動状態への対処をすることにあった。その際、賃金を補完する役割を期待されたのが、賞与（Prämie）と呼ばれる賃金に上乗せするボーナスであった。五七年四月一日、「企業特別賞与基金並びに文化・社会基金に関する閣僚評議会命令」が施行され、重点産業分野の労働者には、ノルマ超過生産額に応じて賞与が支給されることとなった。企業経営側はこの賞与を労働力確保のための有用な手段と見なした。[23]

ただ収入の増加はそれに見合った消費財の十分な供給がなければ、生産を奨励する機能を十分には果たし得ない。五八年七月に開催された第五回SED党大会は、消費財生産に対して、一定の配慮をすることを求めており、経済問題担当書記であったアーペルも、SED理論月刊誌『アインハイト』において、生産性の向上と住民個々の消費生活の発展とを結びつける意義を主張した(25)。しかも、ウルブリヒトは「我々の勤労国民一人当たりの需要は、あらゆる重要な生活手段と消費財において、西ドイツの全住民のそれに追いつき追い越す」と生活の豊かさを改善することを目標に掲げ、自らの比較対象として西ドイツを設定していた(26)。だがこの時期、食糧配給券が撤廃され、食料品を自由に買えるようになったとはいえ、消費財供給はSEDにとって、主要目標ではなかった(27)。

SEDは一九五九年から、作業班運動を再活性化させるために「社会主義的労働の作業班運動」の実施を決定し、「社会主義的に働き、学び、暮らす」というスローガンを掲げた。この運動では、余暇を含む生活を作業班内の活動として実践した場合、顕彰する方針が打ち出された。しかしながら、この時期にあっては、生産性を向上させる目標が重視されたために、労働者個人よりも集団を意識した利益提供のあり方が見られた(28)。

東ドイツでは一九五〇年代を通じて労働時間は減少し、可処分所得も増加する方向を示している。だが、これらのSEDの政策は、東ドイツに暮らす人にとって、余暇を充足する機会を与えることにはならなかった。というのも東ドイツ社会においては、消費財の供給不足が絶えず問題となったからである。

(3)「ベルリンの壁」建設と「生産動員運動」

ウルブリヒトは第五回党大会の演説の中で、西側を明確にライバルとして位置づけながらも、その裏では「ベルリンの壁」構築直前、フルシチョフに宛てた書簡において、東ドイツが抱える経済状況の脆弱性を訴えていた。

「我々は、国境が開いている現状では、西ドイツに対する後進性ゆえに、各経済発展段階で利用可能な資金を優先的に、工業生産の基礎を拡大し、更新するために用いることができないでいる。端的にいうならば、我々は国境が開いている現状においては、経済力に見合う以上に［西ドイツの水準に合わせて］速やかに生活水準を向上させねばならない。」(29)

この書簡の結論部分は、経済が不振に陥り、経済成長が遅れている第一要因として、東西ベルリン間の境界が開放されている現状を取り上げて、憂慮を表明していた。すなわち、東ドイツ住民がベルリンを経由して西ドイツへと流出している状況を問題視せざるを得なかったのである。また、西ドイツからの原材料の輸入が滞ったことや、一九六〇年九月の西ドイツ政府による通商協定の破棄通告が、東ドイツの生産活動に与える打撃の大きさについても言及されていた。SEDは経済建設において、国民に向かって叫んだ西ドイツを追い越すとの声高の宣伝文句とは裏腹に、いかにその西ドイツからの資源に依存していたのかを、ソ連指導部に対しては認めていたのだった。

ウルブリヒトはこの不利な状況を認識していたにもかかわらず、一九五〇年代後半、農業集団化や重工業建設を再開した。労働力が消費財生産に振り向けられなかっただけでなく、賃金上昇政策によって人びとの購買力が増加すると、消費財供給不足が強く意識されることとなり、このことが人びとの西側への逃亡を促した。「ベルリンの壁」構築は、SEDにとってみれば、この時期の米ソのキューバ危機にまで至る冷戦激化の中で、ウルブリヒトの経済政策の内部矛盾を解消する機会となったのである。(30)

一九六一年八月十三日に壁を構築することによって、ノルマを引き上げて賃金上昇の抑制を図り、購買力と消費財供給との不均衡を解消できる可能性を、SEDは初めて手に入れることとなった。彼ら

表3：「ベルリンの壁」構築（1961年8月13日）直前の西ドイツへの逃亡者数と就業者の割合[31]

	1959	1960	1961
逃亡者数	81,073	159,768	178,803
内就業者数	33,600	84,380	87,700
就業者の割合	41.4%	52.8%	49%

は、その後六二年終わりまで、「生産動員運動」（Produktionaufgebot）と呼ばれる生産向上キャンペーンに乗り出した[32]。六一年九月、東ベルリンのある作業班が掲げた「同じ時間、同じ給料で、より多くの生産を」というスローガンが、SED党機関紙『ノイエス・ドイチュラント』に掲載されたのを皮切りに、職場で積極的な宣伝活動が行なわれた[33]。その結果、生産ノルマの上昇を達成することに関しては改善が見られた。しかしながら、購買力と消費財供給との不均衡は容易には解消しなかった[34]。

そもそも、当時は建設業に端的に見られたように、事実上の週休二日制が横行していた。工場現場においては、休日を取得することは困難であっても、その他の労働時間短縮措置が独自に行われていた[35]。この現場で実践されていた「抜け道」は、いざというときに突貫で計画を達成するために、労働者を多く確保しておく必要性と結びついていた[36]。

このような状況下で、SEDは計画経済が有する非合理性を省みないまま、強力に一日七時間半・週六日労働の実現にこだわった。そして、生産現場で横行していた事実上の週休二日制を執拗に是正することを試みた。この工作は一時的には、労働時間を規律化することに一定の効果を発揮した。だが、一人ひとりの労働者にかかる身体上の負荷は増加した。それゆえ、再度、労働現場では週末の休養の必要性が強く認識され、非公式ではなく法律上の公式の規定となる労働時間の削減、すなわち週休二日制を要求する声が多く上がることとなったのである[37]。

ただ、この事実上の労働強化策となった「生産動員運動」を直接担ったのは、個人ではなく作業班とされたために、責任の所在は曖昧にならざるを得なかった。この事態は、「個々の労働者は『仲間』（Kollektiv）内という匿名性の中へと退き、外から持ちかけられる無理難題に対する保護を求めた」と評される。(38)

この間、ウルブリヒトの言う西ドイツを追い越すという言説は、信憑性を失ったばかりか、東ドイツに暮らす一般の人びとは、「ベルリンの壁」という物理的な障壁に阻まれ、政治的行動範囲が狭められた。そのため、第六回SED党大会の後には、ある種の諦めとも皮肉ともとれる発言が聞かれた。

「良くないこと［「ベルリンの壁」構築のこと］が降りかかってきた。もう知ったことではない。重要なのは社会主義が勝利することなのだ。我々は党大会の後、自分たちのことを社会主義ソ連型共和国と呼ぶことができるようになった。この『地区』は、みんながネズミ捕りに捕まってしまったようなものだ。(39)」

ウルブリヒトはこの壁の内側で暮らさねばならなくなった人びとに対して、旧来の方法をもって、労働生産性の向上を促そうとした。しかし、人びとの生産活動への意識は低下してしまった。それゆえSEDは、重工業建設によって経済発展を図る目標を達成するためにも、個々人の日常生活の充実を図り、一人ひとりの多様な私的利益を追求する行動を容認する必要に迫られた。いよいよ、余暇活動の可能性が問題とならざるを得ない事態になったのである。

ただ、一九五〇年代にあっても、東ドイツにおいては、以上で述べてきたような集団を志向する福利厚生政策に沿った形で、特に重点部門とされた工場を中心に余暇活動の機会が提供されていた。そして、企業や労働組合を提供主体として、事実上、余暇活動の組織化も進められた。この代表例としては、企業に設置された文化会館を用いて、勤務時間後に営まれた文化サークル活動が挙げられよう。たとえば、ロストックのネプチューン造船所においては、五一年五月一日に新しい文化会館の供用が開始されて、ビリヤード、読書、絵画教室といったサークルの活動ができるようになり、五八年には、サークルの数は一三に増加した。この活動には従業員、家族、それのみならず、ネプチューン造船所以外で働くロストック市民も参加することができた(40)。

SEDや労働組合は、労働者に対して余暇機会を提供し、組織化を行なおうとする、第二次世界大戦以前から存在していた労働運動の意識を引き継いでいた。しかし、彼らは文化活動の組織化を余暇の組織化とは自覚していなかった。職場における文化活動を詳細に検討した研究によれば、労働組合は職場に設置した文化会館を、労働者の教育機関として位置づけていたとされる(41)。すなわち、SEDはこのような文化活動を労働者の人格形成の教育手段であると見なしており、個人の私的利益の充足を目指す余暇を組織化することによって生じる矛盾については等閑視していたのである。

一九五〇年代から六〇年代においては、先のホックアウフの言説が端的に示すように、経済成長や労働生産性向上が、経済政策の目標として掲げられていた。それゆえ、職場を中心とした事実上の余暇活動の組織化ないしは集団化が行なわれつつも、余暇の充実そのものを目的とした政策が語られることはなかった。

第三節　経済・社会政策における私的利益追求の容認：一九六〇—一九七〇年代

（1）「計画と指導のための新経済システム」（NÖSPL）

「ベルリンの壁」建設後に実施した「生産動員運動」によっても生産性向上が達成されないことがはっきりしたことから、ウルブリヒトは生産性の向上と一般の人びとの個々の利益との結合関係を承認し、「従来の計画システムは、仕事の配分原則と物質的関心を考慮せず、個々人の利益と社会の利益の衝突を招いている」と自ら反省を表明せざるを得なかった。(42) SEDは従来の重工業建設を優先して生産性向上を目指した経済政策、そのために労働者階級総体、ないしは職場集団への対応を軸として行なってきた厚生福利政策を見直す必要に、いよいよ迫られた。

このとき取り入れられた政策が、一九六三年以降のウルブリヒトの経済政策を特徴づける新経済システム（NÖSPL）であった。この政策はソ連でも一時的に取り上げられたE・リーベルマンによる理論を下敷きとしたもので、生産性向上や経済発展を目指して、企業活動に一定の自立性を認めた。各企業は積極的な利益追及を行い、その一部を企業独自の投資活動や、生産性を向上させる手段として、労働者に金銭的なインセンティブを供与できるようになった。(43) そこでウルブリヒトは、六三年六月、生産性の向上と個々人の物質的利益の配慮という二つの目標は一致し得ると表明した。

「我々は、社会適用性と個々の労働者や作業班、さらにグループや企業内コレクティブの物質的利益

表4：国営企業就業者の平均月収[47]

a）国営企業就業者平均月収、マルク											
年	1960	1961	1962	1963	1964	1965	1966	1967	1968	1969	1970
賃金	527	547	560	566	582	598	611	625	644	689	705
特別支払い金	9	9	8	8	8	8	8	7	7	6	6
賞与	21	22	23	25	28	35	34	31	41	48	54
b）年間賞与額、年間賞与が月間賃金に占める割合											
年間賞与	252	264	276	300	336	420	408	372	492	576	648
年間賞与／月収(%)	47.8	48.2	49.2	53.0	57.7	70.2	66.8	59.5	76.3	83.5	91.9

が一致し、国民の創造性を発揮するように、経済計画と指導システムを用いなければならない。［中略］社会主義生産の目的は、最終的には、欲求を持った人間であり、我々は絶えずこの要求をより良く満たしたいし、また満たさねばならない。[44]」

人びとの物質的な利益に応えるものとして考えられていたものは、金銭的な利益であり、そのため国営企業に従事する労働者の平均給与は、一九六〇年代を通して着実に増加した。また、SEDは賞与を従来の一部の労働者を表彰するものから、労働者に満遍なく行き渡るものへと位置づけを変更して、国民全体のさらなる所得の上昇を図った。[45]広範囲にわたる人びとへの一時金支給の拡大とその水準の底上げは、可処分所得の増大を意味し、余暇に利用できる金銭の増加に繋がったと捉えられよう。

支払われた賞与の平均額は、年間を通じては、一九六三年には三〇〇マルク、六五年には四二〇マルク、六七年にいったんは三七二マルクへと後退するものの、その後は継続的に上昇している。国有企業における従業員一人当たりの月別賃金に対する年間賞与総額の割合は、六四年に五七・七％、六六年に六六・八％、六七年には五九・五％に相当した。[46]

しかも、一九六七年二月から三月にかけて、実験的に従来の一カ月ないしは四半期ごとの賞与に変わって、初めて期末にまとまって賞与の支払いがなされることとなった。なお、期末に賞与を与えることにしたのは、労働者の職場定着を高めることに目的があった(48)。

しかしながら、この時期、労働現場にあっては、自動化・機械化の推進が謳われながらも、労働者は「生産動員運動」によって労働強化を被っているとSEDには捉えられた。そのため、労働者の要請は表向き、賃金の上昇よりもむしろ労働時間の削減にあると考えられたのである。ただすでに職場では実質的な労働時間の削減が進んでいたことも確かである。SEDは新経済システム導入以降、公式に一九六六年四月八日から隔週で、翌年八月二八日から完全週休二日制を施行した(49)。同時に、法律上最低限の有給取得可能日数も従来の一二日から一五日へと拡大された(50)。この大幅な労働時間の削減は、東ドイツの人びとに伝えられた際、一般には驚きをもって受け止められた(51)。というのも、この方針はこれまでのSEDの方針とは異なっていたからである。

結果的には、土曜が休日になることによって、就業時間後だけでなく週末において、個々人が自由に使用できる時間は増大した。むろん、SEDは賞与分配と労働時間の削減の双方を、生産性向上のための手段として捉えていたにすぎない。これに対して、労働者の側は手に入れられる利益を比較考慮して、それを最大化させようとした。それゆえ、労働強化に対する保護として捉えられた労働時間の公式な削減策は、SEDが期待したものとは異なる効果を発揮した。労働者は決められた時間内における生産性の極大化を追及するのではなく、超過時間労働による割り増し賃金を含めた、自己の労働全体から引き出せる利益、いかに給料を多く手に入れるかに関心を抱くようになった(52)。

なお、西ドイツにおいてもほぼ同時期に、週休二日制への移行が見られる。たとえば、金属産業を例にしてみると、一九五六年、四五時間制が実現した。そして六〇年には段階的な形での週休二日制につ

表5：4人家族労働者家計における支出内訳（%）[56]

	1960	1968	1972	1977
食料品	43.1	36.7	37.5	28.4 （+外食費 4.3）
嗜好品	9.7	11.0	10.7	10.9
靴	2.4	2.5	2.9	2.7
衣服	12.5	13.8	13.6	12.9
建築・住居用品	5.0	4.0	20.5 （電気製品 2.9）	4.7
電気製品	3.8	3.3		3.4
その他工業品	9.9	13.4		17.6
家賃	5.2	3.9	3.8	3.6
光熱費	1.6	1.9	1.8	1.7
交通費	1.7	2.3	1.4	1.6
文化・保養支出	5.1	2.9	3.2	3.9
修繕費・その他		4.3	4.6	4.3

いて労使の合意がなされ、最終的には六七年に導入されている。[53] さらにはヨーロッパ諸国全体を見てみると、工業労働者の一週間当たりの実質労働時間は、五〇年代には増加した国もあったものの、六〇年代に入って減少が進んだ。法的労働時間については、フランスでは三六年にはすでに四〇時間労働が実現しており、ヨーロッパ大陸諸国においては比較的労働時間削減が進んできたのに対して、イギリスでは法律上は四八時間制が規定されているにとどまる。[54]

さて、東ドイツでは問題が多々あるとはいいながらも、収入と自由になる時間の双方が増大したわけだが、それにもかかわらず日常生活の豊かさにとって隘路となっていたのは、消費財の供給状況にあった。SEDは新経済システムによる消費政策において、食料のような生活必需品ではなく、工業製品に対する購買意欲を高めようとした。[55] 確かに、表5が示すように一九六〇年代以降の一般家庭における消費支出内訳を見ると、食料品が全体に占める割合は低下している。ここからは、東ドイツにおいても、食料品を消費する以外に、所得を用いることができるようになったと言えなくもない。しかし、他のヨーロッパ諸国においては、この食料品の支出割合は、七〇年段階で約三〇％を占めるまでになっており、それと比べた場合、東ドイツの状況は依然として劣っていたと言える。
　また、工業製品の中でも特に耐久消費財の価格は、一般労働者の平均賃金に比べて高く設定されていたことから、その普及には限界があった。[57] 一九六〇年代末には賞与が普及したことにより、急速な購買力の増加を生じさせたものの、慢性的な消費財供給不足が原因で、広範囲にわたる政治不安や社会不安を引き起こすこととなった。[58] しかも、SEDの賃金並びに消費政策は、東ドイツ内部における社会階層間の格差を拡大させるものであり、根本においては平等を主張する社会主義の理念とは対立する。それもあってSEDは、六七年に最低賃金を月収二二〇マルクから三〇〇マルクへと引き上げた。[59]
　ウルブリヒトやこの経済改革を主導したアーペルやミッタークといったSEDの指導者は、生産性の上昇や経済成長率の向上といったマクロ指標が重要と見なしており、あくまで、個々人の利益への配慮は手段と捉えていた。これに反して、一般の人びとが豊かさを実感する指標は、絶えずSEDが宣伝してきた西ドイツとの比較の中に現れる生活実態にあった。一九六五年、経済評議会が作成した新経済システムの実施状況報告は、「我々は、彼ら［SED］が望むものを選挙で選ばなければならない。西ドイツでは、自分の望むものを選ぶことができる」とするSEDに対する不満の声を伝えている。[60]
　しかし、SED中央委員会付属世論調査研究所の調査によると、東ドイツ経済が西ドイツ経済には劣っているという認識が広がりつつも、経済状況そのものは以前よりも改善したという考えも、人びとの間には広がっていた。[61] これら二つの正反対とも見える見解からは、少なくとも、素晴らしいとは言えないものの一定の日常生活における豊かさが見込まれる時代に東ドイツも入っていったとの解釈が可能である。なお、西ドイツ、イギリス、フランスといった国々における消費水準は、一九六〇年代に入っ

て、ほぼ同じものになっていった。(62)

新経済システム期、賃金上昇や耐久消費財の普及過程において、社会階層の相違が顕著となった状況からすれば、幅広い人びとが直ちに余暇を楽しむ経済状況に至ったとは言えない。しかし、週休二日制が正式に認められて、賞与が期末に一括して支払われるようになったことは、労働時間の意味を相対化させ、耐久消費財の購入や余暇財への関心を促す契機となったことも事実である。たとえば、自家用自動車の普及状況は、一〇〇世帯当たり一九六〇年で三・二台、六六年で九・四台、七〇年には一五・六台へと上昇しており、すでに六六年の予約分析では、六七・八％の予約者がトラバントを待ち望んでいるとの指摘がなされている。(63)この事実は一方では、自家用車の供給には限界があったことを示しているが、他方においては、高い需要の存在をも示している。自家用車の活用は、個人単位で営むないしは、家族を単位とした余暇の可能性を広げることになると想定できる。ただ、自家用車の普及の中に見られる当時の経済状態と、余暇活動を楽しみたいと考える人びととの関心の高さとの間には、ギャップが生じていた。

（2）「経済政策と社会政策の統合」

新経済システムは労働者階級という集団の利益のみならず、東ドイツに暮らす人びとがそれぞれの個別利益を追求することをも承認したため、経済政策の目指すべき方向に関して、政治体制と人びととの間で一定の合意を生み出したといえる。しかしながら同時に、経済政策の現実的可能性という点に関しては、矛盾を抱え込むこととなった。

この経済政策については、一九七一年、ホーネッカーがＳＥＤ第一書記に就任したことによって、再び中央集権的社会主義計画経済へと回帰したといわれる。[64] しかしながら、彼にあっても経済発展の梃子を、旧来の生産キャンペーンを利用した動員へと逆行させることはなかった。というよりも、正確に言うならばできなかった。ウルブリヒト失脚の一要因は、七〇年に訪れた消費財供給危機に対する党内の批判にあった。そのため、ホーネッカーは一人ひとりの自己利益の保全と向上を尊重する方向へと、従来の経済建設中心の思考を転換した。国民の福利厚生の充実が政策運営の目標となったのである。[65]

一九七一年、ホーネッカーは第八回SED党大会の席上、六〇年代の経済発展の成果を認めた上で、労働者の収入と年金のさらなる増加や消費財供給を重視する姿勢を打ち出した。[66] この方針は、七六年の第九回党大会において「経済政策と社会政策の統合」というスローガンの下で強化された。[67] すなわち、国民個々人の利益を尊重するというSEDの言説は、七〇年代に入り、手段から目的へと逆転するものの、後退ないしは無視されているということはなかった。

SEDは賃金政策面では、新経済システムの下で拡大する傾向にあった所得水準の差を縮めるべく、一九七一年二月には最低賃金を月収三〇〇マルクから三五〇マルクへと、さらには、七六年には四〇〇マルクへと増加させた。[68] だが、この方策は、逆に現業職が技術職の給与水準を上回るという事態を招いた。その結果、技術者の人材不足が問題となり、賃金の上昇をてこにして生産性向上を図ろうとするSEDの思惑と、再び衝突することになった。[69] そのため賃金政策は、七〇年代半ば以降、ウルブリヒト時代の出来高給を意味する「能率給」から変化し、以前の企業経営側と労働者が結ぶ労働協定に基づいて給与が保障される「協約給」をこの「能率給」と組み合わせた「基本給」と呼ばれるものへと変化していった。[70]

新しい基本方針においても、個々人の物質的利益を給料によって刺激することと、生産性向上とを密接に関連づけながら、悪平等とはならない賃金体系を確立することが目指された(71)。このとき、労働生産性向上の担い手、すなわちノルマ達成の責任者は、従来のコレクティブや作業班といった労働現場の基礎集団ではなく、個々人とされた(72)。むろん、この方針は労働現場の基礎集団の陰に隠れ、責任から逃れることが可能であった労働者の既得権益を脅かした。しかも、SED自らがこの基礎集団を生産活動に留まらず労働組合や職場での集会といった政治活動にも利用していたことから、人びとの反発を招くことは必至であった。

それゆえ、SEDは方針導入にあたり、「いくつかの企業では、党の基本路線から逸脱し、それに伴って、労働者の間で不穏な空気が生じる兆候が存在する」と述べ、慎重な対応を求めざるを得なかった(73)。事実、この賃金政策の転換を論じた史料ファイルには、具体的な企業名が挙げられつつ、一部の労働者が生産活動の妨害、サボタージュを行なっているとの分析も見られる(74)。SEDの賃金政策は、賃金を生産性向上のための手段として位置づけながらも、社会主義社会における平等を実現するという目的をも担っていたため、二律背反の状況に陥った。

社会成員間の平等と生産性向上のいずれを優先するのかという経済政策全般の揺れは、単に賃金政策に留まらず、消費政策にまで波及していた。東ドイツの消費生活を末端で支えてきたのは、政府の資本参加を受けた中小企業、手工業組合、私企業であり、一九七一年段階で、工業分野全体の約一二%の就業者を雇用していた。彼らの給与水準は労働者であるならば社会水準以下であったが、逆に自営業者であるならば、所得は一般の労働者のそれを上回ることがあった。

ホーネッカーは所得の不均衡を是正するという本来の目的もあって、一九七二年、私企業や半国営企業の全面的国営化方針を打ち出した。しかしながら、これが消費財の生産減退を招き、手工業製品に関

していえば、しばしば供給が途絶える事態となった。そのため、後にこの措置を一部修正せざるを得なかった。(75)

SEDは一九七〇年代にあっても、ウルブリヒト期とほぼ同様、新規消費財の価格を高く設定し、その利益を用いて基礎消費財の価格を支えようとした。(76)この政府の動きに対して、各企業は高収益をあげるべく、低価格ないしは中価格製品から高価格製品の生産を重視する方向に変化した。(77)そのためか東ドイツ社会では、この時期、商品提供状況が若干ながら改善したにもかかわらず、万一に備えた消費行動様式が広く見うけられた。外出時には、突然商品が提供されるかもしれない状況に備えて、絶えず買い物袋を持って出かけたり、自らが余分に持っている商品を周囲の人びとで分けたり、さらには比較的供給状況が良い東ベルリンに買出しに出かけたりといった行動が日常的に見られた。(78)また、衣服を自分で縫ったり、日曜大工を実践したりするといったような生産を補完しようとする活動は、消費財不足によって強いられたものではあったが、楽しみや余暇に通じる活動でもあった。(79)くわえて、商店従業員が商品の横流しをするといった非合法的な行動に至るまで、消費をめぐる特殊な社会主義社会ないしは東ドイツ的ともとれるさまざまな行動は時代を通して存在していた。(80)ここからは、各個人を中心とした社会内部の共助の様子が窺え、逆説的ながら、体制がもたらした消費財の不足と偏在を媒介にして、社会的コネクションが形成・維持されている様子が確認できる。

SEDが労働生産性の向上がなければ消費生活の改善はあり得ないと考えるのに対して、労働者はSED側の計画経済に対する不手際に対して、厳しい批判をしており、体制と人びととの認識のずれは解消していない。

「我々は計画を達成したいし、そのために全力をあげている。我々は賃金で報われるならば、超過労働にも、土曜日の労働も対応する。しかし、労働の組織化がなっていないではないか。我々が超過労働をした次の日には資材が届いていない。(81)」

SEDは個々人の私的利益追求を容認することによって、かえって社会内部での所得格差を広げ、社会主義体制が掲げる平等という理念と、経済発展という現実の要請との間にあって、絶えずその乖離に悩まされることになったのである。

第四節　東ドイツ社会の個人化とその限界

本章は所得の増大、労働時間の削減、消費生活の動向の三点をめぐるSEDの政策を検討した。東ドイツの政治指導者は一九五〇年代後半まで、賃金政策に関して事実上の出来高給である「能率給」の導入に見られるように、個々人の私的利益の追求を積極的に容認するともとれる政策を打ち出した。しかしながら、消費政策においては、職場の購買所での消費財供給を優先し、生産増加や経済発展を最重要目標とする立場をとっていた。SEDは、五〇年代後半、個人と社会全体の利益を結びつける必要性を説明していたものの、現実の政策はこれを反映するものではなかった。

一九六〇年代、新経済システム期に入り経済政策担当書記ミッタークの発言以降、SEDは徐々にではあるが、個人の利益を解放する意義を承認することとなった。その中で、消費政策にも一定の配慮がなされた。(82)しかし、消費財供給は全面的には改善されたとは言えず、人びとそれぞれの所得増大に見合う消費財供給を行なうことは困難であった。この賃金政策と消費財供給のあり方は、ホーネッカーが消費政策を目的化する中でも継続しており、矛盾はさらに深化した。

新経済システム期における経済建設を優先した政策と、一九七〇年代の「経済政策と社会政策の統合」路線は、卵が先か鶏が先かという議論に帰着する。東ドイツ経済史研究の第一人者であるA・シュタイナーは、この点について、「ウルブリヒトに代表されるように、まずは、強力に効率性を求め、その後、生活水準の向上を図ろうとする。〔中略〕ないしはホーネッカーに代表されるように、変革を先延ばしにし、広範にわたる消費・社会政策上の措置によって、まずは、住民の物質的利益を改善させ、これを刺激として作用させ、次いで経済生産性を実現しようとするかである」と表現している。[83] また一見すると違う政策の連続性に注目して、次の主張をしている論者もいる。

「彼〔ホーネッカー〕はウルブリヒトと同様に、戦間期の共産主義運動から本質的に示唆を受けた社会思想の伝統の中にあった。この点で断絶は存在しない。〔中略〕両者〔ウルブリヒトとホーネッカー〕の相違は、社会目標や政治目標にあるのではなく、そこに到達する道のりであり手段であった。[84]」

確かに一九五〇年代には、企業や労働組合が主体となって、事実上、余暇の組織化が図られてきた。だが、これは職場における福利厚生事業としての意味が強く、余暇の機会を個々人に提供しようというよりも、最終的には、いかに生産性向上に寄与するかが問題であった。ＳＥＤは、当時、余暇の組織化を行ないながらも、余暇そのものの意味を語ることはなかったのである。

一九六〇年代に入り、新経済システムが経済成長の手段として、個々人の金銭的利益追求を容認したとき、これに対応する形で、余暇の組織化への関心と政策の必要性が明確に認識された。東ドイツにおいても、不十分とはいえども個人を主体とした余暇が展開し得る状態が到来した。この社会状態に、六〇年代から七〇年代にかけての個人に焦点を当てた政策が連続している点を重ね合わせると、東ドイツにおける余暇が社会的課題となった画期は、ウルブリヒトからホーネッカーという政治指導者の交代ではなく、新経済システムの導入にあったと見ることが自然である。

だが、この時期の経済政策や社会政策全般に横たわっていた矛盾は、余暇が東ドイツにおいて展開する前提条件を規定することになった。余暇活動を可能にするいかなる余地が時間と金銭面においてあったかという点に関して言えば、西側同様の前提が東ドイツ社会にも存在した。また、東ドイツの消費水準を考えるにあたっては、西ドイツをはじめとした西欧諸国と比べて、家賃や電気・ガスの光熱費が補助金によって低く設定されていた点にも、注意を払わなければならない。しかしながら、それ以外の消費財やサービス財は慢性的に供給不足となっており、個人を主体にして展開される余暇の可能性は制約を受けざるを得なかった。

くわえて、一九五〇年代以来の職場における文化活動のような集団的な余暇機会も東ドイツ社会には残存していた。六〇年代以降、人びとはＳＥＤが提供する組織的な余暇活動の機会を選択的に取り入れた。しかしそれだけでなく、余暇本来のあり方である個人の関心に即した活動も、制約がありながらも実践されることとなったのである。

第2章　東ドイツの余暇論

第一節　東ドイツにおける余暇の意味づけ

本書は第1章において、一九六〇年代後半以降、日常生活の中で職場の持つ意味が相対化し、労働とそれ以外の時間の社会的意義にも変容が生じたことを確認した。東ドイツは「不足の社会」の下で、独特の経済状況にありつつも、社会内部に時間と金銭面での余裕が生まれたことで、余暇活動は社会的にも注目されることとなったのである。

ただし、それまでSEDはこの余暇に関しては、まとまった見解を示してはこなかった。彼らにとって重要な課題は、経済発展を遂げることにあったからである。これは冷戦下において、西側に対する優位を主張する上でも避けることはできなかった。彼らは、労働生産性の向上を求めて、人びとの動員を試みた。それゆえ、労働の意義が東ドイツ社会では長らく強調されていたのである。

くわえて、社会主義体制では、経済発展を最も合理的に成し遂げることのできる制度として導入されたものが計画経済システムであった。これは政府が社会に流通する製品について、その生産量と提供される質と量とを決定することを意味していた。ただし結果的には、この計画経済は東ドイツに「不足の社会」をもたらす原因となったことも忘れてはならない(1)。

計画経済は生産のあり方を決定するのみならず、人びとの消費行動をこの枠内で実現する形で制約を課すことになった。そのために、労働の裏側にあって、個々の自由な意思に基づいて行動できるはずの余暇活動も、この計画経済に規定されることになった。

東ドイツ社会において、労働の持つ意義が相対的に低下しつつも、日常生活が政府の計画経済の影響を受ける以上、SEDは余暇に対する独自のイメージ、余暇論を社会に向けて提示する必要を認識することになったと考えられる。くわえて、自らの余暇論を提示することは、今後の政策の整合性を図り、さらには、社会の変化に合わせた、日常生活における労働の意味を再定義する上でも、SEDにとっては重要な課題であったと言えよう。

実際一九六〇年代以降、東ドイツ国内ではSEDが進める労働時間削減政策によって増加した日常生活時間の実情とそのあるべき姿を検討する必要が認識される中で、余暇を学問的に位置づける作業がなされた。

この東ドイツにおける学術研究は、政治史研究において典型的に主張されているように、体制の政策を正当化する役割を担っていたことから、客観的・批判的な研究は不可能であったと言われる。だが同時に、社会科学的研究は、政策立案の前提となる知見を提供し、実際の遂行過程におけるフィードバックを検討するシンクタンクとしての役割を担っていた。SEDは経済政策や社会政策に関しては、これらの研究から得られる客観的な情報を必要としていたため、現実社会に対する客観的な考察を排除することはできなかった。

これとは対照的に、文化論・文化史研究は政治との関係が薄いと想定されていたことから、比較的自由な研究領域を構成していた。現実政治における有用性という観点から見た場合、対極に位置する二つの研究分野がこの国で熱心に余暇を論じてきた。

ドイツ統一後にあっては、史料文献が豊富なことから、東ドイツにおいて余暇研究に従事していた研究者を含めて、余暇論の歴史学的再検討が進められている。この東ドイツ余暇論研究は、二つの方向性に大別される。SEDの公式の余暇に対する見解を、画一的かつ集団的なものとして捉えてSED体制を批判するか、消費行動としての余暇の側面を重視するかである。このうち人びとの消費行動を対象とする研究は人間一人ひとりの個性が表れる私的な活動として余暇を捉える。その上で余暇論を軽視していたSEDと東ドイツ社会を対比させて、両者の間の矛盾を明らかにしている。[2]これらの余暇論研究からは、SED指導部とその周辺では余暇に対する認識や見解が分裂しており、相互に結びつきがなかったということが読み取れる。SED指導部の余暇議論の硬直性と東ドイツ社会における余暇活動の現実を分けて提示することからは、社会主義体制下における政治権力と社会との関連性を見いだせないことになりかねない。

だからこそ、本書はSEDと東ドイツ社会が余暇に対していかなる価値を付与していたかについても、この国の余暇を検討する前提として確認する必要がある。社会主義体制の存在理由が、資本主義における労働搾取からの解放にある以上、その裏側にある余暇をSEDはどのように理解しようとしたのか、さらには、いかなる余暇論が東ドイツ内部で具体的に形成されていたのかは、政策の前提を考察するだけでなく、理念と現実との乖離の度合いを測る基準を提供する意味で、重要な検討課題となる。

本章はSED指導部による余暇論を労働観との関係も踏まえて検討し、再度先行研究のいうように、これが画一的なものであったのかどうかを確認する。その上で、SEDの余暇像は東ドイツ社会の現実を考察することを目的とした人文・社会科学系研究における余暇論を規定するものであったのかどうか、どの程度、独立した議論が各研究分野において展開されていたのかを問うことをねらいとする。

第二節　SEDの余暇論

(1) 労働による自己実現と「自由な時間」

SED指導部が一九六〇年代に入るまで、東ドイツに暮らす人びとを労働によって統合しようとしたのには理由があった。それは、マルクスの思想が労働や生産を重視したものであったということにとどまらない。五〇年代においては、荒廃した経済を復興させ、さらにはソ連やポーランドに対する戦時賠償を支払うために、生産活動の重要性を人びとに認識させる必要が、SEDにはあったからである。彼らはマルクスが説いた共産主義社会の構想と労働時間論に基づいて、社会主義体制下での労働を重視した見解を提示しながら、それとの関係の中で余暇を位置づけたのである。

マルクスの『ドイツ・イデオロギー』においては、共産主義社会の日常生活が構想されていた。そこでは、労働内部に余暇活動が包摂されることによって、人間一人ひとりの豊かさが実現するとされた。

「私は今日はこれを、明日はあれをし、朝は〈靴屋〉狩りをし、〈そして昼［には］〉午後は〈庭師〉漁をし、夕方には〈俳優である〉家畜を追い、そして食後には批判をする——猟師、漁夫、

〈あるいは〉牧人あるいは批評家になることなく、私の好きなようにそうすることができるようになるのである。[3]」

共産主義社会においては労働と余暇とは分離したものではなく、一体化するとの主張がここには示されている。マルクスの目指す社会では、自らを機械の一部とするような分業労働から解放され、さまざまな場面において豊かな職業能力を社会にアピールでき、他者からの承認を受けて精神的な充足を得られる、すなわち、一人ひとりの人間は自己実現を図ることができることとなる。

これとは逆に、資本主義体制下においては、労働者の労働は商品となってしまい、資本家が剰余価値を獲得するための手段となることから、彼らは労働者の労働時間を生存可能なレベルまで増加させると考えられた。この状況に対抗するため、労働運動の中心目標の一つとして、週四八時間制の実現が掲げられた。[4]この労働時間削減論は、その後のSEDによる労働政策の根拠となった。

マルクスが主張した労働そのものの重要性と労働時間規制が進んだこととの意義を、SEDが社会に訴えたのは、一九四七年六月、「ドイツ経済委員会」がソ連占領地区に設置された後であった。彼らはこの訴えかけによって企業の国営化を推し進め、社会主義計画経済を本格化させることを考えたのである。第1章においても触れたように、東ドイツの企業では上からの国営化が進む以前には、工場主が西側に逃亡していたことから、一時期、労働者自ら「経営協議会」を立ち上げて、共同で経営管理をしていた。SEDはこれを解散させて、上から経営方針を労働者に強制し、労働生産性を上昇させることを求めた。そのためには、国営化が自主管理よりも望ましいとする根拠を彼らは必要としていたのである。

また、SEDは経済成長を求めて、職場において労働者を統轄し生産性を高めるために、出来高払い給料と労働者模範運動を導入した。[5] SEDがこの労働政策を採用するためには、労働が社会の役に立つというだけではなく、自己の利益にかなうと説得をする必要があった。もし、余暇を独立した意義のある活動と認めてしまうと、政策に人びとを協力させることができなくなる恐れがあり、それを避ける論理を打ち出さねばならなかった。そこでSEDは、労働生産性の上昇が達成されれば、資本主義体制下における余暇と労働とが分離していた状態を克服することができるとする、マルクスの主張を取り入れて、経済建設への協力を人びとに訴えかけたのである。

彼の『経済学批判要綱』によれば、資本主義体制における社会全体の生産力の増大は余暇時間の増加に繋がるとの説明がなされている。しかしながら、この余暇時間の増加の恩恵を享受できるのは、一部の人間だけであるとされて、資本主義体制下における余暇は労働者のものではないと否定的に語られた。ただし、資本主義体制においては生産力が増加すると剰余生産が生じる。そして資本が価値を増やすことができなくなる限界に至ると、矛盾が高まり革命が生じると見なされる。共産主義社会は資本主義下での豊かな生産力を受け継いだ社会とされるために、これまでの労働者が自己の労働を商品として売らざる得ない状態は消滅する。だからこそ、それまで一部のものの特権として描かれた余暇時間の意味は転換し、すべての人間に開かれたものとして、肯定的に再評価されることとなる。

「生産力の増加はもはや他人の剰余労働を獲得することに縛られなくなり、逆に、労働者大衆自身が、自らの剰余労働そのものを獲得するようになることがますます明らかとなる。彼らがこのことに成功するならば（それによって自由に処理し得る時間が正反対の存在であることをやめるならば）、一方では、必要不可欠とされる労働時間が社会における個人の必要性を計る尺度となり、他方では、

（生産は今やすべての人の豊かさに基づいて計算されるようになるのではあるが）、社会的な生産力の発展が急速に進んで、すべての人間の自由に処理し得る時間が増大する。それゆえ、現実の豊かさとは、あらゆる個人の生産力の発展を意味する。もはや労働時間ではなく、自由になる時間に豊かさの尺度が求められる。(6)」

この余暇時間の増加は労働時間の節約という形での生産性の上昇に寄与するものとされて、労働時間と余暇時間の対立はなくなるとされた。そのために、余暇は単独の問題として評価されるのではなく、労働と結びついた形で論じられる対象であり、「自由な時間」（freie Zeit）ないしは「自由になる時間」（disposable time）として位置づけられた。

「労働時間の節約は自由な時間の増加、すなわち個人の完全なる発展のための時間と同じことを意味し、この時間はそれ自体大きな生産力として、労働生産力に跳ね返る形で影響をおよぼす。［中略］自由な時間は、暇な時間であると共に高度な活動のための時間である。(7)」

いわば、マルクスの言う労働と余暇との統一や、労働による人間の自己実現の可能性は、資本主義体制下における機械が人間の行動を支配する疎外状況を、克服するものとされている。

ＳＥＤは以上の論理を参考にして「自由な時間」を議論することはあっても、労働が自己充足を図る目的に転化した以上、「余暇」についての議論は必要ないと見なした。彼らはこの「自由な時間」概念を、一九四〇年代後半から五〇年代にかけての労働政策に適用しようとしたのである。

ただし、社会主義体制では利益向上によって、経済状況を改善・発展させる仕組みがないため、それに代わって生産性向上を促す論理を打ち出して、政策を支える必要があった。SEDは先のマルクスに見られる、自己実現の手段になった労働の意義を強調し、労働者に積極的な生産活動への参加を呼びかけた。SEDは資本主義体制下の「階級社会においては、暴力原理が労働モラルを保持するために不可欠である」とするのに対して、「社会主義社会においては、生産手段が人民の手に取り戻され、勤労者が企業における主人となった」と主張して、労働意欲の維持と生産性向上の手段である「社会主義計画」の意義を主張した。この「社会主義的計画」は、人びとに自分の行なう生産活動の意味を理解させ、社会における自己の役割を認識できるようになる効果を持つと考えられた(8)。社会主義においては、失業者は単なる失業者ではなく、新しい職に就くまで積極的に学習し、能力改善を図る人間であるとの位置づけがなされた。ここでは、労働そのものに人間の自己実現としての意義を認め、そこへの高い意識を有した人間による社会として、社会主義が構想されていた(9)。このように、労働の持つ社会的な有意性が強調されていたため、余暇という問題は表だって議論されることはなかった。代わって、日々の労働を準備しそれを支えるものとして、休息を得るための「保養」(Erholung)が問題にされたにすぎなかったのである(10)。

「社会主義においては、人間が社会生活の中心に位置し、それゆえ、労働力の維持もなされる。これは、さまざまな労働時間の配分、休憩時間の法的規制、そして、それぞれの労働者の権利である保養休暇の存在という点に現れる(11)。」

ただ、ＳＥＤが労働の重要性を説いて人びとがそれに納得したとしても、物理的に人間が働くことができる時間には限界がある。先に述べたように、資本主義体制下にあって労働者は限界まで労働力を奪われると考えられており、労働運動は一日八時間、週四八時間制の実現を主張した。そのため、ＳＥＤはこれを社会主義社会における最大限の労働時間と規定した。

この週四八時間労働制は、東ドイツではソ連占領下の一九四七年に達成されていた。本来であるならば、ＳＥＤの次なる課題はこれ以上の労働時間の削減ではなく、労働意欲を保つ適切な労働時間の使い方を提示することにある。だが、ＳＥＤは五〇年代から六〇年代にかけて、産業ごとの労働時間の差異による不公平感を是正すべきという要請を社会から受けて、さらなる労働時間短縮を進めていったにすぎなかった。この労働時間短縮によって生まれる時間を、どのように位置づけるのかについては、資本主義体制下での議論と同様に労働力の回復が言われているにすぎない。労働外時間は労働に付随した時間と見なされたのである。

ただ同時に、労働者は労働モラルを維持するために、「物資の供給を受ける権利」を享受することができると見なされてもいた。これには、医療を受ける権利や疾病時の権利といった一般に社会権に属するものと並んで、サナトリウムや保養所を利用する権利、食事療法を受ける権利といったものが列挙されるだけでなく、現実には余暇活動に当てはまるような例についても言及がなされていた。

「赤のキオスク、クラブ、文化宮殿〔文化会館〕、劇場、映画館、図書館、スポーツグループ、公園、等々は労働モラルにとって強力な役割を果たし、同時に、社会主義全体にとって役に立つ全般的な進歩は、完全に新しい社会主義的意識形成へと導き、労働モラルに計り知れない影響を持つ。(12)」

とは言うものの、余暇それ自体の充足は目的とされていなかったために、ここで挙げられている消費財や「保養」の機会の提供は、積極的な労働を促すための誘因、もしくは生産性向上に貢献した際の報奨として問題にされたにすぎなかった。

ただ、一九五〇年代前半までの東ドイツ社会は、労働意欲を高めるための経済的な基盤を欠いていた。そこでSEDは、資本主義から共産主義への過渡期においては、「社会成員すべての物的ならびに文化的な欲求を完全には充足できない生産力状況」にあり、社会全体の生産性は個々の労働者の働きに依存するとして、労働者が不平等と評価する出来高払い制の導入を正当化したのである。

労働観の内部で事実上の余暇を思考するという方法は、余暇という言葉が一般にも広く使われるようになる直前の一九五〇年代後半においても変化していない。労働モラルを扱ったSEDの論文では、「〔搾取から解放された〕労働者が生み出した余剰生産は、社会主義的再生産の拡大と、勤労者の恒常的な物的並びに文化的需要を満足させる」と社会主義社会における成果が述べられ、さらには西ドイツとの比較を行ないつつ東ドイツの優位性を主張していた[13]。その際、社会主義的労働モラルの例として紹介されているのが次のようなコメントであった。

「私は、給金を余分に求めないで、なぜそのように行動するのか、なぜバネをシフト労働のなかで八個余分に加工しようとするのか問われます。考えてみれば、答えにそんなに窮することはありません。私はとある人民所有企業で働いています。私たちはより多く働くことをよいことだと感じていますし、資本家のポケットに逃げ込もうとは考えません[14]。」

ＳＥＤは、労働者個々の利益と社会の利益とを同一視し、生産活動への寄与が労働者自身にとって望ましいという見解を人びとに向けて提示した。いわば、彼らは労働による生活の充足こそが人生の豊かさを規定するという姿勢を、東ドイツの社会生活全般のあり方として確立しようとしていた。なおこの文章は「資本家のポケットに逃げ込む」という表現があることから想定できるが、「ベルリンの壁」が構築される以前にあって、多くの東ドイツの人びとが実際に西側へと逃亡している状況で発表されたものである。そのため、非常に宣伝色が強いものであるが、苦境にあると思われる状態でも、建国期からの楽観的な人間観が一貫して継続している点にも注意しておく必要がある。

しかし、東ドイツの人びとは一時的とはいえ、不平等を是認しながら、労働意欲に満ちた人間が理想像といわれても納得しなかった。彼らは、上からの時間管理が合理的になされるというＳＥＤの論理を逆手にとって、労働時間の不平等の解消を求めた。もしも、ＳＥＤがこの要求を認めないとすれば、自らの時間管理の失敗を認めることとなりかねない。だからこそ、ＳＥＤは労働時間の削減については社会からの要請を無視できずに、労働時間を削減した。彼らは労働外時間の増加を独自の意義を持つものとして説明しなかったために、一九五〇年代の労働時間短縮は労働から逃れられる時間を、事実上社会に提供することとなったのである。ＳＥＤは労働に付随した時間としての「自由な時間」の持つ意味を、社会性の獲得がなされる時間であると位置づけながら、その一方で「余暇」という言葉を直接使用することはなかった。

（2）SEDの「余暇」認識の成立

ところで、一九五九年、SEDは「社会主義的労働の作業班運動」を実施した。これは、職場の末端部に位置する「作業班」を労働による人間の解放を図る手段として位置づけるもので、これ以降、「自由な時間」をめぐる状況は変化し始めた。[15] SEDは、「東ドイツにおいては、［資本主義体制下での労働疎外による労働と余暇との］対立という客観的な社会基盤は消滅しており、それゆえ、労働者が自分自身のために働いている」という説明を行ない、現状の社会主義社会を肯定した。ただし、SEDは労働者がこの社会主義社会の現状を正確に理解しておらず、「多くの人びとにとって、労働と『自由な時間』とが分離」している状況を改善すべきだと考えていた。そのため、SEDは「社会主義的に働き、学び、暮らす」というこの運動の標語に沿った形で、労働から「自由な時間」概念を次のように規定している。

「社会主義的労働の作業班に属する成員は、自己の自由な時間を、自分自身の職業専門性を高め、第二の職を習得し、通信教育を修了し、科学技術並びに社会科学知識を身につけ、読書や観劇することで文化的にもさらに学習を続ける。［中略］人びとは自由な時間を正しく、そして社会主義社会の勤労者として、その能力を向上させるために用いることを学ぶ。自由な時間は、ゆっくりとできる時間であると同時に、自然・社会科学や技術を習得するための時間や政治活動の時間であり、文化を習得する時間であり、また個々人のあらゆる生産力を進化させる時間でもある。［中略］余暇の間における相互の同志的協力や職場の仲間内の協力は非常に重要である。しかし、その目的は共に劇場へと出かけるということにあるのではなく、生産力を向上させることにある。[16]」

ＳＥＤはこの「社会主義的労働の作業班運動」を通じて、労働者が労働外時間を「自由な時間」として有意義な活動に用いるよう宣伝を行ない、下からの自発的な取り組みを促そうとした。彼らは同時に、労働時間外の時間管理を図った。ＳＥＤはマルクスの言説に現れた労働者の自主性と体制の管理という二つの方向性を統合しようと試みたのである。しかし、体制が直接影響を及ぼすことができる時間は、労働現場に人びとがいる時間だけであった。それゆえ、「自由な時間」への対処は、職場において労働者を集団的に管理することに限定され、職場と切り離された時空間においては、個々人が自由に行動できる余地が存在していた。そこで、「労働時間」でもなく、「自由な時間」でもない時間が増加することとなった。この時間への対処が必要となったとき、ＳＥＤは独自の時間領域として「余暇」を認識せざるを得なくなった。労働者の自発性に期待しながらも、体制が管理する「自由な時間」は人間の日常生活における現実の時間サイクルによって限界につきあたることとなったのである。

この限界は一九六三年以降、新経済システムによる経済改革が導入されたことで明白になった。その結果、ＳＥＤは六五年十二月に開催された第十一回中央委員会総会において、余暇が有する社会的意義を承認することになった。この会議では、文化政策を引き締め、小説や映画さらには音楽といった学芸分野における検閲を強化する政策決定がなされた。この決定は、東ドイツの知識人が自己の学芸作品において、体制批判をし得る範囲が狭められ、自由な社会の雰囲気が失われた契機として、現在では批判されている。(17) その反面で、ＳＥＤはこの中央委員会総会において、文化人ではなく一般の人びとに対しては、余暇を享受する可能性を広げる決定をし、それによって、余暇内容を統制しつつ、人びとの意識を非政治的な方向へと向けようとしたのである。

ただ、余暇は「労働時間外に存在する時間の一部を構成するものであり、また個々人が自由に処理しながらさまざまな活動に用いられる時間である」とされ、自己の能力・才能・欲求を伸ばすことに貢献し得る活動の時間と定義された。ここには、非政治性を求めながらも、なおも生産性の向上に役立つ時間としても「余暇」を定義づけたいとするSEDの意図が認められる。そして、この余暇は第一に、新たな知識を得てそれを活用する「高度な精神的な活動」、第二に、個人利益と社会的要請との関係を認識して余暇活動を行なう「社会的に有用な活動」、そして最後に、個々人の全面的な人格的発展のための活動を行なう「社会的保養」のための「閑暇」(Muße)、という三つの特徴を持つものとされた。[18] この定義は、余暇時間の独自性を承認するものとなっている点では、労働時間と余暇時間を一体的に把握しようとする、一九五九年の「社会主義作業班運動」における方向とは異なっている。ただし、余暇は個人の趣味や関心を充足させるためだけの時間ではなく、熱心に労働することも含めて、社会に貢献する「社会主義的人格」を養うための時間と見なされた点においては、連続性が見られる。ここでSEDが提起する余暇論は、個人の私的利益の充足を図る活動・時間という西側世界における余暇の考えと共通性を有している。とはいえ、SEDの「余暇」は純粋に私的な性格を持つものとして定義されていない点には独自性が存在する。

SEDはこれ以降、「余暇」という言葉を用いるようになった。これが明確に現れているのが、一九八三年公刊された、SED党中央委員会付属マルクス・レーニン主義研究所編集の『マルクス・エンゲルス全集第四二巻』の「序言」である。『経済学批判要綱』を解説する中で、生産の合理化や生産性の向上と関連させて「自由な時間」や「自由に処理できる時間」を説明するために、「余暇」が用いられるようになったのである。[19]

第三節　経済・社会論に見る余暇

（1）東ドイツにおける社会学の位置

ＳＥＤ周辺部で活動していた専門研究機関や大学の社会科学部門は、このＳＥＤの余暇論を実際の社会分析に用いることとなる。だが、そこでは思弁的・理想的なＳＥＤの余暇論を社会実態に当てはめて論じることは難しい。というのも彼らの研究は、ＳＥＤの政策に役立つことが求められていたからである。ＳＥＤは社会の実情を踏まえた提言を求めたために、これらの研究が現実を無視した議論を展開することは困難であった。余暇に関する経済・社会論分析は、ＳＥＤの余暇論を反映させながらも、東ドイツ社会の実態を反映させる議論を組み立てる必要があった。それゆえ、東ドイツの社会科学研究はＳＥＤの余暇論に沿った解釈を提示することも、逆に、研究分野の自立性を示すことも論理上は可能であった。

ＳＥＤの余暇論が本格化し労働時間の削減が進む中で、これまで議論されてこなかった労働外時間の独自性に注目したのは社会学であった。社会学はもともと東ドイツにおいては、資本主義体制における政治の失敗を覆い隠すために必要なものであるとされ、それゆえ社会主義体制では存在理由はないと見なされていた。しかしながら、この時期、新経済システムが導入されて、政策の成果を点検する必要が生じた。ここから学問的に社会学の重要性が認識されるようになったのである。(20)

この東ドイツ社会学の重点研究テーマの一つが、労働者の日常における行動実態の検討であり、労働のあり方だけでなく、「余暇活動や文化的な欲求」に関する実態解明が検討課題とされていた。ここで用いられている「余暇」は、ＳＥＤ指導部の言う「自由な時間」という認識をひきずっていた[21]。むろん、東ドイツ社会学は、既存のマルクス主義哲学や史的唯物論に基礎づけられる必要があり、事実上ＳＥＤの統治に有用なもの、そして西ドイツ社会学に対抗するものと位置づけられた[22]。

この東ドイツ社会学の中でも、余暇時間における「労働力の回復」をテーマに具体的な分析に乗り出したのが、スポーツ社会学研究をリードしていた「ドイツ身体文化専門大学」であった[23]。また日常生活における労働時間とその他の時間との量的配分を合理的に示すことを課題とする、「時間配分研究」(Zeitbudgetforschung) においても、余暇が取り上げられた。ＳＥＤはこの研究を経済政策や労働政策の立案に役立つものと見なしており、非常に重要視していた。

一九五八年、配給制の廃止に伴って、市中での消費活動が活発化することとなり、これを受けて専門的な消費動向の調査が必要となった。むろん、東ドイツ経済は序章で見たように「不足の社会」に陥っていた。だが、この時期、耐久消費財やサービス財の普及が徐々に本格化し始め、消費生活の拡大も議論されるようにもなった。この議論を主導したのが、ライプツィヒの「需要調査研究所」であり、余暇行動における消費の実態解明を課題とした[24]。

(2) スポーツ社会学と「時間配分研究」

スポーツ社会学は、労働者の体調管理と長期休暇の関係についての実態を調査した。その中で、長期休暇を過ごす保養地においてスポーツ活動を組織化するのか否かが議論の対象となった。この研究においては、スポーツの機会を提供し、健康増進を図るのは政府の役割であると主張されたものの、ＳＥＤ

が一律に活動を規制しつつ組織化することについては、労働力の再生産を阻害しかねないとして否定的な見解が打ち出された。(25)

スポーツ社会学における余暇研究は、一九六一年から六四年にかけて、「旅行・スポーツによる能動的活動」と題する社会学調査プロジェクトが、「ドイツ身体文化専門大学」で立ち上げられたことにより本格化した。(26) このプロジェクトでは、今後の保養活動のあり方について、六三年にスポーツ促進の宣伝活動においては、画一的な動員を行なうのではなく、「政治的な主張は、個々人の関心や希望と有機的に結びついていなければならない」として、個々人の主体性や利害関心を重視する提案が出された。スポーツ活動の組織化については、「健康増進の観点からすれば、人びとが将来、必ずしもスポーツ活動を極端に組織化された枠内で実施する必要はない」と見なして、社会主義体制にありがちな組織化と画一化を一方的に説くものではなかった。(27)

ただ、この時期において一般の人びとが休暇にあてる時間は一年の生活時間のうち約四%にすぎず、このプロジェクトそのものが、東ドイツのパイロット的・模範的施設を対象にして実施された点にも注意をしなければならない。(28) ここから、長期休暇の全般的な社会的意義は低かったという見解を導き出すことはたやすいものの、「長期休暇は、全般的に見て人格を成長させるものであり、我々の労働者がますます生活を楽しむようになる手段」として、今後の余暇需要の高まりを捉えている点にこそ、この研究の意義があろう。(29)

スポーツ社会学が労働外時間の具体的な利用方法を問題にしたのに対して、「時間配分研究」は既存の限られた労働外時間をどのように利用すれば本人と社会にとってより良いものになるのかを検討課題とした。ここでは、人間一人ひとりの合理的な生活時間配分を解明することが目指されていた。「時間配分研究」の議論は、当初、労働のための、あるいは「修養」(Bildung)のために「自由な時間」が重要になると見るSEDの労働論を踏襲するものであった。しかも、この研究は労働時間短縮による労働生産性の低下を問題にしつつ、それを避けるために労働外時間や余暇時間の「合理的(=有意義な)利用」を訴えてもいた。

SEDはソ連において政策立案上有意性を認められた「時間配分研究」を本格的に推進するために、一九六四年、中央委員会内部に「生活水準の計画的発展に関する科学基礎研究」と題する、一〇〇人以上の研究者が参加する学際的なプロジェクトを組織した。(30) そして、このプロジェクト内部に「労働から自由になる時間の合理的使用」部会を立ち上げ、研究者たちは労働時間の合理化を模索するだけではなく、余暇時間の増加がもたらす意義に関しても検討した。それまで労働に付属する「自由な時間」として議論されてきた余暇は、個々人の利益充足を目標とするものとして位置づけられるようになった。(31) それを示したものが表6と表7であり、労働時間やその他の生活時間とは明確に異なる時間として余暇が図示されて、具体的な余暇内容に関しても言及がなされている。六五年におけるSEDの方針は、余暇を独自の問題領域を構成するものと認めながらも、自己修養を積極的に行なう中で「社会主義的人格」を養成し、SEDや労働組合が主催する社会活動への参加を求めるものであった。これに対して、「時間配分研究」においては、余暇は私的な性格を持つものとして捉えられている。また、この余暇論からは生活時間が合理的に配分されることを根拠にして、社会主義体制下の日常生活を資本主義よりも優れたものとして肯定しようとする意図も読み取れる。ただし、労働時間やそれ以外の時間の「合理的」追求が目標とされ、「時間配分研究」がそのための施策を提起するものとして位置づけられたとしても、実現可能性については考慮されていたとは言いがたい。

表6：時間配分構成 (32)

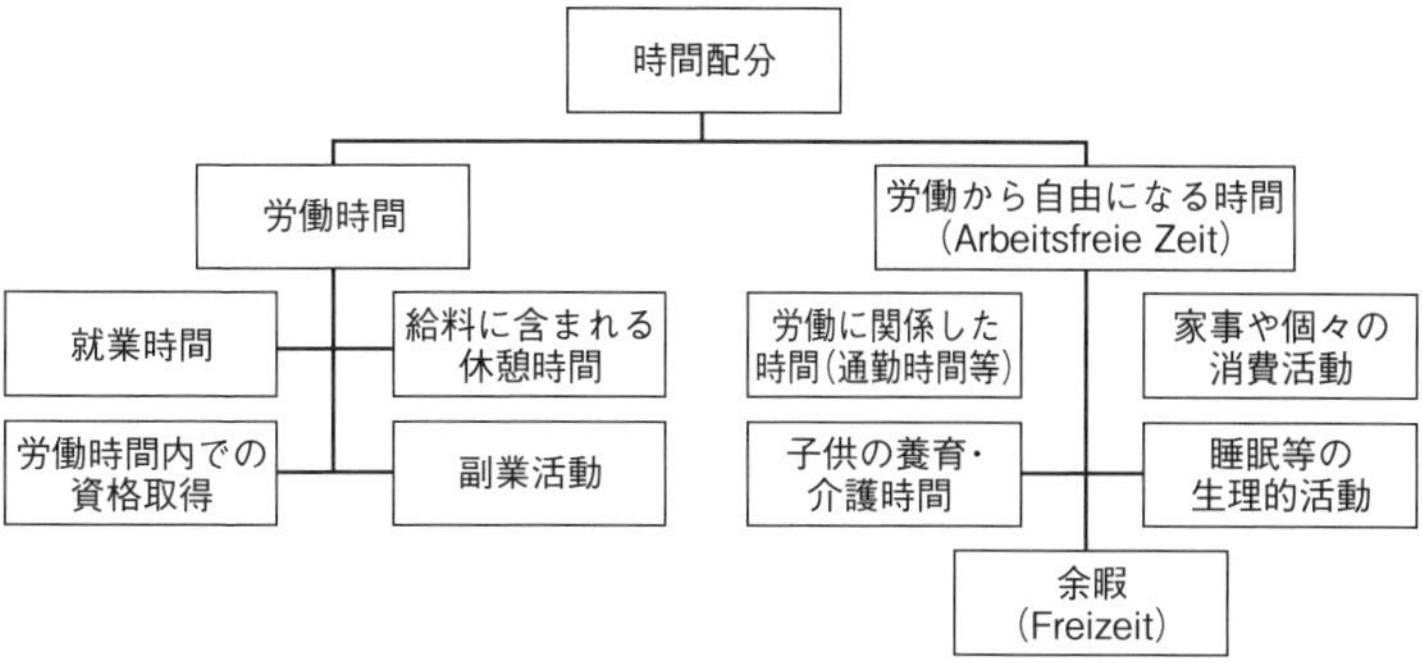

労働外時間はスポーツ社会学や「時間配分研究」において、SEDの言う「自由な時間」から「余暇」へと徐々に意味が変化していった。スポーツ社会学においては、余暇活動の組織化が当初から否定されており、SEDの「自由な時間」をめぐる議論とのずれを読み取ることができる。「時間配分研究」は、SEDが正式に独自の余暇論を打ち出す時期に前後して本格化した。SEDの議論が余暇を個人的な利益の充足を目指すものとしてではなく、公的な性格を付与しようとするものであったのに対して、「時間配分研究」は具体的な余暇内容を提示して、その私的性格を重視する議論を展開した。ここに、SEDと学術研究との間での認識の相違が明らかになる。

　この東ドイツにおける社会学を中心とする言説と、日用品を求めて小売店の前に列をなして何時間も待ち続けたと見る、社会主義社会に対する現在のイメージとの間のギャップは大きい。ただ、東ドイツが参加したユネスコの都市部における生活時間に関する国際調査を見ると、表8または表9において男性に関していえば、東ドイツの労働外時間は西ドイツに比べて若干劣る数字を示しながらも、ベルギーとはほぼ変わらない値が示されている。このうち余暇時間を見てみると、やはり男性に限ってのことであるが、比較一一カ国

表7：余暇内容[33]

1.（給料が支払われる以外の時間における）それぞれが資格・職業教育にために当てる時間
2. 社会活動のための時間
3.（教会に通う等の）宗教活動の時間
4. 文化・スポーツに関する催しや文化施設を訪れるための時間
5. 個々人の工芸活動や趣味のための時間
6. スポーツ活動のための時間
7. テレビ・ラジオ・レコードの視聴、本・雑誌・新聞の読書のための時間
8.（特別の活動をしない）保養時間
9. 社交のための時間
10.（おしゃべりや手紙を書くといったような）その他の余暇活動の時間

表8：専門労働者の一週あたり労働時間と労働外時間11カ国比較（1965年秋）[34]

国（都市）	労働時間（時間）		労働外時間（時間）	
	男性	女性	男性	女性
ソ連（Pskow）	42.0	39.2	126.0	128.8
ポーランド（Torun）	47.6	42.7	121.3	125.3
東ドイツ（全体で）	46.8	28.2	121.2	139.8
チェコスロバキア（Olomouc）	42.7	36.4	125.3	131.6
ハンガリー（Györ）	51.1	43.4	116.9	124.6
ブルガリア（Kazanlik）	46.2	39.9	121.8	128.1
ユーゴスラビア（Kragujevac）	46.9	43.4	121.1	128.1
フランス（全体で）	43.4	37.1	124.6	130.9
ベルギー（全体で）	46.2	36.4	121.8	131.6
西ドイツ（全体で）	42.0	25.9	126.0	142.1
アメリカ合衆国（全体で）	41.3	28.7	126.7	139.3

表9：住民の労働外時間構成11カ国比較（1965年秋）[35]

性別／国（都市）	労働外時間全体	そのうち		睡眠や入浴等、生理活動に必要な時間	余暇
		労働と関係した時間	家事		
男性					
ソ連（Pskow）	124.6	9.8	15.4	65.1	34.3
ポーランド（Torun）	121.8	9.8	13.3	65.1	19.6
東ドイツ（全体で）	120.0	6.0	13.9	63.0	37.1
チェコスロバキア（Olomouc）	127.4	6.3	17.5	70.0	33.6
ハンガリー（Györ）	117.6	11.2	14.0	65.8	26.6
ブルガリア（Kazanlik）	121.1	11.9	16.1	68.7	24.5
ユーゴスラビア（Kragujevac）	122.5	9.8	12.6	67.2	32.9
フランス（全体で）	122.5	7.0	14.0	74.9	26.6
ベルギー（全体で）	120.4	7.0	7.7	72.8	32.9
西ドイツ（全体で）	122.5	7.7	11.2	72.8	30.8
アメリカ合衆国（全体で）	125.3	10.5	13.3	67.9	33.6
女性					
ソ連（Pskow）	126.0	7.0	30.8	64.4	23.8
ポーランド（Torun）	142.1	4.9	42.7	67.9	26.6
東ドイツ（全体で）	139.6	3.2	44.6	65.2	26.6
チェコスロバキア（Olomouc）	142.8	3.5	43.4	70.7	25.2
ハンガリー（Györ）	140.0	5.6	46.9	67.9	19.6
ブルガリア（Kazanlik）	132.3	7.7	32.9	68.6	23.1
ユーゴスラビア（Kragujevac）	151.2	3.5	46.2	68.6	32.9
フランス（全体で）	150.5	2.1	45.5	77.0	25.9
ベルギー（全体で）	149.4	2.8	41.6	76.3	31.5
西ドイツ（全体で）	154.7	1.4	45.5	76.3	31.5
アメリカ合衆国（全体で）	152.6	2.8	43.4	70.7	35.7

中、最も多くの時間を確保している。逆に女性の場合、西側との比較では、約五時間から一〇時間、余暇時間は少ない。

むろんこの調査結果は、東西世界において質的に同様の経済生活が営まれていたことを証明するものではない。しかし、東ドイツを含めた東側においても、戦後の経済復興を背景にして、余暇時間が増大していたことは確認できる。

スポーツ社会学と「時間配分研究」においては、労働のあり方を見直すために余暇が問題とされた。ここには、旧来のSEDとの余暇観との連続性を読み取ることができる。しかし、次第に独立した生活領域を構成するものとして、余暇時間や活動が検討課題と認識される中で、公式の余暇観との間にはずれが生じていたのである。

(3)「消費研究」

社会学においてSEDとの見解の相違がさらに明確な形で現れたのは、「不足の社会」への対応に正面から取り組んだ「消費研究」であった。この分野における余暇分析の目標は、生活水準が向上し、人びとが余暇の充足に関心を向けるようになる中で、「さまざまな社会階層における実際の余暇行動が、いかに余暇に関する消費財需要に影響を及ぼすのか、そして、消費需要の発展を把握するために、余暇行動の規模と様相とを詳しく検討すること」とされた(36)。重要な点は、「余暇」という言葉がSEDによって正式に用いられる以前に使用されているだけでなく、消費行動の一部として取り上げられることによって、明確に労働とは異なる領域の問題として位置づけられるようになったことである。

一九六五年、「需要調査研究所」は、通商・供給省の指令に基づいて研究計画を策定した。その中で

表10：全世帯平均家事労働時間[39]

時間	家庭ごとの家事労働時間	
	分	時間
1日ごと	407	6.8
週ごと	2,849	47.5
年ごと	[148,560]	2,476.0

表11：全世帯平均1日あたり家事労働の活動内容[40]

活動内容	1日平均分（分）	活動％
食事の準備	133	32.6
掃除	104	25.5
洗濯	68	16.7
買い物	51	12.6
その他の家事労働	51	12.6
家事労働全体	407	100.0

問題となっていたのが女性の家事労働負担であった。当時の東ドイツ社会においては、女性にかかる就業労働と家事との「二重の負担」が社会問題と見なされるようになっており、男女間に存在した余暇時間の不平等を改善する必要があった。[37]そこで、男性に比べて少ない女性の余暇時間をいかに増加させるのか、その方策が模索されることとなった。

「消費研究」においては、余暇活動は「社会主義的生活」を実践するものとして位置づけられており、政府が余暇需要の予測を立てて管理することは可能であり、必須であると当初は認識されていた。[38]この認識に基づいて、「消費研究」は家事労働の現状を把握しつつ、その削減に役立ち、余暇時間を拡大させ得る消費財・サービス財の普及状況を調査するものとされた。女性の家事労働時間は、当時週四七・五時間に及んでおり、フルタイムの労働者の労働時間にほぼ相当していた。実際の家事労働は表11を見ると、食事の準備、洗濯、掃除、日用品の買い物に多くの時間が割かれていた。

この現状認識に基づいて、家事労働の「合理化」の求められる領域が議論された。たとえば、「消費研究」は典型的な家事労働の一つである食事の準備については、「現在、ほぼすべての食事が家庭内でなされ、毎日の食事の準備は従来からの因習にかなりとらわれている」ために女性の負担が減少しないと述べて、人びとが家族ごとに食事をとるスタイルを疑問視した。[41] この食事準備に要する時間を削減し、空いた時間を有効活用するために、第一には、「家庭から社会の生産領域へと食事の場を完全に移行する」必要が唱えられて、食事の準備に関わる家事労働を外部化する方向が主張された。第二には、「食事の準備、調理にかかる時間を調理済み食品や加工食材を利用することで削減」するべきとして、家庭内で調理の手間を省く方向が提案された。むろん、ここで述べられている食事の外部化とは、職場の従業員食堂を整備して、労働にスムーズに従事できる環境をつくり出そうとするものであった。[42] そのため、この方策は決して余暇活動の充実に寄与する町のレストラン経営を後押しするものではなかった。また、楽しみの場や家族団らんの場としての食事の側面が無視されている点で、余暇を目的として位置づけるものとはなっていない。一九六〇年代後半における家事労働負担を減少させる方策は、余暇時間を増大させるという目的が掲げられていたものの、SEDの公式議論における「自由な時間」の目的である労働を積極的に行なうための前提条件を整えることに重点があった。

だが、一九七〇年代後半に入ると、具体的に外食産業の育成を唱えた研究報告が著されており、外食と余暇活動は「社会主義的生活」を実現する手段として位置づけられた。[43] その際、六〇年代から七〇年代にかけての東ドイツ社会における外食への消費需要の高まりが取り上げられ、「外食施設の立地、レストランチェーンの専門化、特に文化的と見なされるサービスの提供、メニューやレストランの雰囲気」に関する多様な要求に応える必要から、外食の余暇活動としての意義が承認されている。[44]「消費研究」は家事労働の軽減を通じた労働力の回復を図るものであると見る思考を変化させ、余暇を自己充足の機会と認識するようになった。

ただ、この方策は職場の従業員食堂の整備を優先するこれまでの方針を変化させるものとはならず、この従業員食堂と町のレストランとの間で限られた食材を奪いあうこととなった。その結果、「消費者にとって商品が満足できるものではなく、不必要な商品が流通している」一方で、「商品に対する需要が計画以上に多く、補充が十分にいきわたらない」という報告も上げられた(45)。この状況は物資があるところには退蔵されるために、社会全体で見た場合には不足するという「不足の社会」の様相を典型的に示したものとなっている。

「消費研究」はその他に旅行産業の拡大に伴う保養旅行の可能性や、自動車・テレビ・ラジオの耐久消費財の普及状況について検討しており、事実上、SEDの言う「自由な時間」ではなく、西側と類似した余暇活動が東ドイツにおいても一般化しつつあることを示している。年間の有給休暇日数は一九六〇年代以降増大し、休暇旅行の普及に寄与したが、「消費研究」は旅行を研究テーマとして取り上げるにあたって、「休暇旅行全体の需要が従来どのように展開してきたのか、そして今後どうなるのか、ならびに旅行需要の差異化を検討し、いかに旅行の可能性を提供するのか」を明らかにしようとした。この研究は需要予測を立てることで、今後の休暇旅行の普及に備えるだけでなく、職場ごとに主催される集団旅行ではなく、個人や家族ごとでの旅行への形態の変化を想定した(46)。自家用車の普及を検討した研究にあっては、五〇年代までの職場を中心とした日常生活のリズムが変化することで、同じ趣味・嗜好を持った友人ごとの集まりや家族を中心して営まれる余暇活動の重要性が増すために、これに対応すべきとする主張がなされるようにもなった(47)。また、キャンプ場が抱える問題点を指摘した研究では、「現在のキャンプ場不足が家庭に負担を強いている事態を過小評価してはならない」として、旅行の家族化に対応すべく、サービス施設、衛生設備、きちんとした売店やレストラン、子供の遊技場、小規模なスポーツ設備を備えた家族向けのキャンピング場の充実を求めていた。(48)

このように、「消費研究」は個々人の嗜好に合ったものとして、また個別化・家族化を促進するものとして、余暇活動を認識するようになったのである。と同時に、この余暇活動の個別化や家族化は、さまざまな需要を喚起することとなるも、それが計画経済における需要予測と一致せず、「不足の社会」を深化させる傾向にあったことも看過されてはならないだろう。

「消費研究」は、ＳＥＤの「自由な時間」の位置づけや、余暇を次の労働に備えて準備を行なうか、自己の能力を「陶冶」するための教育的な時間という「余暇」の定義の中に見られる公的性格を持った余暇の理想像を踏まえつつも、東ドイツ社会において、人びとの生活実態が個別化・家族化している現実を考慮するものであった。それゆえ、ＳＥＤの公式言説で語られる労働のための余暇という見解を、単純には肯定できなかったのである。

第四節　文化論・文化史研究における余暇

（１）「フンボルト大学美学・文化学講座」の余暇論

東ドイツにおける人文社会科学研究の中でも、特に歴史学は、ＳＥＤ体制の正当化に寄与することが求められていた。ただ、一九七〇年代後半以降になると、東ドイツ社会が安定したことを背景にして、従来の労働者文化の伝統とその変容過程を検討することに関心が向かい、労働者個々の生活実態を検討する文化研究や文化史の意義が認められた。東ドイツにおける著名な哲学者の一人であったL・キューネは、以下のように労働者個人に注目する意義を強調している。

「社会階級なるものが社会に存在する主体として飲食し、眠るわけではない。社会階級それ自体が性的な関係を持つのではない。生活様式とは、社会内で意義づけられた個々人の生活の営みを含むものである。[中略]課題は一階級や社会の主体性を、現実に生活している人間にとって独自のものとして見つめることにある。(49)」

また現在では、東ドイツ文化論・文化史研究には、主流の政治史に代わり得る視座を持つものであったとの積極的な評価も存在している。(50) その中心的役割を果たしたのがベルリン・フンボルト大学美学・文化学講座教授D・ミュールベルクであった。当初、この文化論・文化史研究においては、第二帝政期の労働者階級の日常生活史が問題とされて、労働者の余暇実態について検討がなされていた。その中で彼は、工場労働者の日常を中心的検討主題に据えて、十九世紀から二十世紀の世紀転換期に生まれた労働者向け余暇施設の役割とその意義を論じていた。(52)

これらの研究では、かつての労働者階級の余暇活動は、資本主義体制下のものとして否定的に評価されたわけではなく、その日常生活を積極的に掘り起こす姿勢が見られた。その後、フンボルト大学の文化論・文化史研究は、東ドイツにおける余暇が現実に持つ意義についても検討を始めた。

ミュールベルクが文化研究を行なうにあたって表明した基本原則は、党が掲げる見解と一致したものであり、したがって、ＳＥＤは当初こうした文化研究を規制する対象とは見なしていなかった。(52)しかしながら、この文化論・文化史研究は、労働者階級総体を主体として見るのではなく、「個々人の主体性」を重視した議論を展開し、東ドイツ人文社会科学研究において独自の立場をとることとなった。それゆえ、現在では「文化史グループは、戦闘的な階級であるとして労働者を前面におしだすのではなく、『様々な労働集団の余暇活動を労働者の生活全体と絡め合わせて』考察し、東ドイツ公式の労働史研究に挑戦した」との評価が与えられている。(53)

東ドイツ社会における余暇については、ミュールベルクが主宰する『文化研究紀要』誌上において特集が組まれて、詳細な議論が展開されただけでなく、二度にわたって東西ドイツやチェコスロバキアを含めた従来の研究状況の整理がなされた。(54)そこでは、一九六〇年代以降の東ドイツで検討が本格化した経済・社会学分野の余暇研究の概観が提示されており、「余暇概念は定着するのに時間がかかり、あまりにも個性や自立性を連想させるものであった」として、社会主義体制内において「余暇」という言葉を用いること、そしてこの現象を研究上の分析対象とすることには、ＳＥＤとの軋轢を起こす危険が存在していることが指摘されていた。(55)だが、「社会主義社会内部における個々人の発展可能性に関心を持つ文化研究は、時間概念と余暇概念を考察することで、社会の関心と個人の関心とをいかにつなぎ得るのかを問う」とも述べられており、個々の人間を主体として重視し、人間生活の多様性を検討する点に、文化論における余暇研究の意義があるとの主張がなされている。(56)

さらに一九八六年、フンボルト大学において余暇をテーマに研究会が開催された。(57)この研究会には東側の研究者ばかりでなく、現在のドイツにおいて日常生活史を牽引する一人であるＡ・リュトケも参加しており、文化論・文化史研究の体制横断的かつ先駆的な性格が現れている。(58)この研究会報告では、ドイツにおける余暇の発展を考えるに当たって、労働者個人の嗜好を、「社会主義的余暇」に組み込む必要性が強調されている。(59) そして、余暇文化と労働文化の相違が、社会経済的観点から見ていかなる影響を東ドイツ社会に与えているのか、どのように社会主義的人格の発展を論じるべきなのかが文化論・文化史研究の理論的検討課題として位置づけられた。(60) その際、余暇活動の主体は、労働者階級総体ではなく以下の表現に見られるように個人にあるとされた。

「余暇は、個々人を発展させる領域として、活動の可能性を増し、多様化しながら文化的な価値を獲得する。個々人は、余暇活動にあたって、自己決定を行なう主体として行動し得る。また個々人は、自らの才能を確認しつつ、要求を行なう自己を行動の目標として位置づける。(61)」

(2) H・ハンケの余暇論

一九七〇年代後半以降、SEDが余暇の有する文化的な意義を認識するのに応じて、中央委員会付属社会科学研究所も、余暇を研究対象として無視することはできなくなった。そこでこの研究所の教授であり、もともとは社会学研究に携わっていたH・ハンケが中心となって、余暇の研究が進められることとなった。彼はSED中枢に直結する研究機関の教授であっただけでなく、余暇に関する「通信教育教材」(Lehrbrief) の編集に携わるなど、一般向けの啓蒙的著作を多数執筆しており、その影響力は大きかったと言えよう。

ハンケは本来であるならば、社会主義体制を擁護する立場にあったのだが、SEDの公式余暇論をなぞるというよりも、むしろ東ドイツ社会の現実を反映させた議論を展開した。彼は個々の職場環境、性別や年齢といった社会条件の違いを認めながら、余暇活動における多様性と個人の自由な活動の余地の重要性を主張している。

「東ドイツにおける労働者の余暇は、非常に多様な構造をしている。社会主義的生活様式を表現する余暇活動の特質は多様な形で生じる。市民は自己の余暇を社会的要請と一致させながら、多様な形で実現し、余暇への関心・欲求・可能性の範囲を絶えず拡大させている。それぞれの人がそれぞれの能力に応じて、社会の豊かさの一部を手にする。(62)」

余暇活動の多様性は、ここでは社会主義体制における成果として評価されている。また、SEDの公式イデオロギーに対して明確な異論が唱えられてはいないどころか、マルクスが『ゴータ綱領批判』で書いた「各人はその能力に応じて、各人はその必要に応じて」という表現を想起させる一文を用いて、自己の見解の正当性を主張している。(63)一見したところ、SEDが唱える「社会主義的余暇」の内容と個々人の多様化する余暇活動の実態は矛盾している。ハンケの余暇論は、彼の政治的な立場と研究上の知見との整合性を図ろうとして、社会主義体制内部において許される言説空間の限界を意識しながら、なおもそれを広げようとする試みであった。

ハンケは一九八六年、文学系の学術雑誌である『ヴァイマール紀要』に、従来のSEDの方針に沿って労働が余暇を規定するという側面を重視した論説を寄せた。そこでは、労働者個々人の労働力の回復が余暇の最大の意義であるとされている。だが同時に、彼は「余暇は日常生活において日々の就業時間の後、労働から解放された週末、休暇に関わるものと見なされる」と述べ、労働者が必要と主張している余暇活動への政策的な対処を行ない、彼らの生活実態を分析して余暇研究に反映させる必要性をも訴えかけていたのである。[64]

この見解に対して、東ドイツの日常史研究で著名であったJ・クチンスキーは、「労働と余暇とを対立させようとするのは根本的に誤りであり、［中略］余暇は、楽しみの時間であると同時に、嗜好を離れた厳しい労働時間でもある」として、労働そのものが日常生活を規定すると見るこれまでの守旧的労働論の立場から厳しい批判を加えた。[65]

東ドイツの文化論・文化史研究は、労働者個人を主軸にして、余暇の可能性を探ろうとした。そのため、労働者個々人の選好によって差異化が進む余暇活動の現実を無視できなかったのである。むしろ、東ドイツ社会の近代化の進展を含めて、余暇活動の差異化を肯定しさえした。それゆえ、文化論・文化史研究における余暇論は、労働者の個別利害の存在を尊重し、各人が余暇を楽しみとして追求することを主張することとなったのである。

この観点は、生産性の向上に寄与する時間を要請する「社会主義的生活様式」との間で齟齬をきたし、自らに「修養」を課す手段と見なして、社会への貢献を余暇活動にも求めるSEDの余暇論とは相容れないものであった。そして、社会主義体制における労働の意義を掘り崩すことになりかねない危険が生じることとなった。いわば、ハンケやミュールベルクらは、SEDが想定する前提から余暇に関する議論を開始しながらも、体制の正当化に寄与する役割から逸脱していったのである。

その結果、文化論・文化史研究の自立傾向に対しては批判が多く寄せられ、最終的には、SED指導部の介入を招くこととなった。SED政治局レベルにおける文化政策部門の責任者であり、たびたび文化活動の自由化に対して引き締め政策を実施したK・ハーガーは、最高指導者ホーネッカー宛の書簡において二人に対する批判を行なった。
ハーガーはハンケについて、「我々の社会主義国民文化を作り上げ、強化していく必要性を誤解しており、さらには、西側に対する開放的な姿勢、我々の政策の一側面について挑発を引き起こすような言説は批判されねばならない」と意見表明した。(66) ミュールベルクについては、体制横断的な議論を進めた点が批判の対象となった。

「ミュールベルクは、我々の階級闘争や文化革命といった理論に疑問を挟んでいる。彼は、これらの理論を考慮せず、文化発展の決定的原動力として国際化という言葉を挙げて、文化領域においても我々の側からの妥協を求めた。特に、ミュールベルクは我々が西側社会民主主義的コーロッパ概念と調和すると主張した。全般的に言って、この議論は我々のマルクス・レーニン主義に基づく同盟政策に対する配慮を不十分にしかしておらず、我々の革命理論を見誤って作り上げた見解であると言ってよい。(67)」

この批判の結果、ハンケは一九八六年に社会科学研究所教授の地位を追われた。だが、彼は研究から完全にパージされたわけではなく、その後もポツダム映画研究所において研究活動を継続した。ミュールベルクもその活動を大幅に縮小せざるを得なくなった。しかし、彼にしても批判がなされた後、西側の研究者との共同研究を続けており、体制転換直前の八九年五月、西ドイツのチュービンゲンで開催された「ドイツ地誌学会第五回労働者文化会議」に参加している。そこで彼は、旧来の東ドイツにおける余暇研究の成果の一端を紹介しながら、労働者も他の社会層の余暇行動も徐々に平準化しつつあると主張した。その際、東ドイツの労働者の余暇活動は戦前からの自律的な労働者集団が培ってきた伝統を引き継いでいる点に意義があるとしつつ、東ドイツでは、この伝統に対して理解が不十分であったために第二次世界大戦直後、労働者の人格陶冶を一方的に目指そうとする政策や、職場のみが労働者の全生活の場だとする幻想的な見解に基づいて、労働とその他の生活の分裂を統合しようとする方策が遂行されたと主張した。彼はこのような五〇年代までの余暇への対応について、労働者の生活実態を反映するものではなかったと述べ、SED批判ととられかねなくもない見解を表明した。(68)

第五節　「自由な時間」と「余暇」の矛盾

SED指導部は建国期から一九五〇年代後半まで、余暇を独立した問題として認識してこなかった。「余暇」は、資本主義体制下において労働者が自らの労働力の回復を図るために必須の時間として位置づけられたために、積極的に取り上げられる問題と見なされてはいなかった。SEDはその代わりに、マルクスに依拠しながら労働外時間を「自由な時間」と定義して、日々の労働に役立つものと見なした。だが、このマルクスの言説は、労働に役立つように「自由な時間」をそれぞれの労働者が自覚して利用するのか、それとも、体制の管理を強めるのかという矛盾を論理上抱えるものであった。しかし、この矛盾は社会主義体制の成立によって、労働者は自らが政治権力を手にしたことから解消したと考えられた。一人ひとりの利益と社会の利益を同一視することが可能になったことから、人びとは積極的に体制に協力するはずだという楽観的な人間観によって、この議論は支えられていたのである。

SEDは一九四七年のソ連占領期にすでに週四八時間労働制を法律上実現し、その後も労働時間の削減を図った。「自由な時間」は労働力回復のためという目的以外に、労働者が積極的に職業能力を開発したり、社会活動に参加したりする「社会主義的生活様式」を実現するものと見なされた。SEDの余暇に関する議論は、あくまで労働との結びつきにおいて従属的なものとして現れたのである。

一九五九年、SEDは「社会主義的運動の作業班運動」を展開する中で、労働に寄与する「自由な時間」概念を提示して、労働外時間における積極的な社会活動を促した。そのとき、彼らが直接管理し得る時間は、労働現場と結びついた時間でしかないことが明らかになった。六五年に入り、文化政策の引き締めを行なった第一一回中央委員会総会において、この「自由な時間」では統制できない時間範囲をカバーするものとして、「余暇」概念の重要性が認識されることとなった。「余暇」は体制批判に繋がらない非政治的な時間として位置づけられながらも、生産性の向上に役立つ時間としての性格を持つものとされた。

一九六〇年代前半、SEDの公式の余暇に対する見解が定まる以前から、社会学を中心にして、「余暇」の実態研究が進んでいた。しかし、この言葉の意味はSEDの言う「自由な時間」とそれほど大きな違いがあるわけではなかった。六〇年代半ば以降、週休二日制の導入後にあって、労働の意味が見直される中で、SEDの公式の「余暇」概念が明らかになったとき、個人それぞれの利益充足を図る活動として余暇の重要性が認識された。

こうして、徐々にではあるが、SEDの公式「余暇」概念と各学問研究で語られる「余暇」との間に齟齬が生まれることとなった。

この齟齬は、社会学的研究にせよ、文化論・文化史研究にせよ、東ドイツ社会の現実と向き合う中で表面化せざるを得なかった。社会学研究は、当初、労働に寄与し「社会主義的生活様式」を実現するものとして余暇を位置づけようと模索した。スポーツ社会学は余暇スポーツを単に体力回復の手段として位置づけるのではなく、主体的な行動が可能な活動領域と見て、余暇スポーツへの組織化に批判的見解を提出した。

「生活時間配分」研究にあっては、余暇時間の内容が問題となり、家事労働の削減に見られるように、いかにして合理的に余暇時間を作り出すかが問題とされた。現実的には、社会主義社会における余暇への展望が示されることは、SEDが豊かさを提供しつつも、個々の主体性を尊重して多様な余暇活動の楽しみを実現するためのものと読み替えられる契機となった。

さらに「消費研究」では、具体的な消費財やサービス財の普及のあり方を分析する中で、余暇活動は個々人の嗜好を反映し、人間それぞれの主体的活動が可能な領域であることを意味することとなった。それゆえ、余暇活動の目的として、個別化や家族化といった現象が肯定的に評価されるようになった。SEDはこのような経済・社会論における余暇像を、自らが説く「余暇」概念から完全には外れてはいないために、まだ容認していたと言える。むろん、それ以上に西ドイツと競合状態にあったがゆえに、東ドイツ社会の豊かさを示す可能性を持つ議論を一面的には拒否できなかった。

だが、文化論・文化史研究の文脈においては、個々人の主体性が重視される余暇論が展開された。ここでは党の役割が否定されることはなかったが、一人ひとりの人間の自立的活動を容認するものとSEDには捉えられた。そのため、ここで提示された余暇論は、SEDが許容できる一線を越えるものと判断されて厳しく批判されることとなった。

このミュールベルクやハンケの追求した文化研究には、SED体制の余暇論と明らかに矛盾する要素が存在するために、「東ドイツ社会を正当化する意味と、ＳＥＤの文化政策を脱正当化する意味の両面を持つものと解釈し得る」とする評価が妥当する。(69) 皮肉なことに、ＳＥＤのお膝元であった中央委員会付属社会科学研究所の研究者であるハンケが、ＳＥＤの余暇論と現実の社会実態から得られる余暇論との矛盾を論じ、彼は教授の職を追われることとなった。

このようなＳＥＤと東ドイツ社会内部で余暇を検討していた各研究分野における余暇論の相互関係を見ると、ＳＥＤは自己の支配の正当性の根拠を掘り崩す可能性にまで至ったと判断した場合、厳しい対応をとった。逆に言えば、ＳＥＤが考える社会主義目標と合致する範囲においては、多様な余暇論を承認していた。

ＳＥＤの当初の余暇論である「自由な時間」と一九六五年に打ち出された「余暇」、さらには一九六〇年代から八〇年までの各研究分野における「余暇」議論を比較してみるならば、そこには、労働力の回復と職業能力の開発、社会的な活動への積極的な参加という要素を意識的に組み込みながら、余暇活動の私的な利益充足の側面が徐々に強くなっていった変化が見て取れる。そもそも、ＳＥＤが「余暇」概念を提唱するまでになったのも、自らの「自由な時間」では把握できない労働現場以外における労働外時間への対応を迫られたからであった。

ＳＥＤは余暇議論に関して、言論封殺という一方的な手法を採らなかった。しかし、人間個々人の主体性や余暇活動の多様性をある程度容認することは、処理をいったん誤れば、余暇と表裏一体の関係にある労働に対する見方を毀損する恐れと結びついていた。このことは労働者のために存在するＳＥＤの存在基盤を脅かし、社会の自立化を促進しかねない契機にもなり得た。実際に、文化論・文化史研究における余暇論が、個々の利益充足を正面から認めて余暇の個別性、自立性を主張したとき、ＳＥＤは容認できる一線を越えたものと判断した。この点からすれば、SEDにとって余暇とは、議論構築の時点で「躓きの石」となる要素を含んでいたのである。

第3章　余暇時間への対応

第一節　「社会主義的社会政策」における余暇

一九六〇年代後半以降、東ドイツにおいても余暇が人びとにとって徐々に身近になるにつれて、SED指導部は、これが政策的な手立てが必要な問題であることを理解した。彼らは重要と考えられた政策については、専門部局を設置し対応していたが、余暇については党内に独立した部局を設置しなかった。その理由は、余暇に対する手当てが労働者向けの福利厚生政策、さらには教育政策の一部として位置づけられていたことによる。彼らが労働外時間を当初、「自由な時間」として把握していたことについては、すでに前章において確認している。この「自由な時間」への対応として考えられていたものが、労働者の教養や職業能力を高めることであった。

この状態は、週休二日制の導入以降変化することになったものの、余暇の性格上、新たに部局を設置して、管理を行なうことは不可能であった。余暇は人間一人ひとりの興味関心を充足する活動であり、個人の自由な意思に委ねられる性格を持つものである。そのため、余暇に対して政策的な手当てをする際、人びとの多種多様な欲求を満たすことが求められることとなり、経済・社会領域を横断して対処する必要がある。労働時間の削減は社会政策に属する課題であり、余暇財の供給については消費政策が担当し、文化的なサービスの提供については、労働政策における対応が期待されることとなった(1)。余暇に関する政策は、SED中央委員会に属する個々の部局や労働組合を中心とした各大衆団体によって別々に担われざるを得なかったのである。

これまで、東ドイツの余暇に関する政策研究では、この政策主体ごとに検討が進められてきたことから、具体的な活動内容に焦点をあてた分析がなされてきた。なお、ドイツ統一後、余暇を取り上げた政策研究は、すぐには現れなかった。というのも、政策史研究の目的は、SED体制が自らが理想とする社会を実現することを目指して、東ドイツ社会の再編成を強力に進めていったとされる状況を解明することにあったからである。それゆえ、生産や労働といった分野が着目された。その後、社会史・日常史研究の成果によって、SEDによる一方的で抑圧的な社会に対する政治的影響力の行使には、限界が存在していたことが明らかになった。これは政策研究の見直しを進めることに繋がった。その中で、消費活動と余暇との関係を考察し、「不足の社会」に対応するために生まれた消費文化の特徴を明らかにする研究が現れた。この研究では、消費財のやりとりを円滑に行なうために、住民相互のコネクションが重要な役割を果たしていたことが実証されている(2)。

本書の課題も単なる東ドイツの余暇活動事例の紹介にとどまるものではなく、東ドイツの日常生活における政治を考察することを目的として、余暇の実態を明らかにすることにある。それゆえ、以下の各章において、SEDの余暇に関わる政策を時間と活動の二つの領域にわけて、具体的な事例を検討する。余暇に関わる政策および社会における実態を明らかにする作業は、東ドイツの「ふつうの人びと」が、日常生活において余暇を、いかに享受していたのかについての意味を明らかにするだけでなく、政治が日常生活とどれだけ深く結びついていたかを示すことになる。この目的のために、本書は東ドイツの余暇シーンのすべてを網羅するものではなく、西側を含めて現代社会にとって特徴的と言えるもの、そして東ドイツに特有のものとされる内容に焦点を絞って検討する(3)。

本章はこのうち時間としての余暇の側面に着目する。第1章において、一九六六年から六七年にかけて週休二日制が法律上実現した後、余暇時間が大きく増大したことはすでに明らかにした。この労働時間を削減する政策は、導入直前からSED内の担当部局や労働組合において盛んに議論がなされていた。しかしながら、この議論の展開がいかなるものであったのか、また、社会の側で余暇時間の増加がどのように受け止められていたのかについては、詳しくは論じていなかった。そこで、本章ではこの課題に着目する。

労働時間の削減がうまくいくかどうかは、SEDにとってみれば、マルクスの言説や、戦前にさかのぼる長年の労働運動の経験から見ても、社会主義体制確立の成否を占うものであった。労働時間削減政策は一九六〇年代に入るまで、一般的には「勤労者の労働・生活条件の改善」という形で展開されていた。この政策は経済建設を実現する手段として、労働を促すためのものであった。それゆえ、SEDは六〇年代初めまでは、個々の労働者の生産性向上が労働時間の削減のために必要であると論じていた。

この労働時間の削減を目指す政策は、社会政策の一部を構成するものであるが、SEDはこの言葉を、自らの政策を説明するためには、長らく用いていなかった。社会政策は貧困が社会問題化する資本主義において必要とされる政策であり、次々に起こる社会問題を弥縫《びほう》する「野戦病院」としての機能を持つものと捉えられた(4)。

しかしながら、一九六七年以降新経済システムの第三段階に入り、このSEDの認識に変化が生まれたと言われる。さらには、七一年に開催されたSED第八回党大会において、「経済政策と社会政策の統合」が謳われることによって、社会政策は公式に政策目標として認められることとなった[5]。八九年体制転換直前に著された、東ドイツ社会政策に関する通史においても、余暇時間の拡大と保養活動の可能性はこの政策の一部として理解されており、社会政策の拡充は、六〇年代以降の現象と捉えられている[6]。この六〇年代中盤以降の社会政策の位置づけが重要性を増す時期は、週休二日制の導入と重なる。労働時間削減に関する政策は、これまでの労働を促すことを目的にした福利厚生政策に質的変化をもたらすことになったのである。本章の前半は、この社会政策が拡充される中で、余暇時間の増加がどのような意味を持ったのかについて検討する。

ただ東ドイツにあっても余暇時間の量や使い方は、人間一人ひとりが置かれた立場によって異なる。この国の経済政策においては、すでに触れたように重工業建設が優先されていた。その結果、この分野に就業する人びとは、職場にあって社会福利に関する予算が重点的に配分されたため、経済的のみならず福利面においても、優遇される立場にあった。重工業分野に就業している人びとの多くは男性であった。これに対して軽工業やサービス部門においては、経済政策上の優先順位が低いことから、福利厚生関係の予算配分も後回しにされた。この分野に属する産業は紡績業や小売業であり、伝統的に女性の就業率が高かった。いってみれば、東ドイツでは就業構造上で生じる待遇格差は、社会構造、とりわけ男女の性的な違いによる格差と重なる特徴を持っていたのである。

女性が経済的な恩恵を受ける上で不利な状況にありながらも、SEDは慢性的な労働力不足から、彼女たちの就業を促した。この国の女性は一九六〇年代には七〇%近くが、八〇年代末になると九〇%ほどが何らかの形で就労していた。だが、このとき、女性解放を実現するというSEDの主張にもかかわらず、単純にはそれが実現していたと見なすことはできない。というのも、東ドイツの女性たちは、育児や家事といった就業外労働も多くこなす義務を負っていたからである。その一方で、男性は女性の家事労働を負担するという認識が弱かったとされる。(7) この国の女性は、就業労働の負担と家事労働の負担という「二重の負担」を負わざるを得なかった。ここに、週休二日制や有給休暇日数が増大したにせよ、女性には余暇を享受できる時間には制限があったと言われる理由がある。(8)

しかしながら、週休二日制にせよ、有給休暇の拡大にせよ、これらの社会政策上の措置が日常生活全般そのものを大きく変化させる可能性は、単に男性だけに留まらず女性にもあったと見なければならないだろう。そもそもSEDは、この政策導入にあって、女性の余暇時間の拡大についてどのような意図を持っていたのか、当の女性たちの認識はどうであったのか。本章の後半はこれらの点を実証的に検討し、余暇時間の増加をめぐって生じた政治と社会とのやりとりの一端から、従来言われていたように、単純に女性が不利益を被っていたとは判断できない状況を提示する。

第二節　余暇時間の増加と社会政策

(1) 週休二日制導入

週休二日制が導入されるに当たって、一九六五年末、SED政治局内では、担当部局の情報を元にして、本格的な議論が行なわれていた。それはこの制度がいかなる影響を及ぼすのかを現状との比較も含めて、詳しく検討することを目的としていた。六五年十一月に提出された付属報告書によれば、週休二日制の導入による余暇時間の増加がもたらすものは、消費需要の増大であると認識されており、消費財に対する十分な手当てが必要であると説かれたのである。

「週休二日制導入のために、新しい形で供給を実施する商業のあり方を準備する必要がある。これは、勤労者の新しい購買習慣を生み出すだけでなく、特に正しい商取引のあり方により、勤労者とその家族にとっての労働外時間を本当の余暇へと変化させ、また週休二日制の導入が意図した政治的・経済的効率性を最大限に発揮する。(9)」

この報告書は具体的な措置として、商店の土曜営業による営業時間の拡大、「買い物時間の軽減や短縮につながるサービスの開発」を求め、さらに「レストランでは金曜からの需要増大に対処せねばならない」と、予想される個別事例にまで言及している。(10)週休二日制導入は余暇時間の増加を意味するとしても、この時間を人びとが合理的に利用することが重要であると、SEDは認識していた。それゆえ、彼らは消費における個人的な欲求を充足させることを肯定しつつも、余暇行動を監督する必要があると考えた。

ただ、消費需要をどのように具体的に管理していくのかという問題については、労働組合幹部が作成した報告書が「地方評議会は、いかなる経営形態にもかかわらず、小売業、レストラン、ホテルが開業しているようにせねばならない」と述べていることからわかるように、地方政府に運営が委ねられているのが実状であった。(11)この点では、地方に政策の実行が丸投げされたと見ることができるが、逆に、中央によって一律に統制される対象として、余暇が位置づけられてはいなかったとも考えられなくもない。このことは、人間一人ひとりの多様な欲求を実現するためには、多元的な形で政策が遂行される必要があることをSED指導部が認識していたことを示している。むろん社会主義計画経済では、一律に物の生産量を決定することから、多様な欲求の実現が十分に図られるとは言えないはずだが、この点については、何ら具体的な解決策は示されてはいなかった。さらに、この報告書は余暇時間と消費活動だけを結びつけるだけではなく、「人びとの積極的な精神・文化的生活、保養やリラックスに対する要求の高まりを満たすため、文化施設は、週末の拡大に合わせて、質の高い多様な催しを実施する」と、政府が積極的に文化・スポーツ活動を推進することを求めていた。やはり、この認識は社会主義体制下においては、労働者のための政策が行なわれることを住民が納得しており、それゆえ、政府の指示に従うはずだとする楽観的な人間観に支えられていたと言える。

SED第一書記であったウルブリヒトは、一九六三年、新経済システムの導入以降、経済政策全般について自らの専権事項と定めた。彼は政策を点検するために、各高等教育研究機関の研究者も招聘する形で、直属の専門家委員会を組織した。その委員会の一つである「社会政策グループ」は、新経済システムの第三段階を開始するにあたって、従来の社会政策に関わる政策を点検し、今後の課題を記したレポートを提出した。このうち、「生活水準発展のための提案」と題するレポートは、次のように週休二日制導入の意義とその必要性を論じている。

「精神的負荷が大きすぎるため、現行の労働時間を維持している状況では、今後、労働力の再生産をもはや十分に確保できない。勤労者の労働から自由になる時間の拡大と労働時間の合埋化が進むに伴い、保養への要請のみならず、精神的・文化的修養や個々の労働外時間を多く必要とする職業能力の向上への要請にも応じられる。[12]」

ただ、ここでは週休二日制の意義は一九五〇年代までの労働観の延長で理解され、労働力の回復や余暇時間は職業能力の開発に寄与するという従来の見解が繰り返されるにとどまった。

この社会政策グループは、週休二日制が完全に実施される直前の一九六七年二月、今後の社会政策に対する展望を示した最終報告書を提出し、余暇に関する政策が必要であることを詳細に提起した。[13]最終報告書は、まず、SED党大会や中央委員会総会において確認されていた、社会利益と個人利益とが一致する必要を強調した。そして、職場内での作業グループである社会主義的コレクティブを、東ドイツにおける日常生活の中心として位置づけ、労働の価値を尊重し、生産性向上を図ろうとする従来の言説を踏襲していた。その上で、人びとに労働を促す前提として、「生産現場における労働・生活条件の改善そのものが要求される」と見た。ここまでは、従来の福利厚生政策の方針と大きな違いはない。

だが続けて、社会政策グループは余暇時間の過ごし方に関わってくる問題として、事実上職場で過ごす時間が減少するために、「居住地域における生活も、家族や個々の人間の思考・生活様式に多大な影響を及ぼす」と述べて、職場外での活動を支援する社会政策上の施策が必要であるとの見解を提示した。[14]人びとの日常生活の中心が、労働空間から住空間へと変化しつつあり、職場における福利厚生政策を実施するだけでは、余暇時間の増加に対応できない状況が、ここではじめて認識されたのである。それゆえ、「余暇の増大は、物的刺激策であり、そしてさらに多くの人びとにとって能力向上の前提と言うべきものであり、収入の増大と同等の価値を有する」と、社会政策の範囲の中で、余暇への対応を積極的

に行なうことを求めた。(15)

くわえてこのレポートは、週休二日制を実施し、それに見合った余暇に対する手当てを行なう必要を述べつつ、一九七〇年代に入りさらに技術革新が進むことが予測される以上、一人ひとりの労働そのものにかかる負荷が高まると主張した。そこで労働時間を週四〇時間へ削減することと、最低有給日数を一八日へと増加させることについても要求した。六六年における大幅な余暇時間の増加は、余暇への手当てを本格的に考える必要をSEDに認識させると同時に、労働時間のさらなる削減をも求めたのである。

(2) 余暇時間増大の隘路

週休二日制導入に見られる労働時間削減は、それまでの労働者に向けた福利厚生政策を、東ドイツに暮らす人びとの生活を保障し豊かにするための社会政策へ転換する分水嶺となった。SEDは余暇への手当てを、社会政策の柱に据えることによって、それまでの貧困に代表される社会問題の解消を目指すものとする社会政策の意味を変化させた。彼らは社会主義体制における社会政策は経済・社会システムの欠陥を補う消極的なものではなく、人びとの日常生活を豊かにする積極的なものとして位置づけたのである。

SEDは自らが定めたこの新しい社会政策を実行していくために、その実現を阻む現実状況と向き合わざるを得なかった。たとえば、このレポートには、「労働者はいかにして、自己の生活水準の発展、企業における労働・生活条件の改善を判断するのか、労働者はどこに解決すべき問題を見ているのか」という世論調査報告が掲載され、これまでの余暇時間のあり方について、次のような人びとの批判を紹

介した。(16)

「労働組合は、労働者に配慮していないと非難された。各企業や企業内労働組合指導部は、しばしば基本休暇日数を増加させたいといいながらも、『実際には上からこれを妨害している』、『一二日間の休日は、社会主義において一体何を意味しているというのか』、『労働者はあくせく働き一二日の有給休暇を得る。それなのに、事務所で働いている人に対しても同じように保証されている。(17)』」

この中で、労働者が一二日と具体的な数字を挙げて疑問視している理由は、労働組合が主催する旅行が一三日の日程で提供されていることにあった。この批判は一九六六年、最低有給日数が一五日へと増加される以前のものである。したがって、有給休暇を一二日しか確保できない人びとは、この休暇旅行を利用することはできない。SEDが計画経済によって休暇日数を合理的に管理し得ると主張する以上、本来このような事態は起こり得ない。ましてや、彼らが労働者の利益を最もよく理解し得る、それゆえ独裁的に政治を担っていると主張するならば、生じてはならないはずである。この事例は社会主義体制が第一に標榜している公正さに関して、単純ながらも根本的な失敗を示している。

さらに、都市部近郊での保養活動に対しては、政府がよかれと考えて導入した規則や余暇財が、東ドイツの人びとの余暇の充足を阻むことになってしまった状況も浮かび上がる。

「長年使用してきた近郊の保養施設の利用が突如制限された。新聞紙面でかなり批判されたにもかかわらず、週末に利用可能な水辺の場所には、「キャンプ禁止」という立て札があり、今でも批判にさらされている。大規模キャンプ場は、利用したいと思う人にも、地方当局にとっても欠点がある。『水洗トイレがないキャンプ場は生命に関わるほど危険という理由が突如として明らかになったがゆえに』、高額な衛生設備が導入された[18]。」

ベルリンの事例にあっては、「一般の人びとが土曜の屋内プールを利用できる余地は、新たな労働規則から計算したところ減少する。ミッテ地区のプール閉館時間は一九時三〇分から一四時三〇分、リヒテンベルク地区のプールは二二時から一六時へと短縮した」として、週休二日制の導入はプールで働いている人びとにも適用される以上、東ベルリン市民の余暇機会を拡大させるのではなく、逆に縮小させるきっかけとなってしまったことが批判された[19]。いわば「社会主義的社会政策」における余暇時間の増大策は、個々人の多様な欲求を解放しながらも、その多様性を考慮した具体的措置を行なうことができない状況を示すことになったのである。

この社会政策グループの報告書には、SED指導部に対して余暇を管理することには、限界があることを認識させようとする意図があったと見ることができるが、さらにはどこの国にでも見られる官僚主義、お役所仕事が批判されている。

「労働者や職員による多くの抗議や異議は回避できたはずである。それは客観的な条件が問題ではなく、逆に思いやりのなさ、人員管理の悪さ、能率不足、無責任、怠惰、そして傍らにいる人びとに対する冷淡さといった主観的現象が原因にある[20]。」

むろん、このような行政上の不手際は、どんなに努力をしても完全には排除しきれないが、SED指導部に対する提言は、この事態を行政問題に留まらない政治問題であると認識するべきというものであった。続けてこの報告書によれば、「[官僚主義的態度は]、意識形成、市民が抱く党と国が行なう政策への態度に跳ね返って政治的影響を及ぼし、労働意欲の高まりと生産性向上への意欲を妨げる」との指摘がなされており、SED体制の正当性を掘り崩すことになりかねないと、ウルブリヒトに警告が発せられていた。(21) そして、社会からの不満の声に応えて、適切な措置を取ることが求められた。さらに、この報告書には、SEDの実施できる政策に限界があることを認める必要性があるとまで主張する箇所も存在する。

「労働者が客観的に見て、現状では満たし得ない要望を提出したとしても、もし彼らに納得できる形で説明がなされ、政治・経済状況を示すならば、無理であることを納得してくれる。[中略]たいていの問題は、我々がそのこと[労働者が理解してくれるということ]を信じられるか否かにある。(22)」

まさに、この言葉は西ドイツを経済的に追いつき、追い越すといったような、おおよそ過大ないしは実現不可能と思われる政策目標を、絶えず掲げてきたウルブリヒトの言動の誤りについて、その本質をついた批判となっている。

第三節　女性の余暇時間をめぐる問題

(1)「家事労働のための休日」

SED「社会政策グループ」の報告書には、有給休暇の増加についても見解が表明されていた。それによれば週休二日制の導入、有給休暇の拡大は共に、労働者階級全体の労働時間の削減を単に目指したものではなく、労働時間が多くなっている産業に従事する人びとの負担を減少させることを目標にしていた。むろん、その産業とは軽工業や小売り・サービス産業であり、そこには女性が数多く従事していた。それゆえ有給休暇の増加は、女性がこれまで被ってきた不平等な状況を改善することを目指すものと位置づけられた。

「最低有給休暇一五日制の導入によってのみ、休暇をわずかにだけとれる勤労者向けの改善策が実効性を持つ。これには勤労者の二五％（一五〇万人）に当たる年間有給休暇の上昇を意味する。そこには、特に女性勤労者が大部分を占めている（八〇％にまで及ぶ）電気産業、電子工学産業、小売り消費業、繊維業といった業種を含んでいる。一五日かそれ以上の休暇を確保している約七五％の勤労者にとっては、休暇の拡大には当たらない。[23]」

一九六〇年代までは東ドイツにおいても西ドイツと同じく、男性には、旧来の性別役割分業への志向が強く、家事労働を負担する意識が希薄であった。しかし、SEDは女性の置かれていた立場を考えることなく、社会主義社会の理想を実現するものとして、女性の就業を促そうとした。その裏には労働力不足を補いたいとする現実的な要請も存在した。その一方で、東ドイツの女性たちが就業する理由は、主に家計の足しを得るためや、生計を自分でまかなう必要からであり、子持ち女性の場合多くはフルタイム労働ではなく、パートタイム労働に従事していた。(24)

SEDの労働時間の削減にかかわる政策は、本書第1章であげたような労働者側からの強い要請や、それまでの労働を促す手段としての労働・生活条件の改善を図る措置というだけでなく、東ドイツ社会が抱え込んでいた構造問題に対処する性格も帯びざるを得なかったのである。

ただ、この週休二日制の導入は、女性の置かれた立場がそれぞれ異なっていたために、現状からの改悪と逆に捉えられる恐れがあった。女性の就労構造を単純化して捉えたSEDの政策には限界があったのである。事実、チューリンゲン地方のとある町からの報告は、本来ならば、土曜就業が義務づけられている職場において、これまでにも週休二日制が横行しているために、法的な規制導入が女性たちに恩恵とはなっていないと指摘していた。

その際、「家事労働のための休日」と呼ばれる家事労働を行なうために、月に一回享受していた有給休暇を、週休二日制の正式導入によって失うことを東ドイツの女性労働者は恐れた。この休日は単に法律上の権利としてだけでなく、労働慣行としても東ドイツ社会に広く定着していた。(25) 次の指摘は、女性労働者が多いこのチューリンゲンの企業の就業実態を示している。

「半国営企業からの報告によれば、女性たちは土曜にはいやいやながら働きに出てくる。ある企業では土曜を休みにしてくれと願う女性が幾人かいる。彼女たちは、聞き入れられなくても無届けで欠勤している。そのために、企業指導部は、『家事労働の日』を取り上げると威嚇しても、彼女たちは、（本来なら到底価値があるとは思えないのだが、）この『家事労働の日』よりも［無休の］四日の土曜休みのほうに価値があると答える始末である。指導者は、懲罰的措置を行なった場合、彼女らがこの企業を辞めたうえで、自分の思い通りになる月四日の欠勤日について何の問題ともされない、非合法でありながらも週五日制で働いている『手工業生産協同組合』（PGH）に移ってしまうのを恐れている。(26)」

この企業の現状を考えてみると、女性は月四回無断欠勤するだけでなく、一回「家事労働のための休日」をとっている。事実上、彼女たちはすでに五日休んでいるために、法律上週休二日制が導入されようとなかろうと就業状態に変化が及ぶということはない。そのことが、「家事労働の休日」よりも、無給の月四回に及ぶ無断欠勤に価値があるとする発言につながっている。よもや、彼女たちは「家事労働のための休日」が廃止されるとは考えてはいないのである。国レベルで構想された女性労働者に対する配慮が、現場レベルでは無意味であることが、ここでは示されている。

第1章において一九六一年以降、労働強化政策に反発して人びとは、公式な形での週休二日制導入を求めたと述べたが、女性はこれまで通り「家事労働のための休日」も確保し続けられると想定していた。それに対して、SEDは労働生産性の低下を防ぎたいため、休日の二重取りを防ぐ意味からも「家事労働のための休日」を縮小させて、週休二日制に置き換えることを目指した。その結果、月に一日分休日を減らされることになる女性たちは、逆に担当部局である「労働組合・社会政策局」に反発の声を多く寄せることとなった。

「今後『家事労働のための休日』を得られなくなる女性たちの一部は、新しい労働規則［週休二日制］をこれ［家事労働のための休日］に代わる確かな代償であると理解を示している。しかし、その一方で、新たな規則を生活条件の悪化として見なす女性（決して少ないとは言えない）も存在する。［今後、］『家事労働の日』を確保することになる女性も、この休日を得られなくなる女性と連帯している。この事例は、女性が数多く働いている企業で特に問題となっている。(27)」

この指摘は単に一部の女性が自分たちの利害が侵されるから反対するというだけでなく、企業内で別の立場にある女性たちが、他人の問題にもかかわらず、自らの問題と見なして抵抗を示す様子を示している。それゆえ、SEDは対応に苦慮せざるを得なかったのである。この史料は女性労働者からのさらに生々しい批判も紹介している。以下に、いくつか抜粋してみたい。

「•『家事労働の日』の保証に対する変更は、成果の廃棄です。これと関係したことを、アウエにある『バウアー社』の同僚のMさんも言っている（彼女は長らくこの企業の労働組合代表者であり、組合学校で一年間学習をした人物である）。
•『私たちに三月八日に配られたものは、クリスマスプレゼントだったのでしょうか』
•第一一回中央委員会総会でかなり強く宣伝された労働・生活条件の改善は、私たちのためのものではないのですか。労働組合から脱退しますよ。労働組合はそれを認めるべきでしょう（フライタールの人民所有企業・機械製造コンビナートの従業員)。

• ドレスデンの人民所有企業のタイヤ製造工場において、女性たちは、もしこの規則が施行されるならば、もはや労働組合の集会に参加しないと脅しをかけている。

• ハイデナウの女性たちは、労働組合からの脱退をほのめかしている。

• 女性が意見を表明する場合には、非常に強く、次のような意見が現れる。『私たちは、もはや『家事労働の日』が得られないならば、将来的には、半日働くだけか、一カ月に一度、給料が支払われない「女性の日」を「かってに」取るまでのことです(28)』」

SEDは女性たちからの強固な反発の声を受けながらも、なんとか『家事労働のための休日』を享受できる絶対数を減らそうと考えた。このときの論拠となっているのが、男性も家事労働をすべきという主張であり、そのための宣伝工作を行なって、「家事労働のための休日」を一五歳以下の子供を持つか、家族に介護を必要とする女性に限定する方針を貫いた(29)。SEDは週休二日制の導入をめぐり、女性の権利を表向き拡張すると言いながらも、実際には、法律を含め企業レベルで、慣習ないしはなし崩し的に認められてきた女性の既得権益との対立を迫られることとなった。

週休二日制を整備することは、本来であるならば女性にとって利益となるはずである。だが現実には、この権利をすでに享受している例が多数あった。当の女性労働者は、週休二日制が法律上、規定されることには歓迎しつつも、逆に「家事労働のための休日」を喪失することを嫌った。女性の反発は、男性が家事労働をしないことを織り込んだうえで、それまでの労働慣行を守りたいという願望の表れと解釈できる。だがその一方で、男女の性別役割分業という考えが、いかに強固にこの国の男女を捉えていた

図1：週休二日制と家事労働の日
「君にとってうれしいお知らせだよ。まもなく家事労働のために、もっと多くの時間が手に入るようになるよ。」
出典：Eulenspiegel (1966), Nr. 2, S. 5.

のかをよく示す一例でもある。まさに「男性も家事や育児に参加すべきであるとする考えに立つ男性は、もしもそれが単なる建て前でないとするならば、DDR社会の中の新しい潮流を示す存在でありえたのである」とする皮肉ともとれる指摘は、当時の風刺マンガと合わせてみるとき、東ドイツ社会の現実を的確に示したものと言えよう。(30)【図1：週休二日制と家事労働の日】

(2) ホーネッカー時代の女性の労働時間

なお一九七〇年代のホーネッカー期においても、労働時間の削減、余暇時間の増加に関する施策は、六〇年代との連続性を見ることができる。特に女性の労働時間については、ウルブリヒト期になされた議論とまったく同じ内容が、七二年、党政治局に社会政策に関する問題として提起された。実質的に女性労働者に対する休暇日数を増やすべきという提案の中で、六〇年代に問題となった産業別の差別的状況がなんら改善していないことが批判されているのである。

「女性と男性が同じ職場で働いている場合、同じ休暇日数を保持している。しかしながら、女性の割合が高い企業にあって休暇は、年間約四日から五日少ない。その理由の本質は以下の点にある。女性が従事する特定の生産現場での仕事について、社会的に正しい認識が存在しない。勤続年に基づく休暇や業績に準じた追加休暇があるのは、ほとんど女性がいない産業部門や企業に限られている。(31)」

しかも、女性労働者が多く就労している産業の実態についての報告からは、「経済政策と社会政策の統合」が、福利厚生面では従来からの重工業発展を優先する施策が継続する中で、軽工業やサービス産業が軽視されていた状況に改善するきざしがないことを読み取れる。

「賞与基金や文化・社会基金を利用できる水準は、歴史的に見て不利な状況にあり、この問題は解決していない。このことは、女性就労者の多い企業において賃金や労働・生活条件に不利に作用している。(32)」

この休暇日数の不均衡を是正する措置が、一九七五年一月から実施された年間休暇日数の一五日から一八日への拡大であった。(33) SEDは女性が多く働く産業における、労働条件の改善を再度図らざるを得なかったのである。ただこの措置は、重工業部門で働いていた人びとには不評であった。

「最低有給休暇日数の増加は、必ずしもすべての労働者にとって、社会政策上の重要な成果であると見なされてはいない。特に、休暇日数がいろいろと異なっている理由は、業績に連動するものだと考えていた人びとや、すでに高いレベルの休暇日数の権利を有している人びとにとって、そのように見なされてはいない。[34]」

さらに、女性労働者の労働条件を改善しようとするこの提案は、逆に経済政策上の問題を生み出すこととなった。一九七四年四月、最低有給休暇日数増加がSED政治局に提案された際、同時に、労働時間内での生産性向上が必要であるとし、「かなりの割合で従業員が、現行の有給休暇一五日の権利で働いている企業において、この調整措置［生産性向上］が困難な点に問題がある。これは特に、女性就業率の高い企業（軽工業、県の管轄する産業、電気・電子産業における特定企業）に該当する」と説明された。[35]従来、最低限以上の有給休暇を得ている企業の労働者の生産性が変化しないことを考慮すると、ここからは論理上、東ドイツ経済の生産性低下を招くことが読み取れる。公正さを追求しようとする社会政策には経済政策と衝突する危険性があったのである。

ただ、この提案では続けて「夫の長い休暇に合わせ、給料が支払われないでも休暇を取得する女性の割合は減少することが見込まれる」とも述べられていた。[36]むろん、この話は男性側の事情に女性が従うことを当然と見なしていた事例であるものの、女性が家族との余暇時間を優先したいと思う場合、企業が暗黙裏にその行動を是認していたと捉えることもできる。

なお、週休二日制導入時に取得資格者が狭められた「家事労働のための休日」は、一九七七年、再度四〇歳以上の家計を独立してもつ独身の女性正規労働者にも付与された。[37]この事例からは政策の錯綜だけではなく、社会の側に「家事労働のための休日」を取得することに対して、根強い要請があったことを伺い知ることができる。逆にいえば、七〇年代後半になっても女性の「二重負担」は、依然として解消していなかったと考えられる。

その後、最低有休日数は、一九七九年一月から二十一日に拡大され、主にシフト労働に従事する労働者には三日から六日の追加休日を与えられることとなった。同時に、従来から工場労働者を優遇するものとして議論の対象であった「勤続年にもとづく休暇」が廃止されるなど、重工業優先の社会政策モデルを訂正し、女性が多く就業する産業への目配りを強めた(38)。

第四節　生活時間の多様化への対応とその失敗

本章は新経済システム期から「経済政策と社会政策の統合」の時期における、労働時間削減をめぐる政策の展開を検討した。この一九六〇年代と七〇年代には、SEDには社会政策上において一貫して取り組むべき課題が存在した。それは、建国期以来の社会主義モデルの限界に対処することであった。これまでのモデルでは、経済成長の指標として重工業部門の発展が重要視されていたことから、この部門に多く従事する男性が、福利厚生面において優遇されていた。その反面で、このモデルはそれ以外の産業に従事する労働者には不公平なものになっていると、SED指導部には理解された。

SEDは軽工業や小売業といった労働時間の上でも、不利益を被っていた産業に従事する労働者の存在を念頭に置いて、それまでの労働福利政策の限界を打破することを試みた。とりわけ女性労働者に対応する労働時間削減政策を彼らは重視した。ただ、この政策は当の女性たちには、不公正の解消と受け取られなかった点に注意をする必要があろう。週休二日制導入は、それ以前から法律によらずして慣習的に、ないしはかってに土曜を休んでいた人びとには、なんのメリットももたらさないものであった。SEDは週休二日制導入を「家事労働ための休日」の削減とセットで考えており、そのことを理解している女性たちは強力に反発した。女性たちが反発する理由は、「二重の負担」を肌身に感じていたからであり、この権利を奪われない人も含めて結束して抵抗したのだった。むろん、SEDも従来から東ドイツ社会で慣習化していた性別役割分担をなんとか改善しようと宣伝するも、人びとを納得させることはできず、七〇年代後半には、「家事労働のための休日」をめぐって事実上の譲歩を迫られた。

全体として見れば、週休二日制の導入、最低有休日数の増加は、経済建設の目標を維持しつつも、より公平な社会を実現するための施策であったと位置づけられよう。これに対して、社会の側では労働時間の削減を、SEDが旧来から奨励する体力回復や自己の職業能力養成のための時間とだけ捉えることはなかった。むしろ、労働時間の削減を自らが自由になる余暇時間の増加と見なしていた。そして、そのための積極的な手当てを要望することになったのである。

この社会の動きをSEDは無視していたわけではなかった。一九六〇年代半ばになり、SED内部においても社会政策に積極的な意義が見出される中で、余暇に対する対処は社会主義体制における独自性を示すものと捉えられた。そのため、ウルブリヒトが組織した社会政策グループは、具体的な余暇への手当ての方法を検討するようにSED指導部に求めたのである。

本来であるならば、余暇時間の拡大に従って、さまざまなシーンに合ったより良いサービス提供が、適切な行政の管理下でなされなければならない。しかし、SEDに上げられた報告においては、むしろ余暇時間の増加によって余暇財提供のサービス低下を招いている状況が批判された。しかも、SEDの労働時間削減に関する政策は、労働生産性の維持を脅かす可能性と表裏一体の関係にあった。いわば、東ドイツ社会における余暇時間の増加は、ＳＥＤの経済政策が有していた限界を表面化させることに寄与したのである。

社会政策グループは、このような現状を認めて、明確にＳＥＤ指導部に対して過大な目標設定をすべきではないと戒めた。ここで取り上げられた問題は、一般には行政上の不手際として対処可能と思われる。しかしながら、東ドイツでは、この行政の問題が政治権力の正当性を脅かすものになりかねないと認識すべきであると、政治指導部に対して注意が促されていた。ここからは、余暇問題が政治問題化し得る様子を読み取ることができる。はたして、ＳＥＤは専門家集団から寄せられた声を十分反映した政策を展開していたのであろうか。この点を探ることが、余暇活動への具体的な対応を検討する４章、第５章の課題である。

第4章　消費と余暇

第一節　消費物資不足と余暇の可能性

ＳＥＤが余暇時間の増加に見合った対応をする必要性を認識することになったとしても、社会に供給される余暇財の量や種類については、直接は消費政策の供給計画に委ねるほかなかった。ただこれまでの研究によれば、ＳＥＤは一九六〇年に入った後も消費財供給を重要視していなかったと言われる。ＳＥＤ指導部は消費財の提供を、あくまで重工業建設を推進し、労働者に生産性向上を促す手段として考えていたに過ぎなかった。

この状態が変化するのは、「ベルリンの壁」が構築された後であった。ＳＥＤは人びとからの不満を抑え込むという政治上の要請もあり、また一九五〇年代初めに掲げられたスローガンである「今日働けば、明日の暮らしが成り立つ」状況を現実化する必要があった。そこで、六三年に新経済システムが導入された際、ウルブリヒトは消費財供給を量と質両面において重視する発言を行ない、耐久消費財の需要を喚起することを目指した。しかし、ＳＥＤは耐久消費財について値段を高く設定することにし、ここで得た利益を生活必需品への補助金にあてようと考えていた。そのため、耐久消費財の普及は容易には進まなかった[1]。

ただ一九六六年以降、SEDが消費生活の豊かさを政策目標として喧伝する中にあって、目に見えて余暇時間が増加した。そのため、現実がどのような状態にあったにせよ、人びとの消費活動への意欲が高まって、余暇活動に関係する物資へのニーズは高まった。だからこそ、余暇時間への具体的な手当てがうまくいっていないことが、SED最高指導部内で問題視されたのである。

さらには、余暇時間の増大に伴って、SEDは今までの政策遂行の方法を見直さねばならなかった。というのも労働時間の減少は、職場を中心に行動していた人びとの日常生活に変化をもたらしたからである。東ドイツの人びとは、それぞれ思い思いの場所で時間を過ごすことが多くなり、職場に拘束されていた日常から解放されて、名実ともに時間の管理をそれぞれ個人が行なうこととなった。それまで、SEDは限られた政策資源を、職場に集中的に投入することで「不足の社会」の中でも、人びとの欲求に対応しようとしてきた。しかし、一九六〇年代後半以降、人びとの生活空間の多様化に対応すべく職場だけでなく、家庭生活が営まれている地域社会に対しても、資源を投入することを求められた。むろん、動員できる資源には限りがあるため、人びとの不満が高まる可能性は以前よりも増加した。

東ドイツの人びとはこの新しく生まれた活動の余地を積極的に利用するために、政府による手当てを求めた。ただし、彼らは旧来から存在していた作業班を中心とした、人と人とを結びつける枠組みも活用しようとした。というのも、先に触れたように「不足の社会」の中で、職場の仲間内に存在した共助の仕組みは、自らの生存を確保する手段として必須のものであったからである。一九六〇年代以降にあっても、東ドイツ社会が「不足の社会」から脱することができない以上、人びとは簡単にはそれまでつくり上げてきたこの仕組みを手放すわけにはいかなかった。むしろ、彼らは従来の職場で培われた人間関係を利用しつつ、さらに余暇時間の拡大によって生まれた個人や家族を単位として行動する領域の充足をも模索しようとした。本章はこの状況を描くために、ＳＥＤの余暇に関する政策の中で、消費に関係した活動を取り上げる。また、人びとは余暇活動をどのように享受していたのか、政策がもたらした社会の実態についても考察する。

消費活動にかかわる余暇のうち、本章が第一に取り上げるものが、外食産業と余暇のかかわりについてである。食の問題を、本書がたびたび言及している家事労働と関わらせると、その合理化を図るために、ドイツには二つの流れが存在していた。一つは調理そのものを集団化する、すなわち個々の家庭から調理を外部化して社会全体の問題とすることで、家事労働からの解放を図ろうとする方向である。これには職場に併設した「カンティーネ」と呼ばれる社員食堂やレストランの充実が求められることとなる。もう一つは、個々の家庭の台所を規格化するとともに、調理器具や調理方法そしてレシピを提供することを通じて、食を標準化しようとする方向である。[2]

ドイツでは、この二つの方向性のうち大きく発展を遂げたのは後者であった。その反面、食の外部化はヴァイマール期において一部分実現したとはいえ、個人の趣向が集団食堂には反映されないことが原因で最終的には衰退した。[3] 食と政治、さらには余暇との絡み合いを描くことは、戦後ドイツを検討する上でも重要な論点である。確かに、一九五〇年代の経済の奇跡を踏まえた西側社会に対して目を向けるのであるならば、外食空間は大衆消費社会の展開にとって重要な一要素であり、ともすれば私の問題であって政治の問題にはなり得ない。

しかしながら、東ドイツでは経済活動が国家の管理下に置かれている以上、ナチス期とは違った形で、このことは政治の問題として現れることとなった。第2章で述べたとおり、家事労働における食事準備時間の合理化は、SED内部で労働生産性を促すものとして認識されていた。このときSEDは、一九五〇年代には、職場に社員食堂を整備し、家事の外部化を推し進めた。この方向性は余暇時間の増大とともに六〇年代後半に入り、いかなる変化を遂げたのか、その際、「不足の社会」はどのような影響を余暇としての外食の発展に及ぼしたのか、まずはこの点を検討してみたい。

次に、余暇と「不足経済」との関係をみる題材として、東ドイツで盛んであった二つの活動に着目したい。一つは、日曜大工や洋裁といった、現在ならばDIY（Do It Yourself）と呼ばれるものを取り上げる。なお東ドイツ時代には、この活動を包括するような単語があったわけでないので、本書では「日曜大工・製作」の語を用いる。もし、一九六〇年代以降、旧来の消費財供給の問題点が解消していたならば、「日曜大工・製作」は純粋な楽しみを追求するものとして個人や家族のための物品を製作する余暇活動となる。しかし、この余暇活動は物不足を補うための活動の側面を有していた。SEDはこの活動に対する認識と政策をどのように位置づけていたのか。「日曜大工・製作」は将来にはなくなるものと見なしていたのか、それとも純粋な余暇活動として位置づけられていたのだろうか。

もう一つの検討対象である「小菜園」（Kleingarten）での庭いじりは、一九六〇年代以降には、主に都市部を中心に身近な余暇活動となった。東ドイツの人びとは、購入できる農作物の不足を、この小菜園において自家生産をすることによって補完していた。この活動は、戦前からの「シューレーバー菜園」の伝統もあって、東ドイツ社会においてすでになじみの深いものであった。(4) また、現在にあっても東ドイツの日常生活を論じる際には、必ずといっていいほど言及される対象でもある。これまでこの小菜園活動は、東ドイツ社会内部において、小さいながらも私的空間が維持された代表例であると見なされてきた(5)。

近年では、一九四九年から六二年まで発行されていた雑誌『小菜園愛好者』(Kleingärtner)を用いて、愛好家が非政治的な態度をとっていた様子や、SEDは経済復興とともにこの活動が自然消滅すると考えて、積極的には政策上の対応を行なわなかった状況を描いた研究が提出されている(6)。その後、ドイツ連邦公文書館の一次史料を用いて、体制崩壊に至るまでのSED中央における小菜園活動に関わる政策についても明らかにされた(7)。また、小菜園活動は単に都市部に留まる現象ではなく、広く農村部にまで及んでいることが、これまでに明らかになっている。というのは、農業集団化が完成した六〇年代以降、各農民は手元に残された保留地を利用して、「農業生産共同組合」(LPG)における就業外に、副業農業ともいうべき小菜園活動を営んでいたからである(8)。

これら小菜園活動を扱った研究からは、一九六〇年代から七〇年代にかけて小菜園活動が農業生産を補完する重要な役割を担っていたことが理解できる。それゆえ、この活動は「不足の社会」が理由で、SEDの農業経済政策内部に取り込まれていたと考えることができる。この事例も社会主義における余暇活動と政治との関係を探るうえで重要な論点を提供しているため、本書は地方末端レベルについて、ロストック市の例を交えて論じることとする。

第二節　食の外部化と外食産業

（1）外食産業の発展とその限界

ＳＥＤは一九六〇年代まで、社会主義運動の伝統を引き継いで女性の解放を訴えた。その一方で現実の政治的要請でもある労働生産性向上を促すため、彼女たちが担う家事労働のうち、食事の準備にかかる時間を減らそうと考えた[9]。ＳＥＤは当初、この問題を福利厚生政策の一環の中で、解決するものと見なし、職場の従業員食堂の整備を優先した。この政策は四七年十月、生産出来高制を導入する画期として位置づけられたソ連軍政部指令二三四号に見られ、第九項において、暖かい食事の提供が職場環境整備の一環として明記されている[10]。その後六四年には、提供する料理やサービスや環境について重要産業分野の従業員食堂に関する監査が行なわれて、その報告はＳＥＤ指導部にまで上がっている[11]。およそ六〇年代以降にあっても、この職場の従業員食堂の整備が重要視される状況に変化はなかった。それゆえＳＥＤは外食を余暇活動の一環として認識することはなかった。

ただ第2章で見たように余暇時間の増加が見込まれる中で、家事労働そのものの負担を減らすことだけではなく、外食が新たな余暇行動を促すことになるとする議論も提出されていた。しかし、ＳＥＤが外食産業の発展を促そうとして、予算配分を積極的に行なったという事実は存在しない。むしろ一九六〇年代後半にあっても、食糧供給政策全体との関係において、外食産業の可能性は議論されていた。食料供給の中でも食肉供給の失敗は他の東欧諸国と同様、暴動を直接誘発することに繋がりかねず、体制の安定が試される非常に敏感な問題であった。そこで、SEDは新経済システム期以降、農業の機械化や現代化を推し進めていく過程で、食肉の安定供給を図るために、養鶏産業を振興した。

一九六五年、「養鶏コンビナート」(KIM)と呼ばれる大規模養鶏場が、東ベルリン郊外のケーニヒス・ブスターハウゼンやマグデブルク近郊のメッケルンを皮切りに、都市部近郊に一一カ所作られた[12]。SEDは食肉生産が軌道に乗ると、ここで生産された鶏肉を直接仕入れて利用する、レストランチェーン「ゴールドブロイラーへ」(Zum Goldbroiler、以下、ゴールドブロイラー)の開店を企画した[13]。「ゴールドブロイラー」は、正式にはソ連一〇月革命五〇周年に合わせ、一九六七年十一月七日「グレゴリウス歴では十一月に相当」、首都である東ベルリンに三店舗開店し、翌年には一二店舗へと拡大する予定とされた。SEDにしてみれば、このレストランチェーンの拡大は農業機械化の成果を宣伝できる格好の対象であり、しかも戦後の食文化の変化について、人びとに説得的に提示できるものと考えられた[14]。

SEDは新たな食文化を喧伝するため、「ゴールドブロイラー」においてはレストランでの食事だけでなく、持ち帰りも可能にするとの計画を立てた。それゆえ、レストラン以外で東ベルリン市内に販売スタンドを、一〇カ所設置することも計画されていた。実際に「ゴールドブロイラー」は、その後店舗数を増やし、東ドイツのすべての県で営業するようになり、一九七八年段階では、一四四店舗が営業するまでに成長した[15]。

なおSEDはこの時期、鶏肉の安定供給を目指していただけではなかった。ウルブリヒトは一九六三年、ロストック県シュトラールズントの造船所を訪問した際、「魚が重要だ。[中略]我々は自らの遠洋漁業により漁獲高を高める必要があり、それにより一般の人びとにより良く魚が供給される」と述べ、積極的な漁業振興と魚食の促進も訴えていた(16)。

そもそもドイツは内陸国と言われ、食料としてあまり魚を消費する習慣がなかった。それにもかかわらず、SEDは肉類の消費を抑え、魚食を積極的に喚起しようとした(17)。そのためにつくられたレストランチェーンが「ガストマール・デス・メーレス」[「海のレストラン」の意味]であり、「ゴールドブロイラー」と同じく店舗数を増やし、一九七八年には東ドイツ国内の県都をはじめ五二店舗までになった(18)。

これら二つは、西側で普及したレストランチェーンと同じく、外食産業の発展に寄与したと捉えることできるかもしれない。だが、SEDの意図は食料安定供給が第一の目標であり続け、あくまでも副次的な効果を狙ってレストランチェーンをつくろうとしたにすぎなかった。彼らには外食産業の発展を図ろうとする意図はほとんどなかったのである。ただ、ドイツ統一以降に東ドイツに対する郷愁、「オスタルギー」が広まる中、かつての東ドイツを代表するものの一つとして、これらのレストランはその対象となっている。社会の側では、新しいレストランの増大が生活の豊かさを実感できる対象として見られていたと言える。

このことは政治体制の意図が、社会の側において違った形で捉えられることにより、両者の認識間にズレを生み出すことになった一例である。社会の側では今後、外食産業の発展が図られ、余暇活動における選択肢が増加することになると考えられたのである。

この外食産業は、SEDの経済政策の中でさほど重要視されていなかった軽工業や小売り・サービス産業の中にあって、さらに軽視されていた。東ドイツにおいても市中のレストランは、個人経営かもしくは小規模の企業に担われていた。これらの企業は社会主義の発展とともに消滅するはずのプチ・ブルジョワ的性格を持ったものと位置づけられており、原材料を十分に供給できない恐れがあったのである。

SEDはこれらの私営産業に対して、締め付けを行なって国営化を促そうとするものの、消費需要に応えられなくなるとその方針を緩めるという一貫性のない手法をとっていた。

そのため外食産業の状況は経営から従業員の労働環境に至るまで、決して良いものではなく、一九六〇年代以降にあっても、町中のレストランの件数は減少の一途をたどった(19)。しかも六五年以降においては、この事態を公式統計上希釈するためか、レストランの総数には職場の従業員食堂の数も加えられている。

むろん、一九五〇年代であるならば、職場において従業員食堂の整備を優先するというSEDの方針は有効であっただろう。ドイツ人は基本的には食生活上、朝や夕の食事を軽く済ませるのに対して、昼食には暖かい食事を好む。労働時間が比較的長く職場が生活の中心である場合、昼食を従業員食堂で取れることは、文字通り「労働・生活条件の改善」を指し示すものであった。

だが、一九六〇年代以降、労働時間が減少することによって、この状態に変化が現れることとなった。ここに政策上の問題が潜んでいたのである。余暇時間の増加は、同じ職場の同僚との就業時間の合間に共に団らんを過ごす従業員食堂にだけでなく、個々の嗜好に合い、家族や友人との時間を楽しむ場としてのレストランの果たす意義を高めることとなった。SED自らも、「もはや、外食産業は単に［食料］供給を担っているのではなく、同時に文化政策的な課題を解決する必要がある」として、余暇活動の一つとして外食の重要性を認識し、数字に表れない文化的な意義や楽しみを成果として考慮すべきであると考えるようになった(20)。

とはいうものの、レストラン経営の実態はかなり問題を抱えていた。一九六五年の報告書は、首都東ベルリンにおけるレストラン事情について見ると、ほとんどの労働者が勤勉に働いている様子を好意的に描きながらも、レストランそれぞれの特徴を活かした原材料調達がなされていないと批判していた。

「ベルリンにおけるレストランの弱点の一つは、是認し得ないまでの悪平等にある。［中略］高価なハンガリーワインがレストラン『ブダペスト』にいつもあるとは限らない。しかし、これは小売店ならばすぐに手に入る品物である。食肉の種類が少ないという供給上の問題が、すべてのレストランで同じように生じている。(21)」

新たな食文化を生み出す可能性のあった「ゴールドブロイラー」の場合、養鶏場からの肉の供給については、大きな問題とはならなかった。しかしながら、西ドイツから輸入されるはずであった、鶏肉を焼く調理器具の不足に悩まされることになった。ＳＥＤは一度策定した計画通り、レストランの開業を順次行なっていったため、それぞれの店舗に十分な調理器が到底配置できない状況に陥った。その結果、店舗一軒あたりの調理器の数は少なくなって、一台一台に負荷が多くかかることとなり、調理器は故障の恐れと常に背中合わせの状態にあった。さらには、持ち帰り用のフライドチキンには当初の計画を上回る需要が発生し、供給が追いつかないという事態までも生じた。(22)

東ドイツ外食産業が抱える商品供給と需要にかかわる問題点は、単に物不足という事態に留まらず、特定原材料の偏在も示している。これは「不足の社会」の典型的一面であることが確認できる。また、ＳＥＤ自らが当初過大な目標を設定し、人びとの欲求を無意識に解放しながら、結局は十分に応えられず隘路に陥るというパターンも示している。

もしもＳＥＤがこの変化を的確に把握して、実態に即して計画を絶えず見直すならば、社会主義的計画の精度は高まっていき、不足に対応できる可能性があったかもしれない。しかし、彼らはいったん決まった消費政策の方向性を変更することはなかった。その原因は、自分たちがマルクスやレーニンの理論的教義を実践すれば、人びとは必ず理解してくれるはずであり、それゆえ政策の成功は担保されていると見る楽観的な態度にあった。だが政策が自分たちの予期し得ない事態をもたらした場合、SEDは現実を踏まえて、抜本的な見直しを含めて、自己の政策を再検討する姿勢を有していなかった。彼らは、単なる弥縫《びほう》策を実行したにすぎなかったのである。

（2）労働条件から見たレストラン事情

次に、外食産業の現場で働いていた人びとの認識を問題にしたい。彼らは一九六〇年代以降の余暇時間の増加を、必ずしも歓迎していなかった。ドイツでは近年に至るまで、商店の営業時間に関する規制が強く、長らく日曜日と祝日はむろんのこと、土曜日も午後の早い時間に閉店していた。くわえて、東ドイツが「不足の社会」の状態にある以上、営業時間を延長しなければならないという理由は存在しなかった。(23)

レストランはこの習慣としての規制が働かない対象の一つであるために、他の欧米諸国や日本のように土曜・日曜を利用して買い物に出かける選択肢がない以上、外食の余暇活動としての意義は相対的に高まることとなる。そこで、SEDは土曜の小売り・レストラン営業を積極的に行なうように求めた。しかし、週休二日制規則は当然この部門に従事している労働者にも適用されねばならない。もしそうでなければ、SEDはすべての労働者の生活条件の改善を実行しようとしていたとは到底言えないだろう。しかも、この部門に従事している労働者の多くが女性であった。

小売り・サービス部門に従事する労働者に対して、労働条件の見直しを行なわないまま、週休二日制が導入されたために、パン屋やレストランが休業する事態に陥った。そのため、人びとの消費需要に応えられていないとする情報が、幾度となくSED政治局に届けられることとなった。さらには、東ドイツ政府が実施した監査は、小売業に従事する労働者からの土曜休業に対する要請を取り上げつつ、そもそも小規模な家族経営のレストランにおいて土曜営業は不可能とする主帳が展開されており、営業時間の拡大については政府内部においても、その実効性に疑問が持たれていた。(24)

このときSEDは、外食産業部門における労働力確保を目的として、政治局内でレストラン従業員への賃上げを議論した。労働時間削減の問題点が明らかになって、初めてレストランで働く労働者の就業実態が批判されたのである。

「商業部門において、一方では相対的に低賃金でありながらも、他方では一般の人びとへの供給を維持するため、そして絶えず増加する仕事を担わなくてはならないために、この措置［賃上げ］は特別の意義を持つ。このことは、小売業に勤める人すべての物質利益を高める全般的必要性のうち、特にレストラン従業員については、高い生産性が求められるために、そして何よりも［労働力］流出を防ぐためには緊急の課題である。(25)」

東ベルリンのレストランに関する報告書は、「ベルリンの人民所有企業レストラン六、〇五八人の必要従業員数に対して、五五九人の労働力が不足している」と全体状況を述べたうえで、六つの代表的なレストランでさえも、労働力不足は深刻であると主張した。むろん、モデルレストランであった「ゴール

ドブロイラー」も、同じ問題を抱えていた。(26)

「このような労働力不足は、必然的にレストラン営業全般の障害となっている。その結果、しばしば混雑する時間にあっては、もはや普段通りの営業ができていない。この企業は、従業員による特別な努力の助けでもって、つまり、通常よりはるかに多い超過時間勤務により、かろうじてやっていけている。(27)」

SEDは外食産業の抱えていた労働力不足を認識していたにもかかわらず、適切な対応をしなかったため一九七〇年代に入ると、状況は改善するどころか悪化した。七二年、ホーネッカーは新経済システムによる経済自由化が原因で拡大した経済上の不平等を是正しようと試みた。そのときやり玉にあげられたのが、残存していた私企業であった。彼は企業の完全国営化に乗り出して、すべての企業を計画経済の管理下に置こうとした。(28)この政策の対象となった企業は中小・家族経営を中心とした小売業や手工業部門であり、レストランはその典型的な対象であった。ただ、この産業分野の国有化は余暇活動を充実させたいと願う人びとにとっては、サービス供給の質と量双方の低下を意味することは明らかであった。

家族経営をしているレストラン経営者やその家族にとってみれば、国営化とは生産手段を失い、賃金労働者になることを意味した。これは彼らにとって労働条件の悪化でしかない。むしろ、東ドイツ全体の慢性的労働力不足を考慮に入れれば、彼らは自らが保有していたレストランを失った上に、今まで通り従業員として少ない給料で働くよりも、工場に転職したほうが従来よりも良い待遇を期待できた。そのため、SEDの期待とは裏腹にレストランの国営化は進まないばかりか、廃業が相次いだ。「ゴールドブロイラー」においても労働力不足は深刻であり、従業員はコックとして工場の従業員食堂に移ってしまった。それゆえ東ドイツ全体での、レストラン件数は減少の一途をたどった。だがその反面、レストランに対する需要は売上高の変遷を見ているだけでも増加している。[29] 外食活動が盛んになるにつれて増加した負担は、ここに従事する労働者にかかることにならざるを得なかった。「ゴールドブロイラー」に関する包括的な検討においては、「レストランは、一方では［人びとから］絶えず大きな共感をもって受け入れられていたものの、他方では、いわゆる社会主義流通システムの中にあって、継続的に生産力を拡大させるように対応することはできなかった」と、東ドイツにおける外食産業が抱えていた問題の本質を突く批判がなされている。[30]

SEDは最終的には、一九七六年二月、レストランの国営化方針を撤回せざるを得なくなった。[31] その際、彼らは私営企業の容認、設備の近代化、賃上げの三点が重要であると確認したうえで、「『共同経営』ないしは私営レストランは、東ドイツにおけるレストラン全体の四三％を占め、住民に対するレストラン供給という点で本質的に重要なものとなっている」と、その意義を認めざるを得なかった。[32] しかもこのとき、外食産業の需要増大は嗜好の多様化と結びついており、この状況にいかに対応するかが政策上の課題であるとも説かれた。

余暇時間の増加に伴い、余暇活動への手当てを行なおうとする政策は、従来の産業労働者への対応を最重要視する「社会主義的生活」の事実上の破綻に行き着かざるを得なかった。このことは、SEDの次の言葉が明確に示しているといえよう。

「『週休二日制』導入並びに、前年と比べた場合の労働時間の削減は、レストランの生産性を高める必要性を強烈に高めている。この必要性は、保養地や町のショッピングセンター、文化センターに集中的に現れ、従業員の多大な努力にもかかわらず、十分に満たされているとはいえない。このことは、メニューの提供数が減少し、レストランの営業時間が減少するといった事例に、度重なり現れている。(33)」

第三節　余暇における自家生産

(1)「日曜大工・製作」

一九六三年、経済改革である新経済システム導入は、単純に消費財の供給を増やすことや、食料品に対する消費性向が強かった人びとの購買意欲を工業製品へ向けようとしただけではなかった。このときSEDは多様な商品群を提供することを目指し、生産計画に基づいて生産者が商品を供給し、消費者はそれに合わせるという消費行動を変化させることをもくろんでいた。(34)

そのためには、商品の提供数を単に増やす量の側面よりも、色や形、大きさといったデザインを多様化して、それぞれの消費者が欲しいと願う商品を提供する必要があった。いわば質の充実が求められたのである。しかも一度、多彩な商品を提供することを決定した場合、消費者の側からのさらなる要請に応えねばならなくなり、多様なものを絶えず生み出さねばならなくなる。新経済システムは一人ひとりの個別的欲求を解放したのだが、東ドイツではそれをすべて満たすことは困難であった。

物資供給がうまくいかない様子は、食料品から耐久消費財に至るほぼすべての商品不足に強い不満を示した各種世論調査結果からも明らかである。しかも一部の調査では、家具や衣料品、食料品といった、最終消費財ばかりか、調理用品、家庭用工具、壁紙といった中間財というべきものも不足しているとの批判も提出されていた。(35) ここからは、市場を通して供給される既成製品では自分の嗜好にあったものを手に入れることはできず、改善を図りたいとする人びとの意思を読みとることができる。

消費財供給に対する不安が絶えず存在するため、東ドイツでは、一九六〇年代以降、「日曜大工・製作」への需要が高まった。このうち多くの女性は裁縫によって自らが着る衣料品を作るようになった。その際、「各人が縫ったコートは、贅沢品、趣味、それとも『緊急措置』?」と題する消費研究の報告書タイトルが示すように、彼女たちが裁縫を行なう理由は多様であった。(36)

この報告によれば、東ドイツに暮らす約半数の女性が自分で裁縫した洋服を持っていたとされる。この状況は既製服への不満が高いことの表れであるのだが、その理由を見てみると、服の供給量が少ないこと以上に、個々の嗜好に合わないという点が問題視されていた。

「一　それぞれ自分好みの衣服を希望する（「自分で作るならば」素材、色が自分で決定できる、自分の体型に合わせられる）。

二　既成製品が不足している（「店で欲しいと思う衣服が手に入らない。欲しいサイズの既成服がめったに店に置いてない、また入荷もしない）。

三　既成製品で自分に適したサイズのものを手に入れるのが困難（サイズが合わない）(37)」

表12：余暇活動として裁縫を行なう理由(38)

理由	質問を受けた女性全体	自分で裁縫の経験のある女性
裁縫は楽しい余暇活動	31%	58%
裁縫は有用だが、他の余暇を犠牲にしている	28%	29%
非常に残念	19%	4%
理由なし	22%	9%

この報告書は最終的に、東ドイツの女性が余暇時間の一部を裁縫に割り当てていることを、純粋な家事労働とは見なさず、余暇活動を楽しんでいると述べるものの、同時に「しぶしぶ行なわれる性格もあり余暇が犠牲になっている」と両論併記の見解を提示した。

衣服が市場において、十分に提供されないとするならば、裁縫は家事労働の性格を帯びざるを得ない。逆に、衣服は商品として手に入れるものという認識に立つならば、趣味の余暇活動となる。東ドイツの場合、商品として衣服はすでに提供され、人びとは西側のモードにさえ関心を寄せてもいる。だが、商品は量の上では需要に見合った供給がなされていても、それは差異化した人びとの欲求に、必ずしも追い付くものではなかった。かといって、人びととの間ではあきらめることなく、原材料を自分で調達してなんとか工夫をすれば、欲求を満たし得るという認識も広まっていた。裁縫は家事労働であるとする見方が減少し、余暇活動の一つであると女性には認識された。しかし、この活動は依然として、物資不足を補完する役割をも担ったのである。

男性の場合、裁縫と同じ性格を持っていたのは日曜大工であった。この活動は「男性の八五%、女性の三五%がさまざまな物の修理や維持のために余暇時間を割いている」と言われるほど盛んであった。そのうち、住居の壁塗りや壁紙張りが一般的な活動だった。むろん、消費研究による報告書は、徐々に趣味の割合が増えており、積極的かつ合理的な余暇活動となっていると評価してい

表13：日曜大工をする理由（1970年並びに1974年）[40]

—%で表示—

理由	1970	1974
1. 安い	70.5	63.5
2. 職人がやってこない	36.1	42.7
3. 待ち時間が長い	31.8	31.3
4. 簡単にできる	16.4	18.0
2.-4. の合計	84.3	92.0
5. 楽しみ	12.7	16.6
6. 趣味	8.4	12.4
7. 仕事のバランスを図るため	4.9	7.6
5.-7. の合計	26.0	36.6
家庭ごとで挙げられた理由の平均数	1.8	1.9

るものの、「職人がやってこない。長く待たねばならない」という理由が「楽しみや趣味」を上回り、必要に迫られてなされていた側面を無視することはできなかった[39]。ただ、この日曜大工についても、将来、消費財供給の不足が解消すれば廃れるものとして捉えられてはいなかった。むしろ、素材の開発が進んで多様な需要が生み出されている状況が取り上げられ、それに積極的に応じていく必要が説かれた。

「・従来のものに対して、（何度も塗り返さないでよい、すぐに乾燥する、よく延びるといったような）簡単に作業が可能で品質が際だって良い目的に即したペンキの需要が増加している。

・壁紙を求める消費者は、いかにして住居空間を流行に合ったようにできるのかという点を絶えず気にしている。

・多彩な色で、個々の嗜好に合った他の調度品と調和するような高品質の壁紙を利用する傾向が見られる[41]。」

この言説は手工業産業における原材料の不足を明らかにし

つつも、日曜大工の余暇活動としての意義を認め、積極的な対応を説いたものである。しかしながら、SEDは「不足の社会」から脱却できず、自らが解放した人びとの多様な欲求を満足させることは適わなかったのである。

裁縫と日曜大工の事例からは、東ドイツの人びとが余暇時間の増加によって得た時間的余裕を、消費生活の豊かさを確保するために利用していたことが理解できる。この努力は、確かに不足を解消しようとする性格を持っていた。しかし、政府によって多様な消費意欲がかきたてられ、そのために商品を求めるという性格を帯びる以上、日常的にこなさねばならぬ家事労働の延長に存在するものと、単純には見なすことはできない。

この二つの事例は、市場で商品として提供されるべきものが不足しているために、自らの手で作りあげる生産と、趣味や娯楽の一部としての余暇という二つの側面が、一つの活動の中にあったことを示している。ここに東ドイツ社会が抱えていた特殊性が表れるのである。人びとは西側同様の消費行動への欲求を持ちながらも、「不足の社会」ゆえに実際の商品の品揃えが追いつかず、なんとか自分の努力で物不足を補おうとしていた。人びとは不満を口にしながらも、その不足さえも楽しみに変える努力をしていた。この状況は、自立的な経済システムが生み出したものではなく、政府の経済活動への介入があって成立していたのである。

(2) 小菜園活動

これら「日曜大工・製作」に見られる様相は、小菜園活動において、最も端的に表れる。東ドイツではこの家庭菜園の活動にさえ、政治の影響が及んでいた。それは一九五九年、この小菜園活動を統轄する団体として、小菜園連盟が設立されたことに確認できる。

それ以前にあっては、小菜園活動はSEDに好意的には受け止められておらず、労働組合の監督下に置かれていた。しかも設立を認めた法令は単に、「小菜園愛好家に貸し付ける目的で用地を［国から］借り受ける唯一の権限をもつ」と規定するだけで、東ドイツにおける余暇活動の一部を積極的に担うといったような言葉は認められない。(42) この組織はそもそも労働組合の下で活動できていたのだから、必要がないものであったと評価できる。ないしはわざわざ組織を立ち上げたことに着目すれば、SEDが動員手段の一つとして整備したと見なすこともできよう。その反面で、小菜園活動は戦前からの伝統の中で培われてきたものであった。

実は、この伝統にこそ小菜園連盟設立が遅れた理由が存在する。一九六〇年代以降とは異なり、五〇年代まではSEDが不信感さえ抱いていた理由は、社会主義の理想とする社会の姿と無関係ではなかった。SED指導部は戦後の危機的食料状況の中にあって、緊急避難的・暫定的性格を持つものとして、小菜園活動の存在を容認していたにすぎなかった。彼らの論理によれば、社会主義が発展を遂げると、人びとは計画経済の下で豊かになれるために、小菜園で農産物を作る必要はなくなり、この活動は自然と消滅するものと考えられた。(43) それ以上に問題であったのは四八年、SED本体において社会民主党員を排除し、党をレーニン主義化する動きが活発化した際に、小菜園活動は『「社会民主主義」』と『プチ・ブルジョワジー』の本拠地」を構成すると見なされ、懐疑的な目が向けられたことにあった。そのため、SEDはこの活動の全国規模での組織化への動きを抑え込んだ。(44)

だが、この評価は一九六三年、第一回小菜園連盟総会を境にして、徐々に変化していく。ウルブリヒトはこの会議に書簡を送り、「労働者、職員、知識人、主婦、年金生活者は、有意義な余暇活動と文化創作活動に喜びを感じ、リラックスして、その上、企業や研究所において仕事に立ち向かう新たな力を蓄えている」と、余暇活動としての小菜園活動の意義を認めた。だが、「我々は特に、小菜園連盟の郡組織会員から会員、区画から区画、郡組織から郡組織、果物、野菜、肉、牛乳、卵、蜂蜜、綿花そして毛皮をより多く産出し、そこから住民に対してよりよい商品供給を行なおうとする社会主義的競争のイニシアティブを歓迎する」とされていることからも理解できるが、ＳＥＤの本当の目的は農産物の不足を補完させることにあった(45)。

ただこの小菜園活動への人気が高まった背景には、東ドイツの住宅事情に注意を払う必要がある。戦後当初、東ドイツの住宅事情は劣悪極まりない状態にあった。この状況に対応するために、ＳＥＤは都市部では旧市街地の外に新街区を設置し、ここに集合アパート群を建設して、住宅需要を満たそうと試みた。この集合住宅は統一規格による組み立て工法を用いたもので、建設費が安く、早く完成できることから、「プラッテンバウ」(Plattenbau：板の住居の意味)と呼ばれた。郊外にいけば、十分に土地は確保できるはずなのだが、労働者に向けて庭付きの一軒家の住宅を提供することは、資材の「合理的」な利用を図る観点から避けられた。

東ドイツの人びとは、戦前から戦後の食糧事情が劣悪な状況下で、家庭菜園からの食材が自己の暮らしを成り立たせるために必要であることを、経験的に知っていた。ドイツの場合、一軒家でなくとも旧市街のアパート群で十九世紀後半以降に建てられたものは、ほぼ中庭がついている。食糧事情が改善しない状況下では、この中庭は以前から家庭菜園として利用されていた。中庭のない「プラッテンバウ」が建設されたことにより、他の場所で食料生産を行なえる菜園を整備してほしいという要求が生み出されることになったのである。特に需要がありながらも、生産が追い付いていなかった葉物野菜や果物を、人びとは栽培しようとしていた。この食料生産を補完したいとする欲求においては、SEDと人びとの利益は重なり合っていた。SEDは次第に、小菜園で食料生産を補完させる重要性を認識するようになり、一九八六年にもなると、それ以前の態度を一変させ、むしろ農村部のものも含めて積極的に後援していく姿勢を明らかにした。

「将来、農業生産組合農民と労働者の個々の家族ごと、そして、小菜園連盟におけるそれぞれの生産活動は、完全なる支援を受ける。これは我々の決算において、永遠に確固たる地位を占め、非常に有効な形で社会生産を補完する。一九九〇年までに、一五万戸の小菜園を新たに作り、このうち二万戸を首都ベルリンに設ける。この中で小菜園施設、家庭菜園と住居地域との社会生活の関係は絶えず緊密なものとなる。(46)」

さて、現在メクレンブルク・フォアポンメルン州を構成し、旧東ドイツの北部に位置した三つの県、シュベリン、ノイ・ブランデンブルク、ロストックは典型的な農業県であった。大規模な農業地帯であるこの地方の中にあって、ロストック市は造船や漁業といった産業を抱え、工業労働者が多く人口二〇万人ほどの都市を形成していた。この地方の農業は、基本的に穀物やじゃがいもを生産する大規模農業生産協同組合が多いとは言うものの、保留地での副業農業も含めれば、一般的に食料供給は困難ではなかったと考えられる。(47) それゆえ、この地域の小菜園のあり方は、生産活動の補完というよりもむしろ余暇活動の側面のほうが前面に出ることが想定される。

一九六〇年代、このロストック県にあっても小菜園に対する需要は大きく、ロストック県行政評議会は、六八年十一月、この小菜園整備を行なうための法令を制定した。[48] ロストック県の小菜園連盟は六七年には、全住民の四％にあたる四万二四二二人を会員として擁していた。[49]

その一方で、小菜園連盟が管理する小菜園区画では、一九六〇年から六八年にかけて、その多くが都市基盤整備のために放棄されていた。この県において最大の人口を抱えていたロストック市においては、六八年までに、八六ヘクタールが施設建設のために失われ、二、一五八戸の小菜園区画が解体された。この措置は「他の郡では代替え用地だけでなく、新規発展のための追加用地も用意されていた一方で、ロストック市では一〇ヘクタールのみが代替えのために用意されたにすぎない」とあり、県随一の人口を擁するこの町の状況が特に批判されていた。[50] しかも、都市計画に基づく小菜園区画の解体は、「多くの住民は、都市施設建設のために、期日が迫った中で家庭菜園区画の使用許可が解約されたことに怒りを覚えている」と、計画的に行なわれたものとは到底言えなかった。この問題を扱った報告書は、小菜園連盟関係者が都市計画策定に参加する必要性を主張していた。[51] この時期の大きな問題は、ロストック市では小菜園区画が減少しているにもかかわらず、この活動に対する需要が増加したことにあった。

「現在までのところ小菜園取得のための申請が二、五二五件たなざらしにされている。［中略］現実には、ロストックでのいくつかの調査が示しているように小菜園取得への要望は、さらに多い。たとえば、ロストック市では二千件に及ぶ小菜園に対する要望が見込まれる。[52]」（なお、ロストック市における実際の小菜園取得申請件数は八六四件[53]）

では、小菜園を手に入れることが困難な中で、どのようにして希望者は区画や小菜園連盟会員資格を手に入れようとしていたのか、その一例を示してみる。ロストック在住のVは、小動物愛好家向けの区画を手に入れるべく、一九六二年十二月に申請をしたのち三カ月間、その回答を受け取ることができなかった。そこで、彼は町の小菜園連盟責任者に問い合わせをしたところ、管轄外であるとの返事を受けた。彼はさらに市役所の担当者に連絡するもののうまく対応をしてもらえず、県の小菜園連盟指導者に連絡をした上で、問題なく区画が手に入れられるとの確約をもらったとしている。しかしながら、その後三カ月音沙汰がないため、苦情の請願を県に提出した。

「郡の連盟代表の中には、かつてこの団体が有していたイデオロギーに絡めとられており、なぜ我々の国がこの大衆団体［小菜園連盟］を強く支援しているのかについて理解していない役員が、いまだに活動していると言わざるを得ません。外来動物のいずれかを育てることだけが重要なのではなく、大衆団体として連盟［小菜園連盟］は、その会員を社会主義建設へと導くべきであり、同時に住民に対する肉と卵のより良い供給に貢献すべきであります。［中略］私は連盟の会員でなく、しかも四人家族でありながらも、すでに八羽の鶏を飼い、四百個以上の卵を供出したことを付け加えておきます。」(54)

この請願は、一読してわかるように、単に小菜園連盟から小菜園区画を受け取れなかった一個人の苦情でしかない。しかし、引用部を見てみると、余暇活動のための用地確保という欲求を、社会全体の利益と結びつけて正当化しようとする態度が見受けられる。ここで批判の対象になっている外来動物とは、主にインコを中心とした観賞用動物である。小菜園連盟区画で育てられた観賞用動物は、西ドイツに主に輸出され、東ドイツの外貨獲得のための重要な手段の一つであった。請願申請者Vは、趣味として養鶏を行なっているのだが、彼は自身の余暇活動の意義を、インコなどの動物飼育に勝る社会的意義を持つものと主張したのである。

本来であるならば、養鶏であっても観賞用動物飼育であろうとも、それぞれ個人が自由に選択する余暇活動であり、社会的意義の優劣はつけられないどころか、政治とは関係のない私的な問題でしかない。しかし、東ドイツでは、農業生産や外貨獲得に寄与するという社会的な意義を持ち、「不足の社会」を緩和する性格を持つ以上、小菜園活動は純粋に私的な問題ではなくなっていた。その点では、逆に請願者Vの理由づけが観賞用動物飼育であっても、同じ意味を持つことになる。

この請願では、町の小菜園連盟役員が社会主義的でないとの批判まで繰り広げられている。請願者Vは町の役員よりも自分の主張のほうがより国の役に立っているとの主張を展開しており、従来の卵供出への協力実績を示した上で、自らの正当性を主張した。この点は余暇活動で生じた個人的な不満が、行政的な苦情のレベルを超えて、政治問題化していた一例である。

一九七〇年代に入っても、小菜園に対する需要は増加の一途をたどっている。七七年の史料によれば、ロストック市の小菜園は四〇〇ヘクタールにおよび約一万区画を数えた。当時のロストック市の世帯数は約七万戸であるので、七家族に一家族が小菜園を保有していることになる。六〇年代の極端な小菜園区画の不足は解消してきたかのように思われるが、実際にはさらなる用地取得に対する需要が存在していた。

「小菜園に対する一般住民の需要はさらに高い。現在、小菜園連盟には約四千件の申し込みが登録されており、この需要はさらなる住居街区の建設により多くなると思われる。［町の］北西部には複合住宅の建設によって、三万八六〇〇戸が見込まれている。この地域の小菜園供給は、目下のところ、約一五〇〇区画に及んでいる。これに対して、需要を充足させるには、五五〇〇の小菜園区画が必須であり、このための供給不足は四千区画、一六〇ヘクタールと見込まれる。」(55)

ロストック市は一九六〇年代から七〇年代にかけて、旧市街から少し離れた場所に、ニュータウンというべき新街区を建設していった。(56)この史料でいう町の西北部とは、七〇年代以降に整備が進んだ地区であり、計画段階からすでに小菜園に対する需要の多さを見込んでいた。事実、「小菜園を獲得しようとする町中心部の住民の需要は新街区地区に比べてそれほど顕著ではない」とあるように、プラッテンバウ居住者が、食料品を手に入れるべく小菜園区画を確保することに熱心であった。(57)

SEDと住民双方が期待を寄せていた小菜園から供給される農産物は、主に野菜、果物、鶏肉、ウサギ肉、卵、そして蜂蜜であった。ロストック県の一九六九年時点において、小菜園から市場に供給される農産物は、ウサギ肉をも含む鶏肉については一三・五％、卵については二六・六％とされているものの、野菜については約六〇％、果物のうち苺については約八〇％、蜂蜜にいたっては九八％の供給が、小菜園からのものとされている。しかも、野菜は二千トンが市場に供給されているのに対して、自己消費量は一万トンにも及んでいる。(58)さらには、次のような記述も見られる。

「果物は約六〇％が家庭から提供されている。我々がロストック県の自己消費を含めた会員全体の生産量が二三三〇万マルクの価値にまで及ぶという事実に着目すれば、ここには、最も新しく作られた大衆団体の力量が窺われる。我々の会員は、それゆえ、余暇活動において市場の負荷を軽減させ、我らの経済を強化することに貢献している。(59)」

むろんこの史料は、小菜園連盟県指導部が半ば自分たちの活動の社会的重要性を主張し、その旨を会員にも納得させるために作成したものである。しかし、小菜園からの農産物が食糧供給全体に占める位置は、ロストック市の食料品供給を左右するものになっていた事実に疑いはない。たとえば、一九七六年に夏場の干ばつが激しく、果物と野菜の供給が著しく低下した際、「我々の継続的販売力の増加は、合理的余暇活動によって生み出される商品群についていえば、さらに住民向けの供給に良い影響を与えるであろう」と、小菜園の活動が東ドイツの食料生産の一翼を担っており、社会的な意義をもつ対象となっていたことを小菜園連盟指導部は、説明していた(60)。

小菜園活動が趣味の活動としての範囲を超えたために、小菜園連盟は区画用地の割り当てと、SEDの政治イデオロギーを会員に伝達する「大衆団体」としての役割を担う以外に、農業生産を行ない、各流通機構との調整もする企業経営体となったのである。ロストック県の決定によれば、小菜園愛好家はその生産農産物について、農業産品の流通を一手に担う「果物・野菜・食用ジャガイモ流通機構」(WOGS)と呼ばれる卸売り組織との間で、協力関係を義務づけられていた(61)。

しかしながら、小菜園愛好家の中には、「依然として、この契約締結について拒否的態度が残っている」と言われ、自分の庭で取れた産物については、自由に処理したいとする思いは根強かった。もともと、彼らの活動は余暇として行なわれつつも、不足に備えて自らの食料を確保したいとする欲求も併せ持っていた。それゆえ、自由な活動であり、自らの消費財欲求を満たそうとする小菜園活動の性格から見れば、市場への農産物供給を背負わせようとするSEDの意図に人びとが反発するのは、当然であろう。

ある小菜園区画の年次総会報告書では、「自分の区画を主に営業目的に利用しようとする身勝手な会員の考えは非難される」と小菜園連盟指導部の考えが伝えられた。この事例は余暇時間を用いた生産活動であり、所得を手に入れる「闇労働」として、小菜園活動が機能していたことを示唆している。

しかし、小菜園活動が農産物の供出によって計画経済に組み込まれる事態は、愛好家に義務を課したものとしてのみ捉えることはできない。農業生産や養鶏は、種苗や堆肥、飼料の供給があってはじめて成り立つ。一九六三年七月一日以降、ロストックの小菜園連盟は「農業生産に関する物資生産並びに供給公社」（VEAB　以下、農業用具供給公社）との間で、家畜と卵の供出に対して、飼料の割り当てを受け取る協定を結んだ。

「卵の購入につき、長期から四半期にかけての詳細契約に基づいて、鶏の卵五個につき一キログラムの飼料、食肉用鶏については飼料四キログラムを受け取る。(62)」

しかし、この飼料配分についても、割り当ては当初から必ずしもうまく機能しなかった。ロストック県小菜園連盟指導部から県の農業・食料局に宛てられたとある報告は、「[ロストック市]ロイタースハーゲン街区の小菜園愛好家は、ここ六週間、卵の搬入に対して飼料による還元を受け取っておらず、卵の搬入責任者は、農業用具供給公社がトラックに飼料を積み込む余地がほとんどないとする通知を手渡した」と述べているが、卵と飼料とが交換されないのはおかしいと農業用具供給公社に監査を求めた。

彼らはこの批判に対して、とある購買所では十分に飼料はあるものの、他の場所ではほとんど存在しないとして、謝罪を添えながらも、継続調査を行なうとする煮え切らない態度をとった。この農産物と飼料提供の取り決めは、かなり細部にまでわたっているものの、「一部で発生しているような飼料配分の不定期性を回避するため、それぞれ鶏の飼育状況を考慮して飼料が配分されるように希望する」と、飼料割り当ての方法は現実を踏まえて、再検討する必要があると述べられていた(63)。

以上の事例は、計画経済の機能不全を指し示すものでもあるが、単に自分の意思で純粋に余暇活動を楽しむ一手段として、養鶏ないしは農産物生産を行なっている場合には、経済問題ないしは政治問題化することはない。しかし、余暇活動が経済政策の中に組み込まれる中で、余暇活動を楽しむ人びとと、政治体制の双方が義務を担うことになった。しかも両者は、それぞれの義務の不履行を非難しあっていたのである。

この鶏の飼料配分をめぐっては、ロストック市小菜園連盟の「紛争委員会」にまで持ち込まれた例が存在している。ロストックのとある小動物飼育区画で鶏を飼育しているSは、「区画が行う鶏用の飼料配分が不公平に行われている点、このロストック市の養鶏区画が反動的団体ではないかという点」をもって紛争解決を請求した。その際、Sは現在飼育している鶏の羽数、そして供出実績に基づいて飼料割り当てを行なうべきだとの主張を展開した(64)。

これに対して区画の責任者Eは、供出への貢献と区画が行なう活動への貢献程度によって飼料配分は行われ、しかもこの方法は、全員集会での多数決によって民主的になされたものであると考え、逆に「民主主義的に示された多数決を否認することは、非民主的行動である」との考えを示した。また、「紛争委員会」の委員長であるHも、区画の責任者Eに沿った見解を提出した。

「会員の活動実績は、そのすべてを卵の産出によるのではなく、主に飼育活動経費に基づいて計算されている。養鶏愛好家区画の目標は、でき得る限り多様な種類の鶏を、その本来の特徴に即して保持し、場合によっては飼料を大規模飼育家にわたすこともあり得る。(65)」

他にも「紛争委員会」では、Sに厳しい見解がよせられている中、この紛争を記した報告書では、Sがなかなか全員集会の決定に応じない個人的動機を、他の会員のルール違反や、「区画会員は飼料配分で得た飼料を再販売している。ある区画会員は、『Sはなんておろかなのか。卵を供出してしまうなんて』との発言をした」とする彼自身への非友好的な言動に求めていた。(66)

なお紛争委員会は、Sに対してこのような言動をとった者の氏名を明らかにするように求めるものの、彼は応じなかった。紛争委員会はSに対して虚言を謝罪すること、再度、養鶏愛好家区画の秩序を乱すような言動を行なった者について調査を行ない、飼料転売の実態調査をすることを求めた。その後、Sはこの決定に納得できなかったと見られ、翌年には、虚言への謝罪を拒否したことや会費納入を怠ったことを理由に会員資格を剝奪された。

Sについては、社会主義的な行動様式をとっていた模範的な会員と評価し、逆に、この区画の小菜園連盟関係者やその他の会員は、身勝手な態度をとる反模範的な人びととして、区画会員の多数の意思が本来の規則をねじ曲げたと批判することも可能である。

むしろこの文章からは、小菜園連盟内の人間関係や私的利害がどのように展開していたのか、しかもそれがいかに政治問題化したのかを読み解くことが重要である。先に取り上げた小菜園連盟と農業用具供給公社間の協定を個人レベルで適用したとしたら、Sの述べる主張は正しい。だが同時に、区画レベルで協定を適用して、鶏の羽数に基づかないで飼料を配分することも問題ではない。くわえて、この取り決めは多数の会員の意思であるのだから、民主的な決定でもある。

Sが他の飼育家よりも多くの鶏を飼い、供出部分以上の卵を得るならば、多くの利益を得ていることになる。これに対して他の飼育家は、Sほどの羽数を持たないものの、必要以上の飼料の割り当てを受け、それを転売することで利益を得ている。確かに、飼料を転売することは、卵供出と交換関係にある以上問題がある。しかしながら、Sの主張する公正な飼料配分のあり方と他の会員が考えるものは、いずれも社会主義的な正当性を根拠にして行なわれている。こうなると、もはや鶏そのものを、財を生み出す生産手段と見なし、国有化するしか解決策はなくなる。

この時期の小菜園活動は、戦後当初の危機的な食料不足を乗り切るための手段としての役割を終えて、余暇活動としての性格を強めた。しかし、新たに食料生産の一翼を担う役割を期待され、収入を得るための労働としての意味も持つようになったことから、そこで生まれる利益を誰が受け取るのかという問題を発生させた。それゆえ、Sであろうが、他の愛好家であろうが、自己の利益を実現するため小菜園連盟という場で、社会主義の理念を楯に政治的正当性を主張しながら行動していたのである。

この養鶏区画における会員同士の争いからは、社会の側が一致団結して政治権力に対峙していたと見ることはできない。Sが養鶏区画を追放されたのは、この区画に存在していた行動範型を理解していなかったことに原因がある。東ドイツ社会においても、法的な正当性がぶつかりあう場所では、その社会空間を支配している空気を読むことが重要であった。というよりもむしろ、このことは必須であったと言ってもよい。空気を読むことができないことは、自らの消費欲求を実現する窓口を失うことを意味していたのである。

第四節　生産の補完と余暇の楽しみ

余暇を消費との関係から検討してみると、「不足の社会」が人びとの余暇活動に具体的な影響を及ぼしていたことが理解できる。西側においては、余暇活動の目的は一人ひとりの私的利益の充足にあり、自らが望む余暇財が手に入らないとしても、それは需要がないことが理由で市場に供給されないか、もしくは、一企業と個人との間の顧客サービスの問題とされ、私的に解決がなされる対象でしかない。しかしながら、東ドイツにおいては、レストランの事例に見られるように、余暇財の供給がたとえ私企業によって行なわれたとしても、そこで供給される消費財に政府が責任を負うため、絶えず政治の問題となる可能性があった。それゆえ、絶えず余暇が社会全体の問題として認識され、議論されることになった。

その中で、余暇時間が一九六〇年代中盤以降大幅に増加すると、人びとの日常的な行動パターンは徐々に変化した。人びとはこれまで職場を中心として日常生活を営んでいたのだが、一人ひとりで自由に選択する時間的な余地を手にいれることとなり、時間については私化が進んだと言える。むろん、このことが人びとの日常行動に大きな変化を生み出した。それゆえ外食の可能性を見てみると、以前には従業員食堂で提供される料理の質が、食生活の充実にかかわるものとして問題となっていたのだが、六〇年代半ば以降は、町のレストランの質の良し悪しが問題となっていった。

ＳＥＤは農業政策上の必要から、大量鶏肉生産の工場化を目指す中で、ここの鶏肉を使う公営レストランとして「ゴールドブロイラー」、また、魚食振興をするために「ガストマール・デス・メーレス」という現代的なレストランチェーンを展開した。もともとこれらのレストランは、外食を広く普及させようとする目的を持つものではなく、食料供給における副次的効果を狙ったものであった。だからこそ、原材料や調理器具の配分が優先的にはなされず、他のレストランが抱えていた諸問題から自由ではなかった。ゴールドブロイラーでは、鶏肉が足りないのではなく、調理する機械が足りない点が問題となった。もしくは労働力が不足し、外食産業に従事する人びとには、本来公平に与えられるべき週休二日制や労働時間の削減の恩恵にあずかることができないといった事態も生じていた。その結果、余暇活動の高まりの中で生じた外食需要の高まりには、応えることはできなかった。

「不足の社会」は、「日曜大工・製作」のあり方にも影響を及ぼしていた。裁縫や日曜大工の活動を見てみると、どうしてもしなくてはならない家事労働としての性格は払拭されていたと見てよい。確かに、東ドイツにおいてもさまざまな財について、基礎的な量は確保されるようにはなってきた。このことをもって、ＳＥＤは豊かさを実現していると主張したが、人びとは量ではなく質や個々の嗜好に合う物が提供されるか否かを問題としていた。

この「不足の社会」の中にあっても、人びとは自己の欲求をかなえられないものとしてあきらめ、服に体を合わせるような行動様式をとらなかった。むしろ、彼らは日常生活における質の豊かさを実現するために、自己の余暇を補完的生産のために用いた。しかも、このような行動は多様な原材料供給を求めることにつながっていた。ＳＥＤは豊かな社会を喧伝しつつも、それに応える商品を提供できなかったのである。それゆえ、政治体制と社会との豊かさに関する認識の相違は拡大することはあっても、縮小することはなかった。

消費行動において日常生活に存在する政治の役割をより明らかにしているのが、小菜園の実例であろう。ＳＥＤはこの活動を小菜園連盟という「大衆団体」によって管理しようとしたことから、小菜園活動が国や地方政府も関わる政治問題へと容易に転嫁する性格を持たざるを得なかった。この活動は一九六〇年代に入り、否定的な立場をとっていたＳＥＤが、社会的な意義を認める中で定着しただけでなく、社会の側では住宅政策のあり方とも絡みつつ、新たな小菜園区画を求める動きに繋がった。ＳＥＤは余暇時間を有意義に過ごせる活動として、本来の余暇活動としての意義をこの活動に認めた。しかし、それ以上に彼らが期待したのは、野菜や果物などの大規模型農業では不足しがちな食糧生産を補完する役割であった。

大規模農業地帯の中に浮かぶ島であるロストック市においてさえも、小菜園活動は、主要な食料供給源にさえなっていた。本来、周辺の農村地域で多様な農産品が作られて、この町に供給されていれば、小菜園活動は、純粋に余暇活動としての要素が強く押し出されても不思議ではなかった。しかし、農業県にもかかわらず、小菜園における農業生産は重要な位置を占めざるを得なかったのである。

なお、本書は農村の日常生活を扱っていないが、保留地を利用した小菜園農業のあり方が問題とされるだけでなく、一九八〇年代半ばでさえ、農村に暮らす人びとの三八％近くは未だに旅行に出かけたことがなかったといわれる以上、今後は農村を含めた六〇年代以降の東ドイツの日常生活についても考察を広げる必要があろう。(67)

そもそも、ＳＥＤが農業生産を補完する役割を小菜園に求めることは、機械化と産業化を軸とする大規模化した社会主義的農業の理想像からははずれている。小菜園は消滅しないとしても、純粋に余暇活動としての楽しみを享受するものとならなければ、社会主義社会は実現しないと言えよう。だが、小菜園活動は小菜園連盟という大衆団体を通じて組織化されただけに留まらず、他の経済流通組織と関係を持つことで、計画経済に組み込まれていった。この事態は皮肉なことに、二番目の給料袋ともいうべき副業収入を東ドイツの人びとに与えることになった。ＳＥＤは余暇時間における「闇仕事」を、無意識に助長したのである。

外食への欲求にせよ、「日曜大工・製作」や小菜園活動にせよ、東ドイツの人びとは利益を求めて、自らが持つ回路を使い積極的に働きかけをしていたことがわかる。しかも、その行動は企業に消費者として苦情を表明するか行政的な不手際を指摘するという以上の意味を持っていた。レストランの充実や布やボタンの品揃えへの要望、小菜園における用地貸し出しや飼料配分問題での議論、これらはすべて社会主義の政治的理念を楯にして行われていた。しかも、政府がたとえ解決し得なくとも放置せず、対応しなければならないと認識していたことに鑑みれば、人びとは無意識ながらも、政治的に行動していたと評価できる。むろん、各組織内部では、水平的な人間関係を維持していくためには、場の空気を理解する必要性があった。この行動範型は自己の利益を手に入れるうえで、公的な窓口へのアクセス権を確保し続けるためにも必須のものであった。東ドイツでは、政治による社会に対する規制よりも、むしろ、内部の相互規制が強い社会がつくられていたと言えなくもない。

東ドイツの余暇は私的な時間の増大に伴いつつ、日常生活に浸透してきたと見ることができるが、単純に一人ひとりの利益に関わる私的な愉しみを実現しようとする場合においても、「不足」状況を公的に訴える必要があった。また小菜園連盟による管理体制に見られるように余暇の組織化も進んでいたと言えるが、ここでの行動も組織の論理が優先するというよりも、会員それぞれがあげる積極的な声に、いかに対処していくのかが課題となっていた。

第5章　休暇旅行と余暇

第一節　東ドイツにおける保養の意義

余暇時間が増大し、ある程度の生活の余裕があって成り立つ典型的な余暇活動といえば、長期休暇を利用した旅行である。第一次世界大戦以前においては、ドイツにおいても人口の大多数を占める労働者階層の人びとにとって可能であったのは、労働組合やその余暇団体が主催して週末に行なうピクニックであった。しかし、第二次世界大戦までの期間、戦間期にはイタリア・ファシズムの「ドーポラボーロ」やナチス・ドイツの「歓喜力行団」といった官製の大衆団体が、労働者にまで組織的な旅行の機会を大々的に提供した。このことは、政治指導者によって余暇が支配の動員源と認識されていたことを示している。なお、ナチスの代表的な指導者の一人であるR・ヘスは、一九三六年ハンブルクで開かれた「世界余暇・リクリエーション会議」において、余暇は国内社会の安定のためだけでなく、世界平和に貢献するとさえ述べて、対外侵略の意図を隠蔽することに利用するまでになった(1)。ここに余暇が政治化した極端な例を見ることができる。

第二次世界大戦後にあっては、西ドイツにおいては消費生活が豊かになるにしたがって、ドイツ人の休暇旅行先としてイメージされる地中海へのバカンスが徐々に定着していった。これには一九五〇年代末以降、完全雇用を実現した「経済の奇跡」と呼ばれる急速な経済発展が訪れ、「ふつうの人びと」の日常生活に金銭的・時間的余裕が生まれたことが背景にある。

もう一つの戦後体制である東ドイツにおいても、「不足の社会」の及ぼす影響によって、戦後西側のそれと同じものとなり得なかったにもかかわらず、余暇活動が人びとの間で営まれていた。休暇旅行も一九六〇年代後半以降、この国では普及していった。むろん、SEDは社会に対してあらゆる問題の責任を負おうとしていたことから、休暇旅行が西側と同じく私的な形で、東ドイツで実践されていたと見ることはできない。

この東ドイツの休暇旅行の実態を探る研究は、すでに多くなされている。そのうち、最も注目されているのは、休暇旅行はどのように提供されていたのかという点をめぐってであり、中でも労働組合の役割に議論が集中した。労働組合はソ連占領時代、SEDによって当初有していた労働者を代表する権利を奪われ、党が政策を実行する際の実働組織に変化し、レーニンが言うところの「伝動ベルト」化が進んだと言われる。[2] その中にあってもともと、休暇旅行の可能性は、労働者に恩恵を与える、「勤労者の労働・生活条件の改善」の一部を形成するものであった。

この点を具体的に見てみると、東ドイツ建国以前の一九四七年、労働組合内部に「休暇サービス」(FDGB-Feriendienst) が設けられて、組合員向けに休暇旅行の斡旋が始まったことの意味は大きい。代表的な研究としてはこの「休暇サービス」を、労働者向けの保養活動サービスを提供する会社として位置づけて、歴史的に制度体系を説明したものが挙げられる。[3] またSEDの消費政策や消費文化の検討においても、「休暇サービス」に対する言及が見られる。[4]

その後、制度面での分析だけでなく、多くの人びとにとり休暇旅行が一九六〇年代になって、身近なものになるにつれて、「休暇サービス」が個人旅行の斡旋に苦慮していたことを指摘した研究が現れた。[5]現在では、この「休暇サービス」が提供した旅行総数は五〇％以下であり、それ以外の公的な保養旅行の斡旋組織である企業の役割や、個人で宿を手配した旅行が重要な意味を持っていたとの指摘も存在し、「休暇サービス」の果たしていた休暇旅行の役割を相対化しながら、「ふつうの人びと」が発揮した主体性が重視されている。[6]

またこの「休暇サービス」から視点を転じた研究も存在する。たとえば、東ドイツにおけるツーリズムの発展を検討した議論では、ＳＥＤが人びとの旅行に対する欲求を一時的に満足させることに成功しながらも、行きたい時に行きたい場所に行けるのかどうかという旅行の質が問題とされた後には、人びとの不満が高まったと主張されている。[7]

さらに、この休暇旅行に関する研究は、具体的な地域の実態を検討するまでになっている。たとえば、東ドイツとチェコスロバキアとの国境に位置する「ザクセンのスイス」におけるハイキング活動や、スポーツ・ツーリズムの発展を考察する研究者もいる。[8]また、東ドイツで海水浴を行なう際には広く普及していたヌーディスト・ビーチにおける「裸体文化活動」（ＦＫＫ）を検討し、東ドイツにおける性と秩序維持の実態を論じたユニークな研究もある。[9]

ただ、これまでの休暇旅行を具体的に検討した研究は、重要な考察であることには間違いはないが、現場レベルでの実態を合わせて比較しているものではない。そこで、本書はロストックという一つの県内の事例を通して、休暇旅行の実態に迫りたい。というのも、唯一の海岸保養地であるロストック県は、当時、第一位の人気の旅行先であったことから、代表的な保養地として取り上げることができるうえ、この県の旅行の実態については、未だ具体的な検討が進んでいるとは言えないからである。また、この県で実施されていた「保養政策」は、SEDの担当部局であった「労働組合・社会政策」局が、中央政府に保養政策を統一的に管理する部局を設置するように求める際に注目していた点から見ても、注目に値する。(10)【注 二七四頁の地図参照】

この国の休暇旅行の状況を検討することは、ナチス体制以後のドイツ社会を理解することにつながるだけでなく、戦後の日常生活における政治の意味を考える上でもふさわしい検討対象である。いわば、この国の休暇旅行の展開からは、余暇に関する政策の本質を見ることができるのである。

SEDは一九六〇年代半ば以降、本格的に社会政策を重視するようになった。その中で、これまでの「勤労者の労働・生活条件の改善」を目的とした福利厚生政策の一部分を構成するものとして、「保養政策」を実行することとなった。この政策は、長期休暇中の旅行を斡旋することを意味した。(11)本章では、五〇年代までの一部労働者への恩恵であった休暇旅行が、六〇年代半ば以降、東ドイツ社会に普及する過程で、どのような問題を生じさせていたのかを取り上げる。

なお、ドイツ社会には歓喜力行団の例からも分かるように、集団的なパック旅行は以前から存在していたが、東ドイツにおいて個人や家族を単位とした休暇旅行が本格的な普及を見せたのは、個別旅行へと旅行スタイルの主流が変化してからであり、それは一九七〇年代以降と考えられてきた。(12)この国では、ホーネッカー政権期になると「経済政策と社会政策の統合」が謳われ、党・政府・労働組合の三者によって保養政策を推進する宣言が出された。これは、ウルブリヒト期との画期を示す出来事と見なされて、休暇旅行のあり方を変えたポイントとして重視されている。(13)

しかし、本書ではこの時代区分とは異なり、一九六〇年代から七〇年代までを一区切りとして保養政策の実態を描く。というのは、東ドイツにおいては六〇年代中盤以降、週休二日制の導入と最低有給休暇日数の一五日への増加によって、社会内部で限界があるとは言いながらも個人化が進んでいたからである。その意味では、新経済システム期以降には日常生活の連続性は強く、むしろ五〇年代の職場中心の社会とそれ以降とでは断絶が大きい。

本章はまず、海外旅行と国内旅行に分けて活動の概要と問題点を明らかにして、SEDの政策における「保養政策」の位置づけを説明する。その際、国内旅行については、労働組合「休暇サービス」による保養旅行の斡旋にまつわる問題を、企業保養所との対立に焦点をあてて考察する。この作業によって、SEDの保養旅行の理想と現実との間に生じたズレを明確にしたい。そのうえで、本章はロストック県を例にして、人びとの日常生活における利害関心が、SEDの政策に与えた影響を提示し、そして保養政策をめぐって展開された政治と社会との相互関係を問う。

第二節　休暇旅行の拡大とその限界

(1) 海外旅行と両独関係

一九六〇年代以降、西ドイツの人びとの休暇においては、国内旅行だけでなく、イタリアやフランスの地中海へのバカンスが徐々に普及していった。今では七月後半から八月にかけての夏場のシーズン中は、多くの自動車でアウトバーンが渋滞する。これと同じく、東ドイツにおいても国外への旅行にでかける機会は存在した。むろん、これは第二次世界大戦直後からすべての人びとが享受できるものではなかったし、海外旅行が普及するようになってからも、行き先は東側地域に限られていた。しかし、六四年の調査によれば、「旅行公社」が手配するこの国外旅行に五万二千人が参加し、これは五八年と比べて一二倍になったという評価がなされている。(14) 一見したところ、「不足の社会」にあった東ドイツが、これだけの旅行件数の増加を達成できたことは誇れる成果と言ってよい。しかしながら、SEDはこの自らの成果に対して、肯定的な評価を下してはいなかった。

東ドイツからの旅行者を受け入れる東欧諸国はこの時期、外貨獲得のため西側からも旅行者を受け入れており、西ドイツからも多くの人びとが訪れていた。東西両ドイツからの旅行者が、旅行先で一緒になる機会が多かったのである。その際、東ドイツの旅行者は、現地での待遇に差をつけられて、不利な取り扱いを受けることがあり、SEDはその点を問題視した。この原因は、東ドイツ・マルクが西ドイツ・マルクに対して相対的に価値が劣っていたことにあった。現地の人びとは、価値のある外貨を多くもたらしてくれる西ドイツの人間を優先したわけである。

たとえば、ルーマニアのとある温泉保養地では、東西ドイツいずれから訪問したのかによりサービス提供の内容に違いがあり、「我々のお金は何も価値がない。我々は二等旅行者であって、社会主義国から来ているにもかかわらず、西側旅行者のほうが優遇されている」と紹介されており、東ドイツからの旅行者が不満を抱いていたことが理解できる。(15) SEDにしてみれば、同じ社会主義東欧圏の国々にでかけた自国民が西ドイツからの旅行者と比べて不利な扱いを受けることは、西ドイツに追いつき追い越すというプロパガンダの信憑性が疑問視される事態を意味した。しかも、東欧諸国との社会主義的連帯の意義にさえ、不信感を植えつける悪影響を与えるために、この事態を無視できなかったのである。

しかも、この責任はルーマニアのような受け入れ国にあるのではなく、東欧で一番の経済大国であることを自認している以上、自らの政策問題として跳ね返ってこざるを得なかった。東ドイツからの旅行者は、「ベルリンの壁」の内側にあってもなお、西ドイツとの差を、本来であればリラックスできるはずの休暇旅行中に見せつけられることとなった。

この時期に海外旅行はソ連、ルーマニア、ブルガリアといったような遠方だけでなく、チェコスロバキアやポーランドといった近隣諸国へも週末訪問という形で、盛んになった。遠方への旅行は「国営旅行公社」が斡旋していたものの、近隣諸国への旅行は、この時期のモータリゼーションの進展と相まって、個人ないしは家族単位で当局に旅行申請を行なった上で、出かけるという形が一般的であった。(16) このことは、東側だけとはいうものの、東ドイツの人びとが気軽に外に出かけられる機会を提供することとなった。

一九六九年、「旅行公社」からの報告は、「プラハの春」をワルシャワ条約機構軍が軍事制圧した結果、チェコスロバキアへの渡航が禁止されたために、他の国内外の保養地への申し込みが殺到した様子を伝えていた。(17) 翌年には、再度チェコスロバキアへの旅行は解禁されるが、旅行者数を絞り込みたいSEDは、「政治的な目標設定」から大きく離れているとして、個人旅行希望者の爆発的な増加を問題視した。そのため、渡航制限をかけるべく、旅行申請を最寄りの警察署において行なうように規則を改正し、自由な往来を規制しようとした。(18) ここからは政治情勢の如何にかかわらず、海外への保養旅行が一般化しつつあった様子が窺われる。

SEDはホーネッカー期に入ると逆に方針を一転させ、チェコスロバキア、ポーランドとの間で、一九七二年一月からビザなしでの旅行を可能にする協定を実施した。この政策を推し進めたSED側の思惑は、次のホーネッカーによる成果を強調する言葉に示されている。

「国境地帯では、特に西ドイツへの旅行の可能性があるかどうかについて議論が巻き起こっている。しかしながら、社会主義諸国への旅行へと彼らの願望を向けることに成功し、連邦共和国への旅行を求める圧力を和らげている。(19)」

この発言からは東ドイツに暮らす人びとが、SEDの意図とは正反対に、「ベルリンの壁」が構築されてから十年が経とうとしているにもかかわらず、西ドイツへ旅行に出かけたいとする願望を強く抱いていたことを読み取ることができる。西ドイツへの旅行の解禁に対する期待は、一般の人びとからは次のような意見に表れている。

「いまや、チェコスロバキアとポーランドとの国境が開いた。次は、西ドイツとの国境開放が可能となるに違いない。西ドイツの親戚とチェコスロバキアの市民とではどちらが我々に近いといえるのか。(カール・マルクス・シュタット県アンナベルク郡の私営企業より)(20)」

もともと、SEDはチェコスロバキアやポーランドといった国々については、政情不安が起こる可能性が高いと考えていた。そのような国に自国民を個人旅行の形で往来させることは、たとえ余暇を満喫するためのものであったとしても、場合によっては反社会主義的雰囲気に触れる恐れがないとも限らなかった。それゆえ、「プラハの春」への介入後には、いったんは往来を規制しようとしたのだった。

同時に彼らには、もう一つ気にしなければならないことが存在した。それはこの国に暮らす人びとが持つドイツに向ける感情である。SEDであっても「ベルリンの壁」を構築し、物理的には接触ができない状態を生み出したとしても、同じ言葉をしゃべり、親類・縁者が西側に実際に暮らしている以上、また会いたいと思う願望を心理的にまで抑圧することは不可能であった。もしそのような行動をとれば、彼らが建国以来主張してきたドイツ統一という目標をあからさまに放棄することを意味するだけでなく、西側には経済的な豊かさの面でかなわないことを自ら認めることになる。

逆に、一般の人びとの感覚からすれば、西ドイツとの自由な往来を認めれば、政治の都合で引き裂かれた人びととまた一同に会する機会を持てる。そもそも東欧に旅行へ出かけられるぐらい余暇行動が盛んになる経済状況であるならば、西ドイツとの往来を規制する必要はないと、東ドイツの人びとが思っても不思議ではない。しかも話を複雑にしたのは、SEDが西ドイツの人びとを旅行者として、さらには親戚訪問の形でこの時期以降、東ドイツ国内に受け入れるようになったことにある。

それゆえ一九七一年、西ベルリンの地位をめぐる戦勝四カ国協定が締結され、東西ドイツ政府間並びに東ドイツ政府と西ベルリン市参事会との間で交通トランジット協定が調印された後、東ドイツで暮らす人びとからは、西側を簡単には訪問できない事態に対して、皮肉混じりの厳しい批判の声が多く聞かれることとなった。

「我々はこの協定から何も得るものはない。東ドイツ政府は西ドイツ市民と西ベルリン市民の側に立っている。我々は未だに年金生活の歳になっていないから、「そこ」［西ベルリン］へは行けない。（シュベリン県・ギュストロー）西ドイツ市民と西ベルリン市民は、今や東ドイツの多くの場所を旅することができる。我々には西ドイツを旅行する許可が下りない。でもおそらく『両独間の条約』が結ばれれば事態は改善するだろうよ。(21)」

この言葉からは東ドイツの人びとが東欧諸国への旅行だけでなく、西ドイツへの旅行の可能性を視野に入れて、不満を募らせていた状況を読み取ることができる。その反面で、彼らはビザなし旅行に関する協定に基づいて、東欧諸国、特にポーランドからやってくる旅行者に対しては拒否的な反応を示していた。というのも、東ドイツはポーランドに比べれば、相対的に経済状態が良いこともあって、まだ多くの消費財が提供されていたことから、国境付近では週末にポーランドからの買い出し旅行者が大挙して押し寄せることがあった。東ドイツの人びとは、西ドイツからの旅行者や親戚に対しては、友好的な態度をとるものの、ポーランドからの旅行者に対しては、不足気味の消費財を奪い去ってしまうとして嫌悪感を抱いて、SEDに対してなんとかするように非難の声をあげた。なお、この事態に対するホーネッカーの発言は興味深い。

「我々はここで、ポーランド人民がヒトラー・ファシズムの下で被ったものを強く考えねばならない。[中略] ポーランド市民に対する三組の手袋は、西ドイツからの親戚のための六つのケーキと比べても重くない。他方で、我々は西ドイツや西ベルリンからの訪問者を六〇〇万人受け入れてきた。しかし、興味深いことにこの訪問者が、我々のところで買い物ないしは食事をしすぎるとする苦情を、同志から一度として受け取ったことはない。(22)」

東ドイツの人びとは、海外旅行の機会を手に入れ、旅行者を受け入れる立場になったことで、自らのドイツ人としてのアイデンティティを再認識するとともに、東側の国の人間であることによって不利益を被っていると認識することになった。海外旅行の機会を享受し得るということは、SEDにとっても、東ドイツに暮らす人びとにとっても、外交問題が自らの日常生活に影を落としていることを認識することでもあった。東ドイツ政府やSEDは、人びとの西との接触願望を、東欧諸国との間で社会主義国の連帯意識へと転嫁したかったのであるが、当の近隣諸国の社会主義体制が幾度も政情不安に見舞われて安定しない以上、社会主義諸国との協調を人びとに一方的に訴えるわけにもいかなかった。また、自らが旅行先で味わうことになった差別的な待遇や、海外からの旅行者が東ドイツ国内で引き起こした日用品の大量買い出しのために、海外との接触は、他の社会主義圏の人びとに対するイメージを改善するどころか、悪化させる原因になったのである。

(2) 国内旅行の斡旋に潜む対立

一九六〇年代後半以降は、海外への旅行ばかりでなく、国内での休暇旅行も増加していた。保養活動を享受することは、東ドイツにおいては憲法そして労働法で明文化された権利であった。すでに四九年の憲法において労働者の保養の権利が明記されており、別名「ウルブリヒト憲法」と呼ばれる六八年に大幅に改正された憲法の第三四条一項において、「ドイツ民主共和国のすべての市民は、余暇と保養の権利を有する」とした上で、第二項では、「余暇と休暇の権利は、日においても週においても労働時間を法的に規制し、賃金が必ず支払われる有給休暇並びに人民所有形態か他の社会団体の保養・休暇センター・ネットワークを計画的に構築することにより保証される」と規定されていた。(23)

この「保養の権利」の実現に責任を負う組織として、一九六一年の「労働法」(Gesetzbuch der Arbeit) は、第七九条二項において労働組合を指定していた。だが、同じ法律の第一三条「企業コレクティブ契約」においては、各企業指導者と労働組合指導部との間で一年ごとに結ばれる労使協定を規定しており、その中では福利厚生政策実施の担い手を企業経営側にも求めている。[24] このように法律上、二重に担い手を想定する状況は、七七年の労働法の改正を経ても引き継がれているが、そのことが国内旅行の活性化に伴って大問題となっていった。[25]

労働組合は戦後の早い時期、すでに一九四七年五月に組合員とその家族に保養旅行の斡旋を行なうための組織として、「休暇サービス」を設置した。むろん当時は、「人間的な労働力の保護と維持に役立つ社会政策上の救援組織」と規定されていたように、労働者の余暇活動における充足を正面から見据えたものではなく、労働力の回復を第一目的とするものであった。[26]

一九四七年当初、「休暇サービス」はもともと労働組合が保有していた四つの施設を用いて運営を開始した。その際、「本年度の特別な状況のために、大部分の「旅行」提供は契約施設によってまかなわれる」と自らが認めたように、彼らは個人経営のペンションやホテルからの借り受けに依存しなければならなかった。[27] その後、「休暇サービス」は新規施設を建設し、五三年二月にはSEDが実施した「バラ作戦」(Aktion Rose) と呼ばれる、個人経営ホテルやペンションの強制国有化措置で収用された施設を受領して、直営で運営する施設数を増やしていった。公式に確認できるデータにおいては、年々保養施設の自己比率は高まっていることが確認できる。しかしながら、施設総数で見た場合、おおよそ「休暇サービス」が自己所有する数は、七〇年代末においても利用総数の約三〇%を超えるにすぎなかった[28](表14、15)。

なお東ドイツでは、この「休暇サービス」に加えて、企業保養所、「東ドイツ国営旅行公社」(Reisebüro der DDR)、青少年向けの「観光ならびにハイキング国家委員会」(Staatliche Komitee für Touristik und Wandern) が、国内向けの休暇旅行のための宿を斡旋しており、民間の旅行会社は存在しなかった。一九七九年における公式の統計によると、主要斡旋機関のうち「休暇サービス」が斡旋した旅行数は二五%にすぎず、企業保養所や国営キャンプ場の後塵を拝している(29)(表16)。

一九六〇年代に至るまでは、「休暇サービス」は保養施設の絶対数からして見ても、また労働時間の長さからしても、すべての労働者が等しく利用できるものであったとは言えない。やはり、「休暇サービス」を利用できることは、生産性向上運動に寄与したことに対する報奨と見なされていたと解釈することが適切である。そのためこの時期、「休暇サービス」は自前の保養施設が少ない中で、個人とのベッドの借り受け契約、ないしは保養所を独自に建設した各企業の保養所の空きを融通してもらう契約によって、保養地における自らの宿泊収用能力を確保することを目指した。

SEDに上げられた報告史料によれば、一九六九年段階において、「労働組合『休暇サービス』は六万一千台のベッドを契約相手から得ている。これは全体の収用能力の三分二以上にのぼる」とされる(30)。ここからは、「休暇サービス」は慢性的な保養施設不足に陥っていたことが理解できる。

とりわけ、「休暇サービス」は独自に保養所を営む企業との間で、問題を抱えることとなったのである。東ドイツの各企業は、一九五三年以降、自己の従業員とその家族向けに独自の保養施設を建設する権限を認められていた(31)。そのために、重工業をはじめとして経済上重要と見なされた産業分野の大企業は、予算の割り当てを受けて、独自に保養所を運営していた。これに対して、中小企業は予算が少なかったことから、自社の保養所を持つことができなかった。「休暇サービス」を利用できる資格を持つ

表14：労働組合休暇サービス管理保養施設数の変遷（施設数）

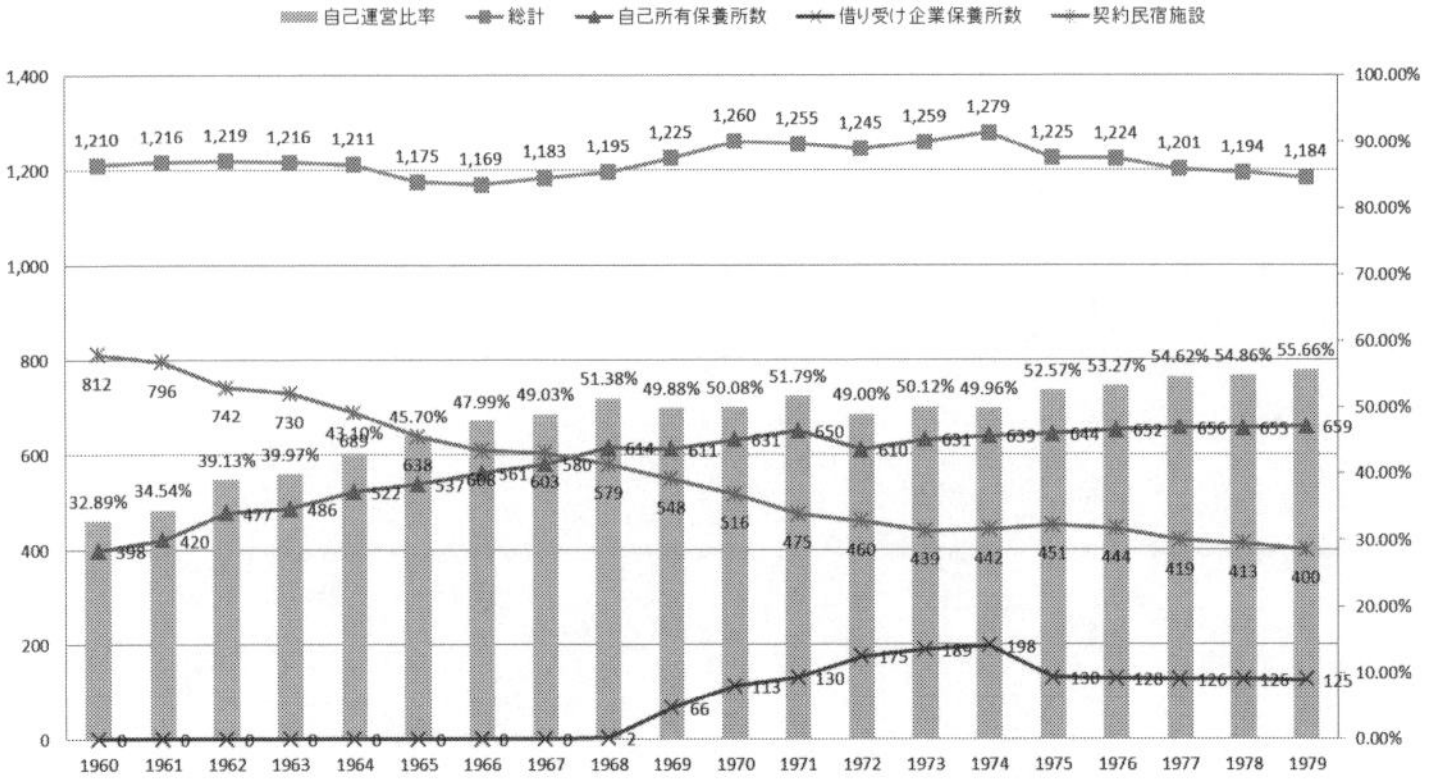

表15：労働組合休暇サービス管理保養施設数の変遷（ベッド数）

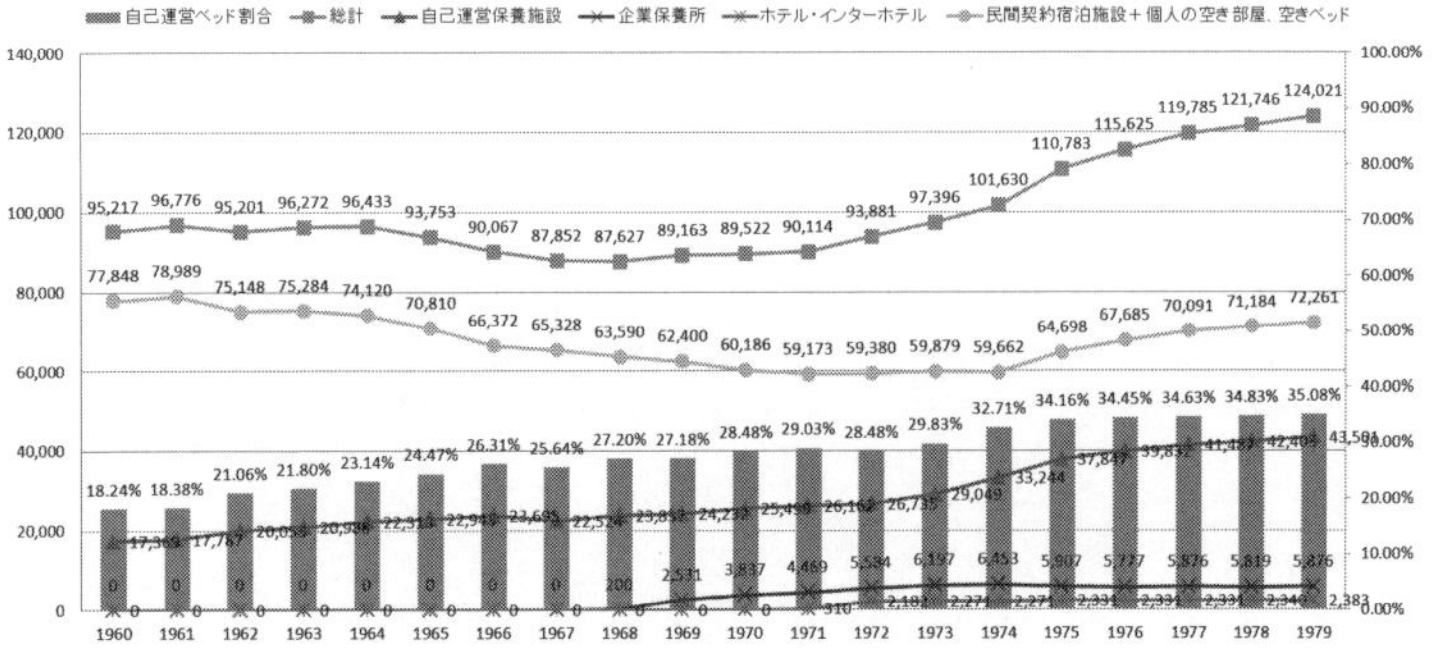

出典：*StJB*(1981), S. 325より作成。

表16：保養旅行の斡旋機関別内訳（1979）

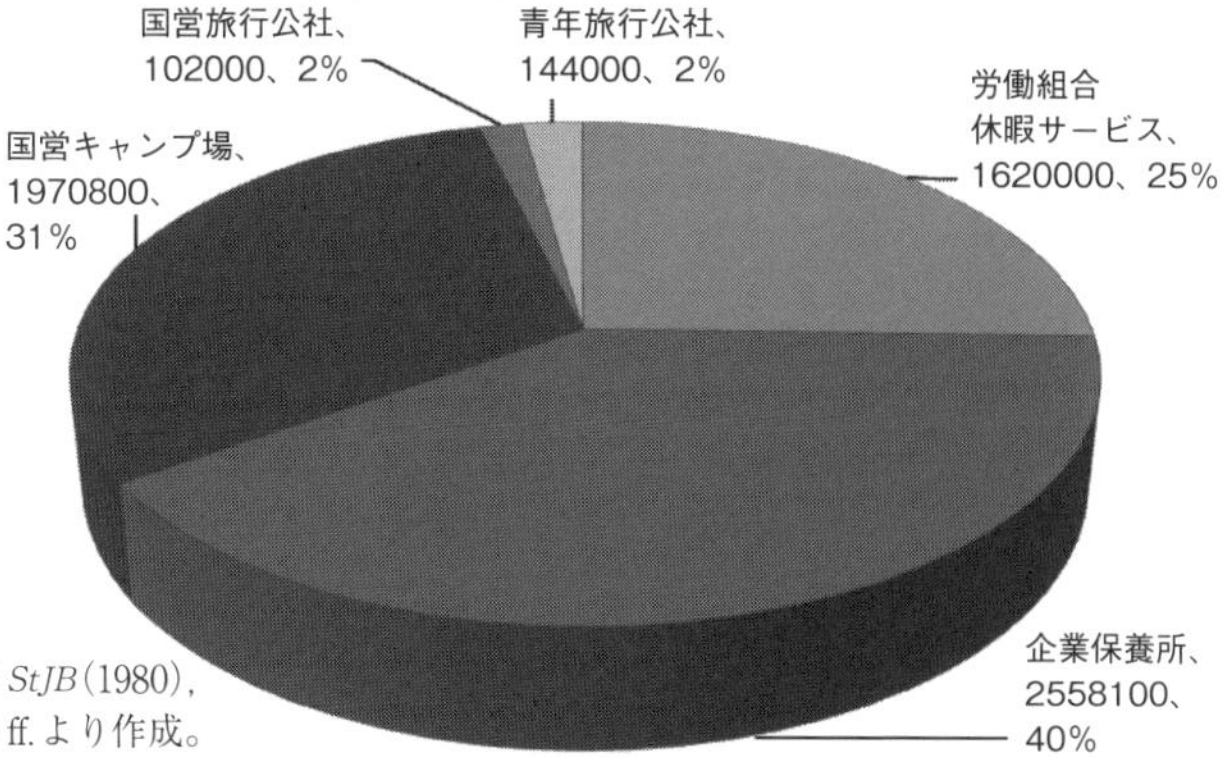

出典：*StJB* (1980), S. 380 ff. より作成。

のは労働組合の会員とその家族であり、それはすなわち、東ドイツに暮らしていたほとんどの人びとを意味した。大企業に勤める人びとは、自社が保有する保養所と並んで、「休暇サービス」に対しても休暇旅行の斡旋を依頼することができた一方で、勤め先の企業が保養所を持っていない場合は、「休暇サービス」が行なう斡旋にのみ頼らざるを得ない状況に陥ったのである。勤務先の企業が置かれた状況によって、ある人は二つの斡旋機関に申請を提出でき、他の人は一カ所にしか出せないという差別状況が生まれた。ここから、SEDが考える「保養政策」の計画と現実とのズレ、それぞれの当事者の利害関心の相違が表れることになった。

一九六六年以降、余暇時間が大幅に増加したことから、人びとの関心が長期の休暇旅行に向くこととなった。その際、保養所を有する企業は、自社従業員への割り当てを優先するために、「休暇サービス」への貸し出しに協力をせず、施設稼働率が悪くてもそれを放置する傾向が強かった。結果として、「休暇サービス」や「旅行公社」が斡旋する施設は繁忙期には、ほぼ満杯になる事態が発生することになったのである。

ＳＥＤは企業保養所と「休暇サービス」との間で、保養旅行の収容能力に大きな差が存在し、しかも前者は協力を惜しむというこの事態について、一九六〇年代に入って批判し、保養地の宿泊施設を統一的に管理・運営する必要を痛感せざるを得なかった。[32] また、労働組合の側も同じ認識に立った書簡を、ウルブリヒトに対して提出している。

この書簡によれば、一九六〇年代の保養施設をめぐる状況が批判されており、一九六一年以降、旅行総数が増加しながらも、一般家庭からの宿泊施設ないしはベッドの借り上げ契約が減少したことによって、「休暇サービス」は労働者に対して宿を十分に手配できなくなったと述べられている。それに対して、各企業は独自に予算的措置が可能な場合、「休暇サービス」に頼ることをあきらめて、積極的に保養所建設に踏み切ったとされる。

労働組合は、このような企業ごとの保養所の設置について、東ドイツ全体での保養施設建設計画を無視して行なわれるため、「合理的」とは言えないと批判した。しかも、この書簡は明確に企業間の格差に着目して、企業保養所を運営できるのは「文化・社会基金」を多く有する経済重点分野の重工業企業であって、女性が多く就業している軽工業企業は基金の割り当て上、保養施設を建設できないと論じた。[33] そこで労働組合は、労働組合「休暇サービス」が保養施設の運営・管理を一元的に行ない、責任を持つ体制へと移行することを訴えた。[34]

ＳＥＤはこの提言を受けて、一九六四年に入ると、「チューリンゲンの森」に位置するオーバーホーフと、バルト海沿岸のキュールングスボルンという二つの有名保養地において、「休暇サービス」と企業双方が持つ保養施設の運営を一体化する実験を実施した。[35] この運営組織は、これまで「休暇サービス」が企業との協定に基づいて利用してきた収容数を維持したうえで、企業保養施設の稼働能力を高めることを目的としており、その責任を「休暇サービス」が担うことを予定していた。また、すべての保養施設の運営権をこの「休暇サービス」に移管することまで規定していた。しかし、この実験は十分な成果をあげることはできなかった。先に取り上げた、労働組合からウルブリヒトに宛てた書簡においては、保養旅行者に対するサービスに関して一定程度の成果が見られるものの、「この実験は、企業や保養所責任者の身勝手で部分的には利己的な態度により失敗した」と厳しい評価が下されている。(36)

ただ、この失敗にもかかわらず再度一九六七年、ＳＥＤ「労働組合・社会政策」局は、政治局内の担当者であるミッタークに宛てて、労働組合「休暇サービス」と企業との間で「協力共同体」(Kooperationsgemeinschaft) 協定の締結をさらに推し進めて、すべての保養施設の一元管理を目指す「統一保養企業体」(einheitlicher Erholungsbetrieb) に発展させる必要があると主張した。これは「休暇サービス」に企業保養所を吸収する方針を示したものである。やはり、企業ごとの個別利害が労働者全体の利益と衝突しているとして、現状が批判されている。(37) このころから、企業との提携関係に基づいて確保された保養所の施設数やベッド数の変遷が、公式統計においても表れるようになっているものの、それを確認しても企業と「休暇サービス」の間で協力関係に進展は見られない(表14、15参照)。

一九七〇年代に入っても、労働組合が政治局に提出した報告書によれば、企業保養所の稼働率の低さが問題視されている。その際の最大の問題は、やはり余裕がある企業保養所の非協力的な態度にあった。

「労働組合『休暇サービス』の状況は、休暇旅行が増大する中にあって、満足がいくものとは言えない。『休暇サービス』は、勤労者のための保養の担い手としての役割と重要性に未だに完全には応じることができないでいる。この問題は、労働組合の選挙において、注目すべき議論になっている。［中略］一九五六年には組合員の五人に一人が『休暇クーポン』を手にできていたのだが、七〇年になると、利用契約を結ぶ休暇施設の減少と組合員の増加によって、たった七人に一人となっている。［中略］約五万カ所の利用可能な企業保養施設に関していえば、いまだにかなりの余裕が存在していると評価できる。これまでの多大な努力にもかかわらず、問題化している約六百にのぼる企業保養所のうち、ようやく一七二施設だけが、労働組合『休暇サービス』の指導と計画に組み込まれている状況にある。一般的にみて、労働組合の保養施設は九五％が利用されている一方、企業の保養所収容能力は約七〇％が利用されているに留まる。［中略］この原因は、イデオロギー上の不明確さと、国の指導と労働組合の統一的指導に対する身勝手な非協力さにある。」(38)

ただ、この報告書は従来からの保養所の収容能力をめぐる労働組合と企業との対立関係が継続していることを明らかにしているだけでなく、個人や家族を主体とした保養活動が重要になっていることについても伝える内容となっている。

「勤労者は、親類や知人といった私的な宿泊施設、自身が週末に利用するために所有する土地やバンガローにおいて、個々の有する休暇の可能性を、ますます利用するようになってきている。たとえば、一九七〇年のバカンスシーズン中、ロストック県においては、一六二万八百人に及ぶ集団旅行者と並んで、三〇万に及ぶ休暇を過ごそうとする人びとがバルト海やそのすぐそばに逗留していた。」(39)［傍点ママ］

しかも公の機関には頼らないで、自らのコネクションを利用して宿泊先を確保する個人旅行は、「一方では、労働組合『休暇サービス』や『旅行公社』向けの民間からの宿泊施設契約の減少を生じさせ、他方では、同じ施設が一部個人間での貸し受け契約に用いられている」と評価されるほど盛んになっていた。この史料によれば、年間に千カ所の民宿との間で契約解除が生じていた[40]。東ドイツの人びとは、画一的に提供される組織的な休暇旅行だけでなく、個人旅行の形で独自に保養活動の可能性を追求し、それが「休暇サービス」の旅行者収容能力の低下を招いたのである。

この報告を受けて一九七二年三月、SEDは労働組合と東ドイツ政府を構成する閣僚評議会と共に、六〇年代まで停滞していた保養施設の積極的な新規建設と修繕を推進し、保養施設における旅行者の収容数そのものの拡大を目指す共同決定を公表した[41]。これは企業保養所を労働組合「休暇サービス」による「統一的な指導と計画」に組み入れようとするものであった。この宣言は保養問題に政府とSEDが積極的に取り組んでいることをアピールする狙いを持っており、大々的に公表された。

だが次の年に政治局に提出された報告書において、「懸案として『休暇サービス』が努力している約四百カ所に及ぶ企業保養施設との協力関係の拡大は、企業の多くの責任者が静観を決め込むか、拒否的な態度のためにほとんど進捗していない状況にある」とされ、SEDは休暇旅行斡旋組織の一元化には失敗した。企業の個別利害重視を背景にした「非合理性」は改善されず、「休暇サービス」と「企業保養所」との協力を図ることは困難であった[42]【図2：企業保養所】。

SEDはこの「共同決定」が公表された直後、一般の人びとからの反応を収集している。彼らの反応は、おおむね良好だったとする情報が寄せられた。だが、そのような意見にも増して、次のような人びとの声に耳を傾ける必要があるだろう。

「いくつかの企業においては、その企業の保養所の数が増えるのではという希望がでてきている。他方では、この決定［共同決定のこと］で謳われている改善とは、単に産業労働者、シフト労働者のためのものであるという疑念が存在している。

私たち、直接生産工程に従事していない就業者にも、東ドイツにおける経済的、社会的発展についての本質的な取り分を得られるよう考慮されることを特に望みます。（労働組合本部ベルリン・パンコウ地区の女性特別教室）」(43)［傍点ママ］

東ドイツの人びとはこの「共同決定」に期待を寄せつつも、それが単に工場労働者を優先するものに終始して、すべての労働者には、利益をもたらすものにならないのではと危惧してもいた。

図2：企業保養所

「はい。こちらがかつて行楽地のレストランであった500人もの常連客です。ここを私たち5、6人の生産協同組合員のために購入しました」

出典：Eulenspiegel (1969), Nr.29, S. 4.

SEDは保養旅行件数が増加する中で、一九六〇年代以降一貫して問題となっていた私人間での契約によって、「休暇サービス」の宿泊者数収容能力が減少する状況を具体的に改善する必要に迫られた。そのため、彼らは七三年九月、宿泊施設に支払う賃料の値上げを実行し、その翌年には、宿貸しにかかっていた税負担を廃止した。[44]これに対して、ロストック県の地方組織から上げられた報告は、一定の成果を認めるものの、保養施設の割り当て状況が全面的に改善したという見解を表明できなかった。[45]

労働組合「休暇サービス」と企業との間で生じていた対立に基づく、長年の「非合理的」と評される保養施設の管理・運営問題に対して、SEDは再度抜本的な対策を講じるべく、一九七八年十一月四日の政治局会議において、今後は企業ではなく労働組合「休暇サービス」が保養施設の建設、修繕から旅行者割り当てに至るまでの管理責任を独占的に担う旨の法令を決議した。これは「休暇サービス」への保養政策の一元化を目指す労働組合や、SED「労働組合・社会政策」局の強い要請を受けたものであった。[46]SEDはその上で、各企業の保養施設に対して「休暇サービス」に協力することを義務づけた。その際の政治局議事録によれば、SED第八回党大会以降、労働組合の運営する保養所以上に企業保養施設の数が増大していることについて、次のように問題点が指摘された後、企業保養施設が持つ収容能力の四〇％を労働組合に移管する必要性が強調された。

「多くの企業は自己の展望に沿って保養所を建設してきた。だが、企業ごと、コンビナートごと、産業分野ごとの保養施設供給にはかなりのばらつきが見られる。ある企業の保養滞在可能数は、その企業全従業員数を上回る。その一方で、他の企業はもっぱら、労働組合が提供する［労働組合『休暇サービス』を通じた保養施設利用のこと］保養滞在可能数によってのみまかなわれている。［この企業では］そのために、年間六人に一人の割合でのみ保養滞在が割り当てられている。[47]」

さらに、企業の保養施設の独自開発は「法律に違反するか、これを誤って解釈し、ゆがめる点、社会主義的節約に違反している点、労働力を本来の企業活動から引き離している点、等々」が問題であると、厳しく批判された。しかし、翌一九七九年、六月二十二日にSED書記局から政治局にあげられた改正案では、それ以前には労働組合に保養政策を一元化しなければならないと主張されていたものが、全体的なトーンが弱められ、これまで通り企業の保養所運営を認める内容となった(48)。ここには、企業利害を代表する部局ないしは企業代表者の巻き返しがあったと見てよい。結果として、SEDは保養旅行機会の不平等や不公平を改善しようとしながらも、それに失敗したのである。

なお、SEDが単に行政上の不都合な事案として現場レベルでの改善を期待するのではなく、政治局レベルで直接議論を行なったのは、休暇旅行の不平等が社会主義体制の正統性の根幹にかかわるという認識を有していたからと見ることができよう。ただ、この「休暇サービス」と企業保養所との間の対立は、SED指導部が最終的には地方ごと、現場ごとの個別性を無視して、一元的に解決を図ろうとしていたと見ることもできる。その点では、第3章で取り上げた社会政策に関する専門家集団による余暇については地方の管理に委ねるべきとの提言は、十分に活かされることはなかったのである。

労働組合と企業をはじめとして保養所を独自に運営する団体との関係には、宿泊収容能力の割り当てと施設建設をめぐり、先鋭的な対立が内在していた。労働組合に保養政策の実働組織を一元化しようとするSEDの試みは、一九六〇年代以降一貫して粘り強く試みられてきた。しかしながら、毎回、企業側の個別利害との衝突を引き起こすことになり、容易には解決しなかった。また、六〇年代当初すでに労働組合自らが指摘する保養施設の割り当てをめぐる不平等や不公平は、七〇年代を通じても問題であり続けた。次に、この不公平の実態と企業の個別利益の正体がいかなるものであったのか、より詳細にロストック県を例に探っていくこととする。

第三節　ロストック県における保養政策の実態

(1) 保養施設確保をめぐる対立

一九六〇年代以降、東ドイツにおいて労働者が国内の保養先として訪れたいと考える場所は、「チューリンゲンの森」や「エルツ山地」といった山岳保養地が三五％、シュベリン県やノイ・ブランデンブルク県（共に現在のメクレンブルク・フォアポメルン州）にある湖水地域が一二％、東ベルリンやライプチィヒといった都市周遊が九％であるのに対して、バルト海沿岸は四四％に昇った。唯一の海岸保養地を抱えるロストック県は、休暇旅行の宿泊希望が集中する場所であり、それゆえ、この県においては中央政府で取り上げられていた問題が最も先鋭的な形で現れたのである。(49)

ロストック県政府は、一九五九年に今後の保養者の増大を見越した計画大綱を作成した際、休暇旅行はあくまで労働組合「休暇サービス」や「旅行公社」を中心として組織的な形でなされると考えた。その反面、旅行が個人単位や家族ごとに行なわれることには否定的な見解を出していた。(50)この見解は未だに週休二日制の導入が話題になっていない段階であって、職場を中心にして日常生活が営まれていた五〇年代を前提に組み立てられたものであった。

しかし、ロストック県の各保養組織は、この時期からすでに個人旅行による保養活動への対応を迫られていた。一九六二年、県の保養部門関係者が集まった会議では、労働組合や「旅行公社」が従来使用してきたベッドの賃借契約が解除され、賃料をより多く提供できる個人旅行客への闇貸しが横行しているとの批判がなされた。このことは個人旅行が増加することにより、「休暇サービス」が確保できるベッド数が事実上減少することを意味していた。以下の史料は、「休暇サービス」との貸し出し契約が破棄されながらも、同じ宿泊施設が個人間での契約に転用されたことで、問題が生じたことを示している。

「とある商店の責任者は労働組合向けのベッドの貸し出し契約を破棄した。次いで、彼はある医者にそのベッドを貸し出した。市長は対応を適切に行ない、ベッド貸し出しを許可しなかった。というのも、『旅行公社』が提供する保養施設にはまだ空きがあったため、市長はその医者をそこへ宿泊させることとした。この商店責任者は激しく抗議し、彼の苦情を受け付けた『秩序安全委員会』は市長との間で完全に不毛な争いとなって、結局、この医者は再度、商店の責任者の下に逗留することとなった。」(51)

ロストック県政府は、一九六四年、今後の中・長期の展望計画を作成する中で労働組合「休暇サービス」と「旅行公社」が確保できる民宿のベッド数減少の主要原因を具体的に次のように述べて、ベッドの闇貸しへの対応策として、賃料の段階別価格設定と、借り上げ価格の値上げを論じていた。

「1　家主は一時的といえ、もはや住居の一部でなんらかの制約が課されることを甘受する心構えを持っていない。

2　家主はその家族の増加によって従来貸していた部屋に手をつけざるを得なくなった。
3　保養旅行者の住環境に対する要求が恒常的に高まっており、その結果、質の悪い状態で提供される部屋は忌避されざるを得ない。
4　従来の部屋代は物質面で優遇する真の意味での刺激策となっていない。不十分ともいうべき一・二マルクから二マルクという価格差での賃料設定が闇貸しを助長している。[52]」

しかし注意したいのは、民宿ベッドの闇貸しが金銭的なインセンティブからのみ生まれたものでなかった点にある。同じ一九六四年一月、保養地の市長を集めた会議では「旅行公社」の実例ながら、公の斡旋組織との間での契約の信頼性が失われているとの批判がなされた。

「『旅行公社』向けの部屋の借り手が到着しなかった場合、直前になって「基層行政体」（ゲマインデ：Gemeinde）に断りの連絡が寄せられるのは許されることではない。旅行に来ない者は、いかなる者であっても少なくとも貸し主に十四日前までに申し出るべきである。[53]」

この事例は賃料を確実に受け取れるかどうかという信用に関わる点において、国の機関との正式な契約よりも、闇貸し契約のほうが勝っていることを示している。この事態に対処するために、ロストック県政府は中央から発せられる規制だけでなく、一九六〇年代、毎年のようにこの闇貸しを規制するため規則を作成した。その中で六三年につくられたものは他の年のひな形になっており、それによれば、毎年五月一日から九月三十日まで住民以外の者がバルト海沿岸の保養地の民間施設に宿泊する場合、事

Ostsee-Zeitung

Proletarier aller Länder, vereinigt euch!

ORGAN DER BEZIRKSLEITUNG ROSTOCK DER SOZIALISTISCHEN EINHEITSPARTEI DEUTSCHLANDS

Verschiedenes

Arztehepaar

①

Industriekaufmann

ROSTOCK-STADT

Angestellte

Suche für mich

Junger Mann

Gesucht werden

Witwe, 45/1,60

Ehepaar

Zimmer o. Bungalow

Suche für meine 3 Kinder

Werkzeuge

OTTO LORENZ KG

Gummischutz

Berliner Ehepaar

②

Suche Zimmer für junges Ehepaar

BLITZ-POLITUR

Erregungszustände

図3：『オストーゼー新聞』に掲載された1969年12月末と70年1月の個人広告
〔著者が抜粋して、加工作成〕

①2名で7月から8月の間、バルト海で休暇場所を探しています。②若い夫婦と2人の子供（4歳と8歳）が、できれば7月に部屋を探しています。

参考：LAG, Rep. 200. 8.3.2. Nr. 128, Bl. 68: Ohne Titel.

前許可を得なければならないとされた。[54] なお、全国規模で労働組合「休暇サービス」や「旅行公社」へのベッドの貸し出しについての値上げが実施されたのは、七三年であった。地方政府が独自の規則を作ることで、積極的に対処しようとしていたのに比べて、SED指導部や中央政府は休暇旅行の個人化には受け身の対応をとっていたのである。

保養旅行の個人化が徐々に押し止められなくなる中で、東ドイツの人びとは、どのようにしてそれぞれ宿を調達していたのか。よく知られていることであるが、家族、親戚、友人、職場仲間内のネットワークをその答えとしてあげることができる。それと同様に新聞上の個人広告も十分にその役割を果たしていた。【図3：新聞の抜粋】[55] むろん、この行為は法律違反にはあたらないことから、直接処罰の対象とはならなかった。

しかし県政府にしてみれば、容易に認めることはできないものでもある。そこで、県「保養海水浴」局の責任者は、広告募集会社に対して個人広告による宿の貸し借りが原因で、労働組合「休暇サービス」や「旅行公社」向けのベッド貸し出し契約の解約が続いていると述べて、管理を徹底するべく圧力をかけた。(56)

一九七一年、ロストック県は闇貸しに対する規制をさらに強化し、今後は原則的に民宿の部屋、ベッドの貸し出し対象を労働組合「休暇サービス」と「旅行公社」に限ることとした。(57) その後、リプニッツ・ダムガルテン郡はこれらの組織向けの貸し出し可能ベッド登録状況調査を行なったところ、この郡では、登録が義務づけられている貸し主のうち、実際に登録を行なったものは約二六%にすぎないとし、登録がうまくいかない貸し主側の事情を次のように説明している。

「市民は原則の上では、社会における休暇組織である、労働組合「休暇サービス」が客用ベッドを使用する必要性を認識しているものの、他方で『これから先は個人で宿貸しをしてはならないならば、もはや貸し出しをしません』、ないしは『私は無償で知り合いにベッドを譲っているだけです。というのも自分の休暇に際しては同じ条件で知り合いのところに厄介になっているからです』といった理由を述べて、決められた規則に抵抗している。(58)」

ここで述べた私人間のやりとりである闇貸し、ないしは法律に触れない無償交換以外に、企業も民宿のベッドを確保しようと努力して、貸し主に対して有利な賃料を提示していた。(59) これは、年々「休暇サービス」からの宿泊施設の割り当てが少なくなる中で、少しでもこの状況を緩和したいと考える企業側の意識を表している。もともと民宿としてベッドを貸し出していた人びとは、「休暇サービス」の対応に不信感を抱いていたため、法律上は問題とならない、企業にベッドを貸し出したのである。

むろん無料で宿を提供するという行為も、先の個人広告の例と同様、法律で明確に規定されていない上、一概に取り締まりの対象とはなり得ない。SEDの方針である「休暇サービス」を中心に保養旅行を組織化しようとする試みは、企業の非協力的態度だけではなく、このような個人相互の部屋の交換という行為によって失敗した。たとえ金銭的な対価があったとしても、まったく知らない他人にベッドを提供するよりも、お互いに顔がわかる者同士、個人的な信頼関係に基づいて宿のやりとりをすることを東ドイツの人びとは好んだ。これは東ドイツの日常生活における非公式ネットワークの存在を裏付ける一例であるが、このような個人的な行動さえもが政治の側の事情によって規定され、さらには促されていたのである。

個人間の部屋やベッドの闇貸しは、その後も消滅せず残存した。一九七六年、リブニッツ・ダムガルテン郡では、この形態で宿を提供している家庭に向けて行動を問題視する通知を配布し、私人間のやりとりを規制した県の通達を遵守することを求めた(60)。

一九六〇年代における保養施設の新規建設を抑制し、稼働率の上昇によって休暇旅行の需要を満たそうとする方針は、各企業や団体、さらには個々人も含めた、当事者の利害関心にもとづく衝突を引き起こしたのである。六〇年十月の東ドイツ政府閣僚評議会決定ならびに六二年六月のロストック県政府決定は、各企業が新規に保養所を建設する際、事前に労働組合県本部の同意を取り付けるよう求めていた。この決定は県内の保養所の数を把握した上で、「休暇サービス」がその施設を利用できるようにすることを目的とするものであった(61)。しかし、この規則は十分に機能しなかった。

「この規則はかなり多くの頻度で破られ、一部、『バーベ』のような場所では地方の役人がこの行動を助長さえしている。『カール・マルクス・シュタット』の工業会議所が『ユリウスルー』に、［中略］労働組合の許可なく新しい保養施設を建設した。『ベルゲン』の郡建設局、Rが語るところによれば、『手工業生産協同組合』職員は、労働組合員ではないので、許可は必要ないとされた。(62)」

ロストック県政府は一九六六年の保養活動に関する方針を提起した際、企業や各種団体の無計画な保養施設建設に歯止めをかけるべく、建築を許可するにあたっては県の計画との整合性を取る必要があると主張した。そして、施設建設抑制と既存施設での保養旅行者収容稼働率の増加、すなわち彼らの言葉でいう「合理化」を推し進めることを確認した。その上で、保養施設建設の許可申請を行なう先として、労働組合県本部の「休暇サービス」管轄下にある「バルト海保養センター」が指定され、これまで以上に「勤労者の保養の主要な担い手」である労働組合の役割が強調された。

一九六八年に作成された八〇年までの長期展望計画は、「ベッドにおいて収容数を少なくとも一万件引き上げねばならない」点に注意が必要であると述べている。もはや休暇旅行の需要の高まりに対して、保養施設の新建設を抑制しながらも、施設稼働率を上げようとする従来の方針の限界は明白であり、翌年にはこの計画は変更を余儀なくされた。(63)その理由の一つとして挙げられているのは、「購買力と自由にできる全体の余暇時間量の増加、モータリゼーションの著しい発展と結びついた人びとの恒常的生活水準の計画通りの向上」であった。

一九七〇年代以降、新規の保養施設建設を進めるとしても、そもそも、保養施設が増加しない状況では、これまでの方針を完全に放棄するわけにはいかない。それゆえ、ロストック県政府はSED中央において実験の形で導入された、保養所の統一的管理を目指す「統一保養企業体」を県内各地で設立しようとした。(64) しかしながら、県の方針転換と同じ六八年十月、カール・マルクス・シュタットの工業会議所は、手工業者が労働組合に加盟していないこと、保養施設が自分たちの手で建設されたものであり、工業会議所組合員の保養にだけ用いられているために、「統一保養企業体」は不利益しかもたらさないと主張して、参加を拒絶した。(65) 翌六九年の請願分析においても、「企業責任者との会合では、保養所はそのまま維持される点や、『統一企業体』の重要性が認識され、内容も明確になっているにもかかわらず、多くの事例からは企業の代理人は既定方針を採用したくないとの考えを抱えていることが確認できる」と企業の非協力的態度が問題視されていた。(66)

この保養所の管理運営権を掌握し続けたいとする企業の考えは、「小さい、でも自分のもの」(klein, aber mein)という言葉によって象徴されるものであったが、このことは労働組合によって批判された。(67) 結局一九七一年、県政府がSED県指導部に宛てた報告書は、「計画に基づき労働組合『休暇サービス』から指導を受けている企業保養所は、六九年には七一カ所となり、七〇年には四一カ所となった」と述べるのみで、昨年までの報告書で使用されていた「統一経済企業体」という言葉は用いられていない。これは「休暇サービス」への企業保養所の管理一元化に、失敗したことを意味している。(68)

その後、一九七二年SED第八回党大会と「保養政策に関する共同決定」によって、保養施設新規建設は、労働組合が加わって予算を出し合う形で進められる「利益共同体」の枠内で行なわれることが規定された。くわえてロストック県は、七三年には従来許可を得ずに建設が進んできた施設建設を計画に組み込むことで予算や資財の「合理的な」使用を図るという方針を決定した。(69) このような方針が出されたことは、実は一九六〇年以降の保養施設新規建設抑制期にあって唱えられてきた「計画」や「合理性」が、必ずしも徹底していなかったことを示す。

なおこの方針は既存の保養施設に関する管理・運営の統一化とは異なり、一企業に対して一方的に不利益を課すものではなかった。一九六九年に実施しようとした「統一企業体」構想は、企業にとっては自力で建設した保養施設を利用する権利をあからさまに奪い、従来の既得権益を侵害するものであった。その一方、「利益共同体」の形成は、あくまで将来の施設に関するものであり、それまで自らがすべて負担してきた予算や資材が無駄になるわけではないので、まだ理解が得られるものであった。この方針は、労働組合の利益と企業の利益との妥協点を模索したものと評価できる。

(2) キャンプ場の割り当てと「不足の社会」

東ドイツにおいて、この保養施設の慢性的な不足を補う機能を担っていたのが、キャンプ場の存在であった。一九六〇年代当初、キャンプ活動は、この国においても自然に親しむ意義持つものとして推奨されていたものの、現実には、日々の生活を持ち込んで、保養地に宿泊する手段と捉えられていた。(70)キャンプ活動は、不足していた保養宿泊施設を代替する役割を果たすことになり、キャンプ場の施設改善がもっぱら問題視されたのである。【図4：公営キャンプ場】
保養宿泊施設の代わりとなり得るこのキャンプ場は、一九六〇年当初まで地元の郡当局がそれぞれ別々に管理・運営を行なっていた。東ドイツ各地の人びとは、各々自分が行きたいと思う保養地の郡当局に申請書を送って許可を得るか、ないしは「旅行公社」を通じてキャンプ場の斡旋を受けていた。この方式では、郡相互の連絡が取れないために調整が機能せず、人びとはこのことを見越したうえで、人

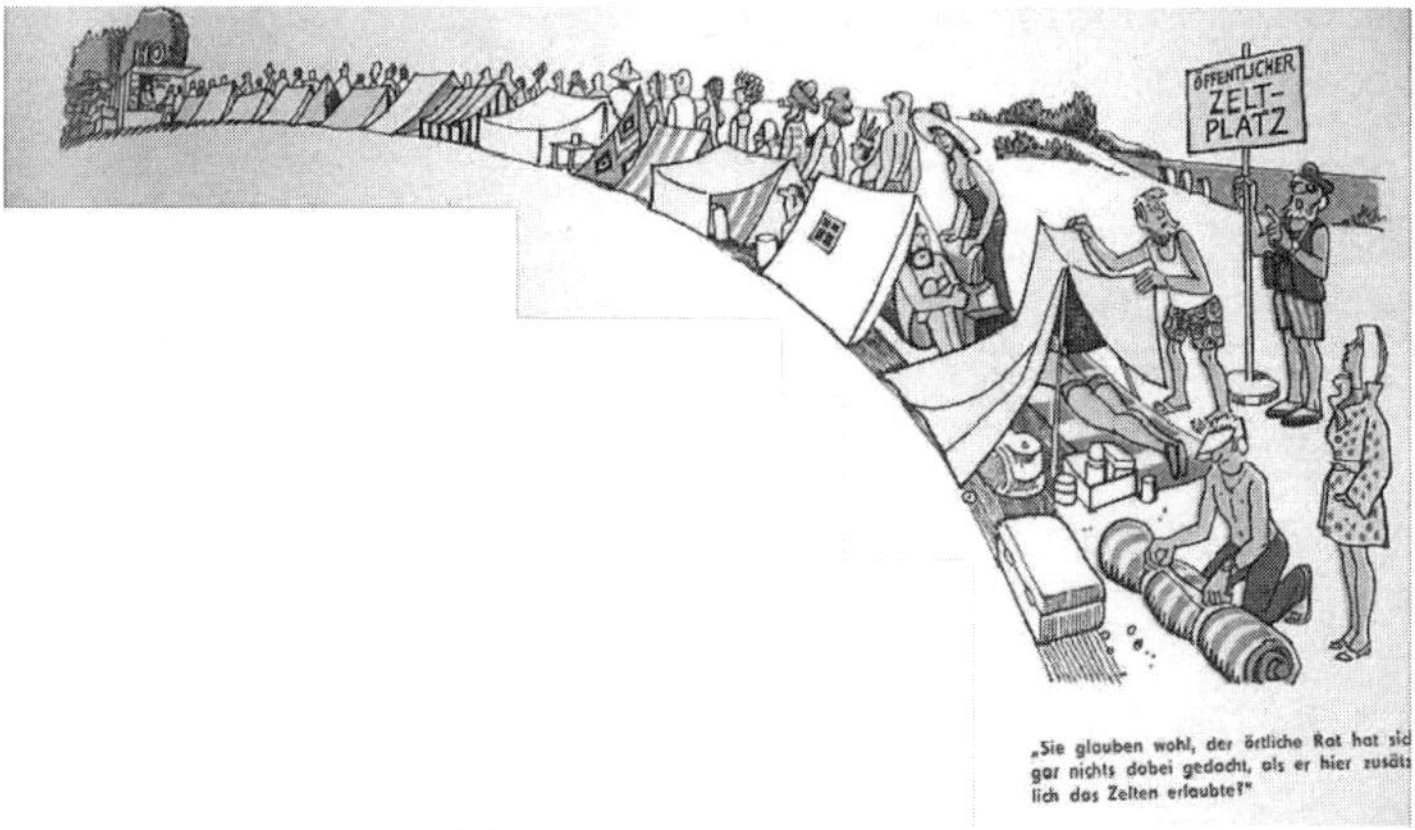

図4：公営キャンプ場

「地元の政府は追加でこの場所にテント設営を許可したときには、何も考えちゃいやしなかった。そう思わんかね？」「国営商店の前にテントを張って買い物の順番を待つ人びと：奥のHOのロゴが国営商店を示している」

出典：Eulenspiegel（1975）Nr.34 S. 9

気のキャンプ場の許可が出ない場合に備えて、別の郡のキャンプ場にも申請を出すことで保険をかけていた。その結果、人気のあるキャンプ場は、夏場には登録上では満杯になる事態となっていた。

　では、このキャンプ場斡旋が抱えていた問題を詳しく見ていくことにする。キャンプ場の斡旋を行なう「旅行公社」では、いくつかの支店でキャンプ場の割当数を売り切れない所が出る一方で、カール・マルクス・シュタットやライプツィヒでは長蛇の列ができるという事態になっていた。ロストック県政府は、一九六二年一月、キャンプ場の斡旋調整を行なうために、シュトラールズントに「『バルト海の県』・テント場斡旋機構」を創設し、「この機関が、この県にあるキャンピング場六〇カ所すべての割り当てを行なう」ことを決定した(71)。そして、主要なキャンプ場割り当てのうち六〇%を企業や団体向けに、四〇%を個人や家族向けに貸し出すこととなった(72)。企業向けの割り当てが多いことは、六〇年代前半においては、いまだ職場の持つ意義が、保養活動にとって大きかったことの表れである。

「テント場斡旋機構」は、運営開始から二年後一九六四年には、申し込みが特に集中する一月二日から三月十五日の間に五万二、四一九通の申し込みと一万八一五通の手紙を受け入れ、三四万五、四三五人にキャンプ場の配分を行なった。実は、この大量の申請を処理したのは、季節パートタイム労働に応じた約二十名のシュトラールズントに居住する主婦であった。[73]「斡旋機構」は、人員体制が貧弱なことが原因で、大量の申請書を処理することができなかった。その結果、六四年には三月十五日までに五二通の苦情や請願が直接この組織に送られ、それを上回る一二三通がロストック県政府に寄せられた。[74]このうち重大問題と思われるのは、キャンプ場の割り当てを受けられなかったことよりも、むしろ「斡旋機構」の仕事方法にあった。

「一九六四年一月二日に提出した申請が同じ日に拒否されているというのは、私たちにとって依然として信じがたいものであります。あなた方の発表によれば、この時点で約五万の市民から申請があり、六四年二月七日までに一〇万人が申請を受け入れられないとの通知を受け取り、約二〇万の勤労者にテント場が仲介されたとのことです。ここで問題となっている事例は、労働組合指導部の申請が拒否された後、一五万件のテント場が斡旋されたことを意味します。中央斡旋機構は、自発的に私たちの労働組合指導部に、有名ではなくいまだに確保可能である場所の情報を提示するというのが正しいあり方ではないのでしょうか。[75]」

この事態は現場の職員が単に手間を惜しんで、すべての返信に同じ日付を刻印した上で、断りの返事を出したことが原因であると推測される。これに類似する事例は、労働組合の機関新聞でもある「トリビューネ」の編集部が、県政府に送った質問状や個人からの苦情でも取り上げられていることから、例外的な事例でなかった。[76] 県政府はこの事態を非常に深刻に受け止めて照会したところ、「斡旋機構」は「当方の見解に誤りがなかったとは言え、一月二日付けで申請拒否の通知を送付したのは非常に都合が悪かった」と失敗を認めざるを得なかった。[77]

しかもこのとき、「斡旋機構」は割り当て状況を説明するため、記者会見を開催し、人気の場所についてはすでにハイシーズンの分配は不可能であると理解を求めた上で、前後のシーズンや他の場所についてはいまだに空き場所があるとの情報を提供していた。[78] 労働力不足という事情がありながらも、「斡旋機構」は不手際を二重に起こしている。SEDだけが労働者の利益を正確に認識でき、それをうまく実現できると社会に対して主張しているのであれば、そもそも起こすことはあってはならない事態であろう。これらの斡旋が不可能であるとする返書にこそ、細心の注意を払う必要があったのである。

キャンプ場の割り当てをめぐっては、公式に許可を受けてキャンプ場所を確保できるかどうかという点だけでなく、許可無しで保養地を訪れる人が後を絶たない事例も絶えず批判されていた。このテントの闇張りは「今年もかなり多くのキャンプ愛好家がテントの設営許可を持たないでやってくるにもかかわらず、受け入れられている」とされ、事実上、黙認されていた。むろん、このような行動は正規でテントの設営許可を受けた旅行者が宿泊場所を手に入れられないことを意味していた。

「『ベルゲレンデ』のキャンプ場責任者は、有効なテント許可を持った愛好家がやってきた際、『キャンプ場は満杯である』として彼らの求めをはねつけた。そのために当然好ましくない争いがこのキャンプ愛好家と我々の部署との間で生じた。[79]」

だが現場では、無許可でやってくる人びとを一概に拒否できない事情が存在した。というのも、現場の担当者はSEDがいうところの「合理性」を追求するには、キャンプ場に空がでないように努力をしなければならない。そのためには、彼らは許可を受けてもキャンプ場にやってこない人びとを待つよりも、無許可の人びとを受け入れるほうがよいと考えたのであった。

「今後もこのように設営許可を持たないで訪れるキャンプ愛好家が多くいると思われる。それにもかかわらず、我々、キャンプ場責任者の側でおおよその結論を得ることができるのではないだろうか。設営許可を持たないでやってくる人びとは、テント場に空きがある場合に限って受け入れられるべきである。そのほかの場合、彼らには他の場所を提示しなくてはならない。[80]」

このような県政府側の事実上の方針を人びとは感づいていたのだろうか、ある現場からの報告では、「私は市民として行きたい場所にいく権利がある」といった無許可旅行者の強気の発言が紹介されている。[81]「斡旋機構」の活動が軌道に乗ったと考えられる時期においても、許可を受けていながらキャンプ場を確保できないという事例は批判され、一部人気キャンプ場における過剰収容の問題と、その他のキャンプ場には空きが存在するという事態は解消しなかった。一九六九年、とあるキャンプ場利用者が希望の場所を借りられなかったことから、「斡旋機構」に差額分の請求を行なったところ、逆に督促請求を受け取ったという事例も存在する。[82]「斡旋機構」発足時から抱えていた問題は、徐々に解消してきたと主張されているにもかかわらず、依然として残存していたと判断せざるを得ない[83]。

この事例はある種どこの国においても見られる、お役所仕事行政の限界を示すものと言えるが、それもあって一九七〇年になると、「斡旋機構」はキャンプ場の割り当てを行なうのみならず、その運営、管理・施設整備の調整を担う「バルト海・キャンプセンター」へと改組された。そのうえで、ロストック県政府は施設整備を充実させ、キャンプ場の質の向上を目指しただけでなく、キャンプ場を増加させる方針を掲げた[84]。

県政府が保養施設の建設抑制方針を放棄したのと同じく、従来のキャンプ場割り当ての「合理化」、すなわち収容率の改善により保養活動の増加に対処しようとする政策も、もはや限界を迎えていた。SED指導部ないしは労働組合中央には、一九七〇年代に入っても、ロストック県のキャンプ場における収容割合が改善しないことを批判した報告書が提出された。ロストック県政府はこの批判に反論を寄せて、キャンプ場での収容者数は増加していると主張するものの、五〇万五千件の申し込みに対して、二五万六千件は割り当てを受けられなかったとされていることから、収容割合は約五一%に留まる[85]。ここからしても、人びとがそれぞれの希望の期間、希望の場所でキャンプ場を利用できていたとは到底言えない。

従来、ロストック県の各郡はキャンプ場の収容能力分、三〇%については「斡旋機構」に譲り渡さずに保持し、独自の権限で各企業に割り当てることを認められていた。だが、ロストック県政府は「キャンプ場センター」への改組にあたり、センターによる集中的な施設整備を図ろうとした。そのため、一九七二年には各郡に対して、企業への割合を最大で二〇%へと削減するように求め、この二〇%枠についても重要産業とされる企業の労働者が優先的に配分を受けられるように指示をした[86]。企業への配分数を少なくしようとする傾向は、「キャンプ場センター」が割り当てるキャンプ場の配分割合の変更にも見ることができ、これまでの企業向けが六〇％、個人や家族向けが四〇％とされていたものの、今後は両者五〇％ずつとされた。(87) これらの措置は、企業や団体からの申し込みに主として対処するという休暇旅行のあり方が変化し、保養活動の個人化・家族化への対応を迫られた証拠である。

各郡はキャンプ場を企業に割り当てる長期契約を結んでいた。その際交換条件として、各企業はキャンプ場整備に対して予算を支出することで、それぞれの郡に協力していたのである。しかしながら、一九六〇年代後半には、すでに企業にとって自分たちの利益が侵される事態が発生していた。たとえば、六九年まで、カール・マルクス・シュタットの織機製造企業は自分たちの企業に関係した青少年向けの夏キャンプを行なうために、ある公営キャンプ場の一区画を占有し、施設の設備改善に協力してきた。しかしこの年、彼らは突如として占有が認められてきた場所に、レストラン用のテントが設置されるとの連絡を受けて抗議をした。この企業は、青少年向けキャンプを落ち着いた環境で行ないたいと考えていたものの、地元の「基層行政体」は保養旅行に訪れるすべての旅行客が利用できるようにしたいと考えた。そのために双方の思惑が衝突したのである。(88)

このような事態が深刻化するのは、東ドイツのキャンプ活動が有する性格に由来する。この国では、キャンプは自然との親しみを楽しむ機会として、野外で自炊しテントに宿泊するのではなく、休暇保養施設を補完する役割を担っていた。それゆえ、絶えず食事用テントや売店の設置、トイレや炊事場の設備改善が問題とならざるを得なかった。【図4参照】各企業はこれに協力することを通じて、キャンプ場の割り当てを特別に受けることができていたが、見返りは年々少なくなっていった。むろん、企業が提供する施設改善費用は、それぞれの予算から捻出されるものであり、キャンプ場の利用が制限されたため、企業は既得権が侵害されたと捉えた。一九七一年の規則改正は、企業側に憤りを感じさせたとも言える。各郡が配分できる二〇％の企業向け優先枠内に入らなかった企業は、今後毎年、「キャンプ場センター」に申し込みをしなければならなくなるために、激しく批判した。

「キャンプ場割り当てに対する企業の需要は非常に多い。一九七三年には五、三七〇件の申し込みがあった。一、四七八件については実現不可能との回答を受け取り、他の県［のキャンプ場］が紹介されねばならなかった。その一方で、三、八九三件については問題なかった。ここでは二つの利害が対立している。一方で、企業はキャンプ場を［継続使用の］許可終了に伴って、翌年になると人びとに割り当てを提供できないので、無期限の許可を要求している。他方で、『バルト海・キャンプセンター』には長年にわたって顧みられてこなかった企業からの請願が寄せられ、他の企業は複数年の許可を得られているのに、どうしてこのような許可が自分たちは従業員に提供できないのかという抗議の声が上がっている。これら企業はテント場許可に関して、平等な取り扱いを求めている。(89)」

こうしてキャンプ場の割り当てについて、さまざまな企業の思惑が衝突する中、一九七〇年の県による保養政策評価書は、ＳＥＤが唱える「計画的」かつ「合理的」な保養施設利用とはかけ離れた企業の問題行動を取り上げた。

「四五万二〇一人が［キャンプ場の］割り当てを受けたが、そのうちの四二万九、六五七人だけが

［キャンプ場に］やってきた。やってこなかった旅行者のうち、キャンプ場使用許可を一九七〇年五月一日から九月三十日にかけて受け取り、支払いを済ませておきながら、はじめて六月十五日になってから旅行者を送り、しかも九月にはほとんど使用しなかったというゾンダーハウゼンの人民所有企業カリ・コンビナートのように企業が問題である。」(90)

ここにも消費財の不足を見越して先回りをし、蓄積しようとする東ドイツ社会一般に見られた態度を垣間見ることができよう。もし人びとが勤める企業ごとに決められた期間のみ、集団でキャンプ場を利用していた場合には、このような企業の行動は起こり得ない。むしろ、彼らは「勤労者の労働・生活条件の改善」を主張する従業員の家族や個人の多様な利益を実現すべく、保養活動の機会を提供する必要に迫られていたのである。

第四節　休暇旅行における社会組織の役割と「身近な政治」

ＳＥＤの保養政策の基本は、当初、宿泊施設の「合理的」割り当てを行ない、保養旅行の組織化を目指すことにあった。その際、労働組合「休暇サービス」が保養政策の主たる担い手と想定されていた。ただ「休暇サービス」は自前で運営する保養施設だけで、到底すべての需要をまかなえるわけではなかったため、企業保養所や「民宿」からの部屋やベッドの借り受けが必要であった。

保養所の建設は一九六〇年代当初、経済発展に直接寄与するものではなかったことから、予算が多く付く対象ではなかった。ＳＥＤは資源や設備の「合理的な利用」を強く求め、保養施設の収容稼働率を上げれば、十分に東ドイツの人びとの保養旅行への需要を満たせると考えた。それゆえ、保養所の新規建設は抑制されていた。この方針は第1章で確認したように、先に経済建設を行ない、その後に生活の豊かさを求めるウルブリヒトの経済運営方針を反映するものであった。

その後、ホーネッカーが一九七二年、第八回党大会で「すべては人民の福利と幸せのために」と謳い、労働組合「休暇サービス」が主導権を握り、企業が協力する形で保養施設の新規建設が進められた。その背景には、政治指導者の交代による政策転換というよりも、従来問題となってきた事案が全国レベルで表面化し、ウルブリヒト期から積み残された政策課題への対応に迫られたという事情が存在した。「休暇サービス」の不足する宿泊施設やベッドを補完してきた「民宿」からの借り上げは、民間相互の闇貸しにより一九六〇年代を通じて次第に減少せざるを得ず、企業保養所も協力を忌避するようになっていた。その結果、東ドイツの各担当部署の間では協力関係をめぐり対立が生じた。この対立には、東ドイツで暮らす人びとの独自利益の追求が影響を与えており、企業保養所が「休暇サービス」に対する協力を惜しむ背景になっていた。企業は生産性確保の観点からも、自らの従業員の福利厚生を優先せざるを得なかった。東ドイツにおいては、一人ひとりの個人的な利益は社会的装置を媒介にしながら実現し得る仕組みが存在しており、企業や労働組合は自己の組織に所属する人びとのために行動していた。「休暇サービス」を抱える労働組合や独自の保養所を運営する企業は、SEDの「伝動ベルト」としての機能を担うためにも、正確に国民のニーズを政治体制に伝えて対処をする必要があった。確かに、これらの組織は政治的な支持を与えるのか否かの決定権を持っていなかった。それゆえこれらの組織を西側に見られる利益・圧力団体として位置づけることはできない。しかし、労働組合をはじめとする大衆団体は、労働者や加入会員の声を体制に伝える機能を果たしていたのである。

この点は、東ドイツにおける利益表出過程の一端をよく示している。人びとは当時の自身が置かれた状況を考慮しつつ、自己の所属するさまざまな社会組織が有している保養旅行の可能性を利用しようとするだけに留まらなかった。同時に、無償での宿の貸し借りに見られるように、個々人間でのつながりをも駆使して、自己の私的利益をでき得る限り追求していたのである。

労働組合「休暇サービス」は、法律上、明確に労働者の保養に責任を有しており、しかも企業の保養所も所属する従業員への福利の一端を担うことが求められていた。両者ともに、同一労働者の同一利益を実現するための組織であった。それゆえ論理的に見て、両者の保養施設の割り当てに対する言い分は、労働者ないしは東ドイツに暮らす人びとの権利の実現を追求している点でいずれも正しい。ところが、同じ利益が違う回路を通じて、同時に表出されることで対立が生じていた。このことが「不足の社会」を深化させ、人びとはより不満を増大させることとなったのである。

さらには、保養施設の配分をめぐっては、大企業であるのか中小企業なのか、重工業または小売り・サービス業であるのかという勤務している企業の経済政策上の重要度の違いにより事実上の割り当て数が異なっており、人びとは公正さにも疑問を持つようになっていた。

社会主義体制が標榜する計画に基づく経済合理性の追求は、著しく毀損されざるを得なかった。むろん、保養政策においても他の政策同様、宿の割り当ての調整、保養施設新規着工、そこでのレストランの整備や文化的催しの提供に至るまで計画は、具体的な数字が添えられて策定されていた。しかしながら、この計画は宿泊施設の配分に見られる人びと一人ひとりの利益の多重表出が生じることを想定していなかった。保養政策は東ドイツにおいて存在せざるを得なかった、計画経済における無計画性、真の計画なき計画経済の一端を示すものであった。ＳＥＤが当初目指していた保養活動の組織化ないしは集団化は、個々人がそれぞれの楽しみを追求する余暇活動本来の性格によって絶えず浸食を受けざるを得なかったのである。

その一方で、この余暇活動は、単純に私的な問題として処理されることはなかった。東ドイツに暮らす人びとは、身近な職場の仲間が休暇旅行の機会を得られなかった場合、それを他人事ではなく次には自らの身に降りかかるかもしれない問題として認識していた。請願の形をとった彼らの声が、労働組合や企業を通じて政府や党に伝えられたとき、これらの報告書は商品やサービスの悪さに対する単なる苦情としてではなく、当事者が属している集団の意識を伝える機能を果たした。これが原因となってSEDは、休暇旅行の斡旋や建設に関する政策を修正せざるを得なかったのである。この点に鑑みて、東ドイツの人びとが公と私の空間において態度を使い分けており、私の空間においてのみ政治的な本音が言えたとする「ニッチ社会」論を当てはめて、東ドイツ社会を理解することは困難である。ただ、SED支配に対する疑問を提起することに見られるような、一般に政治的話題と認識される「高度な政治」については、公的な空間において展開され得る議論には制約があったことも確かである。逆に東ドイツでは、保養や余暇に代表される話題に関して、体制を巻き込んだ形で率直かつ熱心な議論が公的な空間においてなされていた。このことは、この国の公的な空間では、「身近な政治」が重要であったことを示している。ただし、西ドイツにいる親戚との相互訪問の可能性や、西側への旅行の可能性といった自らの日常との関わりの中で、ドイツ統一問題が議論された場合には、人びとはSEDを批判したり、わざと諦めるような発言をしたりして、体制の気を引こうとするなどした。ここには、「高度な政治」の話題を、「身近な政治」の問題へとすりかかることによって、自らの意思を体制に伝えようとする巧妙さを見ることができるのである。それでは、「ニッチ社会」論が想定している東ドイツの社会像と本書が提示した東ドイツの行動様式の二面性の違いは、どのように理解できるのであろうか。さらには「ミツバチの巣」社会論との違いを意識しながら、結論において、東ドイツの政治体制と社会との関係を捉える枠組みについて考察したい。

結論　「波紋社会」と日常の政治

余暇は近代のはじめには一部のものの特権であったが、徐々に政治体制との関わりを持ちながら、「ふつうの人びと」の間に普及していった。本書の目的はこの「余暇の政治化・民主化」の過程の中で、東ドイツの余暇の特質を明らかにすると同時に、現代社会における共通項を検討することにあった。その際、課題として掲げたものは三点あり、第一は、ＳＥＤの「余暇政策」とはどのような特質を持っていたのかを解明することにあった。また、課題の第二点目は、社会主義体制特有の「不足の社会」の下で展開された東ドイツ社会における余暇の内実を明らかにすることであった。この二つの課題を検討した後に、「ニッチ社会」論を批判的に再検討し、独自の社会像を提起することを第三の課題に据えた。その際、東ドイツの日常生活における政治の特徴を提示しながら、東ドイツ余暇分析が持つ現代的な意義を明らかにすることが、本書の最終的な課題であった。

それではこれらの点について、まとめてみよう。東ドイツにあっては、一九六三年以降導入された新経済システムと呼ばれる経済改革以降、人びとが余暇活動に割り当てる時間的そして物質的な余裕が次第に生まれていた。しかし、「不足の社会」に見られる特有の社会状況下にあったため、余暇の拡充には限界が存在した。

この同時期、労働論からの影響を受けつつも、SED内部において、余暇が独立の問題として議論され始めた。余暇は体力回復や職業訓練に当てられ、最終的には労働に寄与するものと規定された。しかし、個々人が趣味や関心を追求する中で、精神的・肉体的な充足を得ようとする、余暇が有する私的性格は、現実の余暇行動からなくなることはなかった。社会学や経済学、さらには文化論・文化史研究はこの点をSEDの余暇概念に組み込む形で議論したことから、SED指導部の認識と各学問研究における余暇論との間には齟齬が生じた。

一九六五年に開催された第十一回中央委員会総会において、SEDは労働者に対する教養教育と結びついた文化活動を推進する必要性を訴えるだけでなく、余暇活動への手当てが政策問題となると認識した。同時期、ウルブリヒト直属の専門家委員会は、週休二日制導入によって高まる余暇活動への本格的な手当ての必要性をSED指導部に提言した。その報告書において、余暇への対応は政治支配の正当性にかかわる事案であると見なすようにとの注意が、SED指導部に対して提起されていた。SED指導部内部では余暇に関する社会の需要に適切に応える「余暇政策」の良し悪しは、単に行政上の改善策を超えた政治問題であると見なされていたのである。

本書はこの「余暇政策」の内実を検討するために、時間と活動の側面から政策を取り上げた。週休二日制の導入や最低有給休暇日数を増加させる政策は、勤務先の違いによって生じた余暇時間の差別を解消することを目指していた。ここからは社会主義体制で実現されるべき平等は、所得格差の解消に見られる経済的側面だけでなく、労働時間に関する社会的立場においても、実現すべき課題として認識されていた。特に問題となっていたのは、女性の余暇時間が男性よりも短いことにあった。SEDは余暇時間の増加を法的に保障することによって、男女間の就業時間の平等化を目指した。ただし、余暇時間の増大は、その反面でこれまで女性が享受していた「家事労働のための休日」を廃止することを求めるものでもあった。ＳＥＤの意図は男性に家事労働を促すことで、女性労働力を活用することにあった。しかし、男性が家事労働に協力しないだけでなく、ＳＥＤの強制力には限界があることを、女性は認識しており、そのため彼女たちは抵抗して「家事労働のための休日」を維持することに成功した。ＳＥＤが自らの政策意図を貫徹できなかったのは、これまでの慣習を克服できなかったこと、そして社会内部での労働環境の多様化に対応できなかったことに理由があった。

「不足の社会」の中にあっても、東ドイツ社会では余暇時間が増大したことから、余暇活動が活発になった。ただ、表面的には、戦後の西側諸国と同じ余暇行動が普及したように見えながらも、この状況に対応した形で独特の様相を示すことになった。本書では、消費と関わる問題として外食、「日曜大工・製作」、「小菜園」の活動の意義を検討した。ＳＥＤはいずれの余暇活動に対しても、需要の増大に対応することを目指した。東ドイツでは一九六〇年代後半以降、鶏肉や魚肉の消費拡大を促すために、「ゴールドブロイラー」や「ガストマール・デス・メーレス」というレストランチェーンが整備された。レストランに関する政策によって、外食に対する需要が喚起されて余暇行動が活発化したものの、材料ではなく調理器具や労働力の不足によって、多様化する人びとの欲求を十分には充足させることはできなかった。また、「日曜大工・製作」や「小菜園」の活動は、多様な商品を提供し得ないという消費政策の失敗を受けて盛んになった。その結果、ＳＥＤは消費政策における限界を、「余暇政策」を通じて補完することを求められた。しかし、この余暇財供給においても人びとの多様なニーズにあった原材料を供給することは不可能であった。

非日常的な余暇活動である長期休暇を利用した旅行についても、ＳＥＤは積極的な手当てを「保養政策」として実施していた。本書は、このうち公的機関が独占していた旅行の斡旋状況を検討した。SEDは旅行の斡旋を労働組合「休暇サービス」に一元化することを目指していたものの、ここに大きな問題を抱えていた。そのため東ドイツでは一九六〇年代半ばまでに、大企業は独自に「企業保養所」を建設・運営できた。保養所を有する企業に勤める労働者は、保養所を保有していない企業に勤める労働者よりも優遇されていた。SEDはこの状況を改善し、すべての国民が保養旅行の機会を平等に享受できることを目標とした。この方針を実行するためには、大企業が所有する「企業保養所」の管理・運営を「休暇サービス」へと移管させるだけでなく、保養地の住民が持つ空きベッドを利用する契約を独占的に「休暇サービス」との間で締結させる必要があった。しかし、このSEDの政策は大企業からの反発や私人が無償で宿を交換したことが原因となり成功しなかった。

この「保養政策」は、社会政策の一部として位置づけられていた。西側世界では人間の不幸を軽減することが社会政策の目的であるのに対して、「社会主義的社会政策」は、人びとが豊かな日常生活を送ることを目標とするものであった。そのために、政治体制が西側以上に人間の私生活へと介入することを当然のものと見なした。ただし、SEDは共産主義社会の実現という目標を掲げる中で、個々の嗜好を抑制して一律に政治体制が望むものを押しつけることはできなかった。マルクスが「ドイツ・イデオロギー」において共産主義の目標を、好きなときに好きなことができ、個々の多様な欲求を満たすことであると掲げている以上、人びとの多様な欲求を肯定せざるを得なかったのである。SEDの目指す余暇は私と公の利益調整が図られ、なおかつ西側との競合にも優位に立つときに、はじめて語り得ることになる。しかし、これは現実のものではなく、SEDが目標とするかないしは、理想とする余暇像でしかなかった。

以上のSEDの余暇に関する政策と東ドイツ社会における余暇行動の実態から、第一の課題に対する解答として、SEDは余暇に関する問題を、政治が積極的に対応すべきものとして捉えていたと指摘できる。SEDは「余暇政策」において、個々の異なる利益が存在することを承認しており、私的領域で実現され得る利益や目的を自らの思い通りに改造する意図を持っていなかった。ただし、彼らはこの一人ひとりの異なる利益を、一元的な政策によって実現することを目指していたのである。SEDの余暇問題への取り組みは、経済的に平等で安定した生活を実現するだけでなく、嗜好の違いを質的にも保証すべきものであった。しかしこれは「不足の社会」の中では過大な目標であったと言わざるを得ない。

本書は、SEDの「余暇政策」が機能しない中にあって、人びとが独自の工夫によって余暇の充足を図っていたことを明らかにした。ここから第二の問題に対する解答を示すことができる。東ドイツにおいても西側と同じく、余暇の個人化は進んでいた。しかし、東ドイツの人びとは物資不足によって十分に余暇活動を行なえない場合には、公の組織に対して積極的に働きかけをした。彼らは個人レベルでは「請願」を用いてSEDや政府に直接見解を問いただした。これは、西側で消費者が私企業に苦情を申し述べるのとは異なり、政治的な行動として位置づけられるものと言える。というのも、人びとが社会主義の理念を根拠にして批判を加えたために、SEDはそれぞれの個別事例が深刻な場合には、介入して決着を図らざるを得なかったからである。

その際、行政機関だけではなく労働組合や企業、小菜園連盟といった自分が所属している社会団体も、批判の受付先として機能していた。その結果、労働組合やその他の「大衆団体」は、SEDの政策を忠実に実行する実働部隊であり「伝導ベルト」として機能していたばかりか、東ドイツの人びとの日常における不満や批判をSEDに伝える役割をも果たした。むろん、これらの組織は制度上自立した存在ではなく、政治的な支持を与えるか与えないかを自発的に決定する権利を持っていなかったために、SEDに公式には、圧力をかけることはできなかった。このことからすれば、これらの組織を利益・圧力団体であったと定義することはできない。しかし、休暇旅行の斡旋をめぐる「休暇サービス」と企業との保養所の管理・運営をめぐる対立は、それぞれの組織に属している人びとの利益が何であるかを考えた行動に原因があった。「休暇サービス」はすべての労働者の利益を代表していたと言えども事実上差別的な待遇を受けていた中小企業で働く人たちの権利を担うことになった。逆に、大企業は自分の従業員の利益を第一に考えて行動していた。大企業にとっては、自社の従業員向けに休暇旅行の斡旋を安定的に行なうことは、十分な福利厚生を提供し得るということを労働者に示すことを意味していた。このことは労働力不足が意識される中で生産現場に人員を確保しておくためにも、無視できない課題であった。それゆえ、大企業はSEDが「休暇サービス」に、保養政策の担い手を一元化しようとした際には絶えず反発し、保養所の運営についての権限を確保し続けた。

余暇の充足に企業や労働組合をはじめとする「大衆団体」が介在することによって、西側の余暇とは異なる東ドイツ社会の特徴が現れることとなった。西側社会では、十分な商品やサービスが市場を通じて提供されることで消費社会化が進み、余暇の個人化が進んでいった。これに対して、東ドイツでは休暇旅行に出かける際は、個人で知り合いから宿を調達する以外には、斡旋を企業保養所か「休暇サービス」に依頼する必要があった。このことは、休暇のための場所とその期間が職場の仲間内での調整を経て決定されることを意味していた。また、小菜園を営むにあたっては、土地の割り当てを受けるために、小菜園連盟に加わらねばならなかった。ここでは、飼料を手に入れるために自家生産した農産物を供出しなければならなかった。そればかりか、小菜園連盟内部で自分の利益を実現するためには、会員相互の協調は必須のものであった。それゆえ、余暇の個人化には限界が存在し、職業集団や所属団体に枠づけられた個人化と呼べる独自の社会関係が展開された。また、親戚や友人との目に見える付き合いの意義も、一九七〇年代に入っても失われることはなかった。というのも、社会組織を通じて、自らの欲求がかなえられない場合、私人間のつながりに頼る必要があったからである。この社会関係が存在したために、東ドイツの人びとは一人ひとりの個別の利益を実現する私的問題としてだけでなく、社会問題として余暇を認識することとなった。この国では、社会内部で個人化が進展しつつも、それが孤立化にまで至らなかった背景には、「不足の社会」の現実を人びとが共通認識として受け止めていたことが大きい。

以上の点を踏まえて、本書の第三の課題をまとめる。東ドイツにおいて、余暇はそれぞれが自由な活動を行なえる場でありつつも、政治との関係に規定される領域を形成した。SEDの「余暇政策」は余暇活動の機会を提供するにとどまらず、すべての人が平等に享受できることを目指して実施されていた。この国は独裁体制であることから、SEDが恣意的に政策を立案して、実行することが可能であった。それにもかかわらず、大多数の人びとから余暇活動をめぐってさまざまな批判や苦情が寄せられる中で、SEDは現実には社会からの反応を積極的に収集し、改善を図ろうと考えた。むろん、このことは社会のニーズにあった政策へと変更がなされたことを意味するものではない。

SEDが下部組織や大衆団体から収集した各種世論報告、東ドイツに暮らす一般の人びととの請願を通じたのやりとりからは、「ふつうの人びと」の積極的な政治行動の一端を読みとることができる。むろん、これらの史料はSEDに対して働きかけを行なう手段であるために、政治的な活動が現れるのは当然とする反論があり得る。また、人びとはこのような行動を、明確には政治権力の正当性に影響を与えるような政治的な行動とは認識しておらず、さまざまな物資やサービス供給に対する行政的苦情を述べるという意識があったにすぎない。しかし、どのような場合にSEDが抑圧に乗り出すかが判明しない中であっても、人びとは声を上げ続けた。この点は社会主義体制下における人びとの政治的行動を理解するうえで、一方的に抑圧を受けていたとする従来のイメージに反論する意味でも強調したい。

以上の本書の考察からは、「ニッチ社会論」が想定するような政治的な本音と建て前を使い分けて日常生活を営むという姿は、余暇という領域にあって見られない。ただし、発言場所ではなくテーマによって、人びとがSEDの見解に異議を唱える場合と発言をしない場合があった点には注意が必要である。人びとは社会主義体制の自明性を疑問視したり、冷戦の行方を心配したりする「高度な政治」に関しては、政治体制による抑圧の危険性もあり、沈黙するか、私的な範囲内で話し合いをするに止まった。しかし、余暇や消費と言った問題については、「不足の社会」の中で生活しているからこそ、積極的にSEDに声を届けることで、彼らは自己利益の実現を最大限図ろうしていた。東ドイツ社会では、「身近な政治」こそが問題視された。そのため西側の社会にあって私的に解決がなされる内容が、公の空間において議論される政治的話題となり、逆に公の空間で問題となるはずの政治的な話題が私的空間へと後退することになったのである。いわば、東ドイツ社会においては公と私という二つの空間は存在しているものの、そこで取り上げられる内容が、現在の社会とちょうど逆転していたのである。むろん、「高度な政治」に関わる問題であっても、東西ドイツ間の人間交流の可能性に見られるように日常生活と関係した話題と結びつけて論じられる場合には、東ドイツに暮らした人びとは、SEDに向かって、それが「身近な政治」問題であると認識させる巧妙さを有していたことも忘れることはできない。いずれにせよ、東ドイツあっては、政治体制と社会との関係は双方向的な回路が機能し、それを元にして政治的な空間が存在していたのである。

　ここからは、東ドイツ社会を「ミツバチの巣」と形容するフルブルックの議論と、本書の描く東ドイツ社会像には若干の違いがあることが分かる。彼女の議論によれば、東ドイツの人びとは、自分にとってよりましな状況を確保するために、SEDや政府に対して自発的になり、周りの人びととの間においても協調した行動をとったと同時に、それが無意識に一九七〇年以降の東ドイツの政治・社会構造を安定させたと述べられる。人びとは巣箱の中に暮らすミツバチであり、彼らはその巣を意識せずに補修していたと見られている。

　本書においても、この国の人びとは日常をめぐる政治に対して、積極的な行動をしていたこと、しかもそれが、SED指導部においても支配体制を維持するうえで重要な問題であると認識されていたことを示した。しかし、企業や「大衆団体」の行動様式を見てみると、人びととの無意識的な政治行動が社会内部での対立を生み出したことについても、本書は言及している。ここからは、SED体制の姿として、日常生活に対する手当てが十分に行き届かずに、権力の正当性が徐々に空洞化しながら、社会内部で矛盾を蓄積させていったことが理解できる。東ドイツに暮らした人びとは、周囲の人間たちと協力しながら、自ら生活を改善する努力を行なうことで、この矛盾に対応していたのである。そしてこの矛盾への対処をめぐる体制と人びととの交渉が、この国にあって政治の焦点となっていたのである。

　政策の失敗を批判しながらも、体制を安定化させることになった、この人びととの政治体制への積極的な働きかけを具体的に示すものとして、キャンプ場の割り当てをめぐる事例を取り上げてみたい。

「一九七六年四月二十六日、Oという町に居住するL氏は『マグデブルク』を訪れ、以下の事実を伝えた。七五年十二月八日に受け付けられた次のシーズンのための彼の申請Nr.34428は、拒絶の返事を出された。［キャンプ場所については］『プレロウ』と『トラッセンハイデ』で申請された。また、［その代わりに］提案された場所でも、実現は不可能であった。L氏は、ここ四年にわたって、彼の最初に提出する申請に絶えず拒否の回答を受け取っていると示した模様であった。同時に、彼は、マグデブルクの仲の良いS氏家族が、絶えず受理の回答をもらっていることを示した。L氏は証拠として、S氏家族の七六年のキャンピング許可を提示した。申請番号はNr.39659であり、七五年十二月九日に、我々［『バルト海・キャンプセンター』のこと］に届いた。S氏はL氏と同様、『プレロウ』と『トラッセンハイデ』のキャンプ場所を同時期に申し込み、『トラッセンハイデ』の許可を受けた。この事例は、我々のプロジェクトにおけるシステムがもはや機能していない、明確な証左である。(2)」

この報告書そのものは、単に一九七〇年代以降、キャンプセンターに導入されたコンピュータがうまく機能していないということを指摘しているにすぎない。ここで注目したいのは、友人Sが当局の問題を指摘したLに対して、自分が割り当てを受けていることを表明した点にある。本来、SはLに対して自分が割り当てを受けているかどうか　伝える義務は存在しない。むしろこのような事例では、次年度のことを考えて、友人であってもしゃべらない利己的な行動をとることが得策である。そのような行動様式こそが合理的な判断と評価されるのではないだろうか。

しかし、ここからは、東ドイツ社会内部における個人と個人との水平関係において、自己の利益を追い求めつつも、類似の利益を追求する他者との協調関係が浮かびあがる。すなわち両者は共助の関係にある。このような例は、本書で取り上げた「家事労働のための休日」をめぐる女性たちの行動や、これまでのこの国の消費活動を扱った研究が示した社会像からしても、けっして単なる善意の一例であると見るわけにはいかない。まさに、社会主義体制の理念である、平等ないしは公正であることを通じた社会の構成員相互の密接な結合が、経済的不足ないしは不公正というSED社会主義体制の失敗を媒介にして、東ドイツ社会で実現されていたのである。これはまさに歴史の皮肉でしかない。

また、東ドイツに暮らす人びとは、体制と社会との垂直的関係においても、政治体制からの働きかけに反応する形ながらも、SEDが理想とする社会像を根拠にしつつ、自己の利益が侵された場合にはさまざまな手段を用いて、改善策をとることを要望していた。その際、彼らは自己の利益が他の社会構成員の利益と一致するものと位置づけて、私的な苦情ではなく社会的な問題であることを主張した。そのためにSEDは、社会の側からの反応を無視し得なかった。

この社会のあり方は、それぞれ一回一回の事件に着目すれば、SEDという池に投げ込んだ石が、水面の状態を一時的に変化させるだけの波紋を投げかける効果しか持たなかった。投げ込まれた一つの石は国家と社会関係の構造を直接変化させることはないのである。しかし、多くの石が池の底に沈殿して、目に見えない部分の池の形を徐々に変えていったことを無視してはならない。

この体制と社会との関係を踏まえて、本書は東ドイツ社会を「波紋社会」と提起したい。ただ一点、注意しておかねばならないのは、本書はこの社会が一枚岩的に東ドイツに存在し、SED体制に対峙していたことを主張するものではない。ロストック市の「養鶏区画」における飼料割り当てをめぐる対立関係は、東ドイツ社会内部において、個々人の相互利益にも対立が存在したことを示している。それゆえ、この「波紋社会」は、東ドイツにおいて斑状に存在していたと見るほうが適切である。

むろん、この社会像をもって「市民社会論」が想定するようなＳＥＤ体制に対する抵抗拠点の萌芽を見出すことは困難である。しかし、東ドイツの人びとは日常生活を豊かにするために、ＳＥＤ体制と向き合うことになった。東ドイツでは、日常生活空間から政治の影響力が排除されなかったために、人びとは無意識ながら政治的な関心を持ち続けることとなったのである。

東ドイツの「波紋社会」は、その政治性、その内部矛盾のために、ＳＥＤ体制と一九八九年にＳＥＤ体制を崩壊させることに寄与した反体制運動に対して、支持と不支持、協力と抵抗の両極端に振れる潜在性を有していたと言える。この点では、東ドイツ社会を一方的に評価することには慎重であるべきであろう。ただ、東ドイツに暮らした人びとが不自由な状態においても自己利益、ないしは彼らなりの自由を追求していたことは確かである。

最後に、東ドイツ余暇研究を通じて得られた成果を、現代史におけるいくつかの政治体制における社会空間のあり方と比較した上で、今では消滅してしまったこの国の日常と政治を見つめることが、いかなる意義を持ち得るのかを考えてみたい。

近現代における余暇の発展が私的世界の充足を目的にしつつも、私的な領域内部ではなく公の世界と結びついて展開し、一般の人びとにとって自らの問題として認識できるようになった過程を、本書は「余暇の政治化・民主化」と規定した。その流れの中にあって、東ドイツ社会主義体制下では、政治が身近な日常生活にまで浸透していたことで、余暇についての話題が公的な問題に転化し、一人ひとりの余暇活動の持つ社会的な意義が問題視される事態にまでなった。

この点では、同じ社会主義体制であっても、公と私の空間のあり方をめぐって、ソ連のスターリン期との違いが明らかになる。ソ連のスターリン体制期は、世界的に見ても新しい体制が確立する時期に当たり、人びとは直接政治と向き合わざるを得なかった。そのために、個々人の社会主義体制に対する態度が、人びとの日常生活においても問われざるを得なかった。この話題は公的な空間のみならず、私生活における議論の中心を占めることとなった。そこで、人びとの日常生活と政治空間をつなぐ結節点として、閉鎖的な場でありながらも、日記や手紙といったメディアによって支えられ、政治的な意見が表明される「プロト公共圏」が成立した(2)。

これに対して、ドイツのもう一つの独裁体制であるナチス体制は、余暇という私的な領域に介入することに躊躇しなかった。そのために、歓喜力行団の活動に見られるように余暇は組織化、集団化されたものの、このことは直ちにナチスの高官が語った「もはや寝ること以外に私は存在しない」という事態を現実のものにしたわけではなかった。むしろ、ナチス体制は、それまでの市民社会的な価値観が支配する私の空間を積極的に再編成することを通じて、体制自らが政治から逃れられる、ガス抜きのための空間を国民に提供することになった。そこでは、それまでの市民道徳とは相いれない行動も是認されていた(3)。ナチス期のドイツという場においては、公的空間が封鎖されたために、そこから人びとは排除されて、私的空間において私的な欲望の充足を図ることが促された。

それでは、西ドイツや日本をはじめとした第二次世界大戦後の同時代の社会の状況はどのように整理できるのであろうか。確かにこれらの国々においても、政治が貧困を中心とした社会問題に関与することは自明となった。しかしながら、消費や余暇といった日常生活の需要にまつわる問題は、体制が関与するものとは見なされなかった。むしろ戦後の西側社会では、余暇は政治的な性格を本来払拭できないにもかかわらず、私的利益の充足に関わる非政治的な領域であるとし、そこに逃げ込む余地が存在した。

その一方で、外交問題であったり、イデオロギーによる政策の違いの話であったりと、自らの日常に直結した問題とは直ちには認識できない内容が、公的な領域で話される話題となった。それゆえ、日常と政治との距離は拡大し、政治的無関心が促されることになったと言えなくもない。

ここに素描したそれぞれの体制の特徴からは、歴史的な状況に応じて政治と社会、そして個人との関係のあり方が異なることが理解できる。繰り返しになるが、東ドイツにおいては、余暇に代表される日常生活に関する問題は単に、行政や企業に対する個別の苦情として処理されるものではなかった。むしろ、この国では一九六〇年代から七〇年代にかけては、政治体制が疑問視されない代わりに、日常的な話題が開かれた社会空間において、政治問題として議論されることになったのである。現在の我々の常識から見れば、私と公の領域それぞれで扱われる主題の逆転現象が起こっていたことになる。

だが、この逆転現象を「不足の社会」下にあった東ドイツに特殊な現象とだけ捉えることは、果たして正しいと言えるのだろうか。西側にあっても日常生活や私の領域に関わるものが、公の場における議論の対象となった例はすでに存在している。それは、妊娠中絶合法化を唱えた西ドイツの女性運動家の「個人的なものは政治的なもの」との主張に示されている。第二次世界大戦後には、最も私的問題とされる性さえもが公の空間で議論の対象になったのである。だとすれば、西側においても「余暇の政治化・民主化」について語りつつ、日常生活の問題が公に議論される対象となり得ると認識することは決して誤りではない。しかしながら、現在、少なからぬ人びとがこのことに違和感を抱くであろう。だからこそ、余暇から政治を問い直す作業は、私的な問題と見なされがちなテーマを通して、日常の政治の意味を問い直すきっかけを提供することになる。この点から見て、東ドイツの社会主義体制下に関する余暇分析は、失われた国の小さな事例の知見を与えるだけのものではない。東ドイツの人びとの行動は、我々が政治的な主体性を発揮できるかどうかの鍵が、我々自身の日々の暮らしの中にこそ存在していることを教えてくれているのである。

注

序章

(1)「シュタージ」とは「国家保安省」の略語で、反体制活動の監視と取り締まりを行っていた。一九五〇年に正規職員は一、一〇〇人であったものが、八九年には約九万人まで増加した。それ以外に「非公式協力者」と呼ばれる非正規従事者が約一七万人にのぼったとされる。シュタージによる抑圧について詳しくは、近藤潤三『東ドイツ(DDR)の実像—独裁と抵抗』(木鐸社、二〇一〇年)、参照。
(2)アデナウアーとシューマッハーそれぞれの反共意識については、板橋拓己『アデナウアー—現代ドイツを創った政治家』(中央公論新社、二〇一四年)、安野正明『戦後ドイツ社会民主党史研究序説—組織改革とゴーデスベルク綱領への道』(ミネルヴァ書房、二〇〇四年)、参照。
(3)冷戦期から社会主義体制の実態を積極的に検討していた論者による冷戦後の総括として、塩川伸明『冷戦終焉二〇年—何が、どのようにして終わったのか』(勁草書房、二〇一〇年)、参照。
(4)マルクスやレーニンの階級闘争に基づく歴史発展論的な理解に基づくならば、共産主義とは人類の平等が実現している歴史の終着点とされながらも、社会主義はそこへと至る資本主義後の段階と捉えられる。ここではいまだに資本主義の残滓が残っており、国家は死滅する以前にあることから、共産主義社会の実現を目指す労働者の政党として共産党が権力を掌握し、人びとを指導することが重要視される。
(5)本書は近代以降の政治的民主化の中で、政治に参加する権利を獲得し、自己の意思に基づいて政治的利益を追求する社会大多数の人間を指して、「ふつうの人びと」(ordinary people)や、「東ドイツに暮らす人びと」

という言葉を用いる。この用語については、Cf. Mary Fulbrook (ed.), *Power and Society in the GDR, 1961-1979: the "Normalisation of Rule"?*, New York/Oxford 2009.

（6）オルテガ・イ・ガセット（神吉敬三訳）『大衆の反逆』（筑摩書房、一九九五年）、参照。

（7）Cf. Sarah Davies, *Popular Opinion in Stalin's Russia: Terror, Propaganda and Dissent, 1931-1941*, Cambridge/New York, 1997; Sheila Fitzpatrick, *Everyday Stalinism: Ordinary Life in Extraordinary Times: Soviet Russia in 1930s*, Oxford/New York 1999.

（8）Christoph Kleßmann, *Arbeiter im „Arbeiterstaat" DDR: deutsche Traditionen, sowjetisches Modell, westdeutsches Magnetfeld 1945 bis 1971*, Bonn 2007, S. 14.

（9）Vgl. Konrad H. Jarausch/Hannes Siegrist (Hrsg.), *Amerikanisierung und Sowjetisierung in Deutschland 1945-1970*, Frankfurt (Main) 1997.

（10）斎藤哲『消費生活と女性—ドイツ社会史（一九二〇～七〇年）の一側面』（日本経済評論社、二〇〇七年）、一八八頁。

（11）ドイツにおける社会学上の余暇の概念規定と東ドイツの余暇について端的に紹介したものとして、Vgl. Horst W. Opaschowski, „Freizeit", in: Werner Weidenfeld/Karl-Rudolf Korte (Hrsg.), *Handbuch zur deutschen Einheit*, Neuausgabe 1996, Bonn 1996, S. 330 ff.

（12）高度経済成長の後期にあって、当時の代表的な経済学者の一人である大河内一男は、日本人の余暇が消費社会化の波に飲まれていると批判した上で、教養を高め、自己実現をはかるべき時間として構成しなおすことを主張している。大河内一男『余暇のすすめ』（中央公論社、一九七四年）。

（13）ハンナ・アレント（志水速雄訳）『人間の条件』（筑摩書房、一九九四年）、五〇—五二頁、一三五頁。ただしアレントによれば、古代の哲学者が理想としたものは、この政治活動からさえも自由になることにあり、俗事から逃れてひたすら哲学的な思索を行なう「観照」こそ真の「余暇」であるとされた。アレント、同書、二八頁、注釈一〇、四〇頁、参照。

(14) ヴェブレン（小原敬士訳）『有閑階級の理論』（岩波書店、一九六一年）、参照。

(15) Vgl. Jürgen Habermas, *Strukturwandel der Öffentlichkeit: Untersuchungen zu einer Kategorie der bürgerlichen Gesellschaft*, Neuaufl., Frankfurt (Main) 1990.〔ユルゲン・ハーバマス（細谷貞雄、山田正行訳）『公共性の構造転換―市民社会の一カテゴリーについての探求　第二版』（未来社、一九九四年）。〕

(16) 山之内克子「変わりゆく都市文化―近世における余暇の成立と新しい生活様式」若尾祐司・井上茂子（編）『ドイツ文化史入門―一六世紀から現代まで』（昭和堂、二〇一一年）、一二二頁。

(17) ヴィクトリア・デ・グラツィア（豊下楢彦、高橋進、後房雄、森川貞夫訳）『柔らかいファシズム―イタリア・ファシズムと余暇の組織化』（有斐閣、一九八九年）、参照。

(18) なお、「余暇の民主化」については、すでにナチス期の「歓喜力行団」に着目した研究によって用いられている。井上茂子「日常と余暇」、矢野久／アンゼルム・ファウスト（編）『ドイツ社会史』（有斐閣、二〇〇一年）、二七二頁。

(19) エンゲルス（一條和生・杉山忠平訳）『イギリスにおける労働者階級の状態―一九世紀のロンドンとマンチェスター』（岩波書店、一九九〇年）、二六五頁。

(20) 代表的なものとして合唱活動を扱った、松本彰「十九世紀ドイツにおける男声合唱運動―ドイツ合唱同盟成立（一八六二年）の過程を中心に」姫岡とし子、長谷川まゆ帆、河村貞枝、松本彰、中里見博、砂山充子、菊川麻里『ジェンダー』（ミネルヴァ書房、二〇〇八年）、一一一―一六一頁、また体操活動をあつかったものとして、小原淳『フォルクと帝国創設―一九世紀ドイツにおけるトゥルネン運動の史的考察』（彩流社、二〇一一年）、参照。

(21) Horst Groschopp, *Zwischen Bierabend und Bildungsverein: zur Kulturarbeit in der deutschen Arbeiterbewegung vor 1914*, Berlin (Ost) 1985, S. 19.

(22) *Ebd.*, S. 15.

(23) 田中洋子『ドイツ企業社会の形成と変容―クルップ社における労働・生活・統治』(ミネルヴァ書房、二〇〇一年)、二九五―三〇一頁、参照。

(24) Vgl. Groschopp, *a. a. O.* (Zwischen Bierabend)

(25) 十九世紀から二十世紀初頭にかけての労働者層の余暇活動と「協会」について詳しくは、田中洋子「労働者文化と協会の形成」、若尾祐司・井上茂子(編)、前掲書(ドイツ文化史入門)、一六七―一九五頁、参照。

(26) 「ナチズム」(Nationalsozialismus)の日本語訳としてしばしば「国家社会主義」の用語が用いられるも、ドイツ語においてはこの「国家社会主義」に相当する単語としてStaatssozialismusがある。現在ドイツ語では、「国家社会主義」はソ連や東ドイツを含む旧東欧圏の政治体制を指す言葉として用いられていることに注意したい。

(27) 「歓喜力行団」については、原田一美「第三帝国における労働者」『西洋史学』一四八号(一九八七年)、二五一―二六四頁や井上茂子「ナチス・ドイツの民衆統轄―ドイツ労働戦線を事例として」『歴史学研究』五八六号(一九八八年)一九六―二〇七頁を参照。ナチスによる労働者獲得の方策については、原田昌博『ナチズムと労働者―ワイマル共和国時代のナチス経営細胞組織』(勁草書房、二〇〇四年)、参照。

(28) ナチス時代の消費と余暇をめぐる問題について簡便に確認できるものとして、山本秀行『ナチズムの時代』(山川出版社、一九九八年)、詳しくは、田野大輔『魅惑する帝国―政治の美学化とナチズム』(名古屋大学出版会、二〇〇七年)、参照。また、ナチス的な私的空間に対する極端な行動の事例は、性をめぐる彼らの対応からも窺い知れる。同『愛と欲望のナチズム』(講談社、二〇一二年)、参照。

(29) 井上、前掲書(日常と余暇)、二七二頁。

(30) 斎藤、前掲書(消費生活と女性)、一五四頁。

(31) 斎藤、同、二一―三頁。

（32） János Kornai, *The Socialist System: the Political Economy of Communism*, Princeton 1992, p. 233.

（33） 斎藤、前掲書（消費生活と女性）、二三〇頁。

（34） 石井聡、『もう一つの経済システム―東ドイツ計画経済下の企業と労働者』（北海道大学出版会、二〇一〇年）、一六六頁。

（35） 斎藤、前掲書（消費生活と女性）七五頁以下、参照。

（36） Vgl. Axel Schildt, *Moderne Zeiten: Freizeit, Massenmedien und „Zeitgeist" in der Bundesrepublik der 50er Jahre*, Hamburg 1995.

（37） Mary Fulbrook, "The Concept of 'Normalisation' and the GDR in Comparative Perspective," in: ibd.(ed.), *op. cit. (Power and Society)*, p.1 ff.

（38） なお西ドイツに関する戦後研究においては、一九五〇年代後半から七〇年代前半までの時期を、民主化と社会変革が進んだ時代として捉える「長い六〇年代」論が唱えられている。この議論で説く社会変革の進展は、本書の用いる「正常化」にも通じる要素がある。Vgl. Matthias Frese/Julia Paulus/Karl Teppe (Hrsg.), *Demokratisierung und gesellschaftlicher Aufbruch: die sechziger Jahre als Wendezeit der Bundesrepublik*, Paderborn/München/Wien/Zürich 2003.

（39） 矢野久『労働移民の社会史―戦後ドイツの経験』（現代書館、二〇一〇年）、近藤潤三『移民国としてのドイツ―社会統合と平行社会のゆくえ』（木鐸社、二〇〇七年）、参照。

（40） Charles S. Maier, "Two Sorts of Crisis? The 'long' 1970s in the West and the East", in: Hans Günter Hockerts (Hrsg.), *Koordinaten deutscher Geschichte in der Epoche des Ost-West-Konflikts*, München 2004, S. 49-62.

（41） Vgl. *Geschichte der deutschen Arbeiterbewegung*, hrsg. von Institut für Marxismus-Leninismus beim ZK der SED, Berlin (Ost), 1966.

（42）ドイツの公文書館史料は、公開までに三〇年を必要とする「三〇年原則」が適用されており、直近の時代については公文書を研究目的であっても利用することはできない。しかしながら、旧東ドイツに関係する史料については、外務省所蔵史料や、「旧国家保安省」（シュタージ）関係の個人史料を除き、この原則の適応除外となっている。なお、シュタージ関係の史料については、個人のプライバシー保護の観点から当該箇所について判別できないような形で研究目的での閲覧が可能となってる。

（43）Vgl. *Materialien der Enquete-kommission „Aufarbeitung von Geschichte und Folgen der SED-Diktatur in Deutschland“ (12. Wahlperiode des Deutschen Bundestages)*, hrsg. vom Deutschen Bundestag, 9 Bände, Baden-Baden/Frankfurt (Main) 1995.

（44）Vgl. Herman Weber, *Die DDR 1945-1986*, München 1988. この本は日本語の翻訳も存在し、「東ドイツ研究」を始めるものにとって重要なレファレンス文献として、ドイツでは版を重ねている。H・ヴェーバー（斎藤哲、星乃治彦訳）『ドイツ民主共和国史―「社会主義ドイツの興亡」』（日本経済評論社、一九九一年）、参照。

（45）Vgl. Klaus Schroeder, *Der SED-Staat: Partei, Staat und Gesellschaft 1949-1990*, München 1998; Sigrid Meuschel, *Legitimation und Parteiherrschaft in der DDR: zum Pradox von Stabilität und Revolution in der DDR 1945-1989*, Frankfurt (Main) 1992.

（46）*Materialien der Enquete-kommission „Überwindung der Folgen der SED-Diktatur im Prozeß der deutschen Einheit“ (13. Wahlperiode des Deutschen Bundestages)*, hrsg. vom Deutschen Bundestag, 8 Bände, Baden-Baden/Frankfurt (Main) 1999.

（47）Vgl. Ralph Jessen, „Die Gesellschaft im Staatssozialismus: Probleme einer Sozialgeschichte der DDR“, in: *GG* 21 (1995) 1, S. 96 ff. ; Richard Bessel/ders. (Hrsg.) *Die Grenzen der Diktatur: Staat und Gesellschaft in der DDR*, Göttingen 1996.

（48）Vgl. Peter Hübner, *Konsens, Konflikt und Kompromiß: soziale Arbeiterinteressen und Sozialpolitik in der SBZ/DDR 1945-1970*, Berlin 1995.

(49) Vgl. Jürgen Kocka, „Eine ‚durchherrschte Gesellschaft'" in: Hartmut Kaelble/Jürgen Kocka/Hartmut Zwahr (Hrsg.), *Sozialgeschichte der DDR*, Stuttgart 1994, S. 547 ff.

(50) Vgl. Konrad H. Jarausch, „Realer Sozialismus als Fürsorgediktatur: zur begrifflichen Einordnung der DDR", in: *APuZ*, 48 (1998) 20, S. 33 ff. 体制による社会への社会政策を通じた介入のあり方について、ナチス体制と東西ドイツを比較する枠組みとして「社会国家性」を主張する議論として、Vgl. Hans Günter Hockerts (Hrsg.), *Drei Wege deutscher Sozialstaatlichkeit: NS-Diktatur, Bundesrepublik und DDR im Vergleich*, München 1998.

(51) Günter Gaus, *Wo Deutschland liegt: eine Ortsbestimmung*, Hamburg 1983, S. 156 ff.

(52) 斎藤哲、前掲書（消費生活と女性）、二三一頁。

(53) 東ドイツに「換骨奪胎」論を用いたものとして、Thomas Lindenberger, „Die Diktatur der Grenzen: zur Einleitung", in: ders. (Hrsg.), *Herrschaft und Eigen-Sinn in der Diktatur: Studien zur Gesellschaftsgeschichte der DDR*, Köln/Weimar/Wien 1999, S. 13 ff.; ナチス体制期を説明した元の議論として、Alf Lüdtke, *Eigen-Sinn: Fabrikalltag, Arbeitererfahrungen und Politik vom Kaiserreich bis in den Faschismus*, Hamburg 1993.

(54) 体制転換期において東ドイツ社会に生まれた「公共圏」の意義と、その後のドイツ社会にもたらした影響については、Vgl. Izeki Tadahisa: *Das Erbe der Runden Tische in Ostdeutschland: bürgerorientierte Foren in und nach der Wendezeit*, Frankfurt (Main) 1999; また、教会における対抗的な公的空間を形成していたことを論じたものとして、市川ひろみ「東ドイツにおける教会と市民運動――『社会主義のなかの教会』の役割と限界」、『歴史評論』、五四六号、一九九五年、四八―六二頁、参照。

(55) 一九八九年以前の日本における東ドイツ研究は、社会主義体制にシンパシーを抱く研究者によって主に担われてきた。それゆえ、SED体制においては、政治を執行するものを選ぶ権利がないという点では、形式的な民主主義が成り立っていないにもかかわらず、失業が存在せず、人びとは教育も十分に受けられ、積極的に職場での労働に参加し、意見を表明できていることから、実質的に民主主義が成り立っているとの評価がなされた。代表的な研究としては、近江谷左馬之介『ドイツの社会主義』(ありえす書房、一九八一年)上杉重二郎「スターリン主義の諸問題―東ドイツにおけるマルクス主義的実践について」『思想』四八六号(一二)、一九六四年、一七三一―一七四〇頁、影山日出弥「ザクセンにおける人民表決―東独憲法成立史の一側面」『愛知大学国際問題研究所紀要』、四一号、一九六七年、一〇五―一四七頁、参照。

(56) 山田徹『東ドイツ・体制崩壊の政治過程』(日本評論社、一九九四年)、参照。また、ソ連占領下における戦後改革の意義と問題点を取り上げた初期の研究として、木戸衛一「ソ連占領下ドイツにおける戦後変革の諸相」『歴史学研究』第六〇〇号(一九八九年)、三六―四五頁参照。

(57) 仲井斌『ドイツ史の終焉―東西ドイツの歴史と政治』(早稲田大学出版部、二〇〇三年)、参照。

(58) 星乃治彦『東ドイツの興亡』(青木書店、一九九一年)、同『社会主義と民衆―初期社会主義の歴史的経験』(大月書店、一九九八年)、参照。

(59) 星乃治彦『社会主義国における民衆の歴史―一九五三年六月一七日東ドイツの情景』(法律文化社、一九九四年)、参照。

(60) 彼女の代表的な研究として、Cf. Mary Fulbrook, *Anatomy of a Dictatorship: inside the GDR 1949-1989*, Oxford/New York 1995, なおイギリスにおける「東ドイツ研究」の状況と、外国人によるこの分野の研究の方向性を示すものとして、拙稿「イギリスにおける東ドイツ研究の展開:メアリー・フルブルーク[フルブルック]の議論を中心にして」『成蹊法学政治学研究』第三二号二〇〇六年、三三―四四頁、参照。

(61) Cf, Fulbrook Mary, *The People's State: East German Society from Hitler to Honecker*, New Haven/London 2005, p292.

(62) 伊豆田俊輔『東ドイツの文化同盟(一九四五―一九五八)―知識人たちの自発性をめぐって』、東京大学大

学院総合文化研究科博士学位論文、二〇一四年、二〇-二一頁、参照。

（63）Corey Ross, *Constructing Socialism at the Grass-Roots: the Transformation of the East Germany, 1945-65*, Basingstoke/New York 2000, p. 206.

（64）Jeannette Z. Madarász, *Conflict and Compromise in East Germany, 1971-1989: a Precarious Stability*, Basingstoke/New York 2003.

（65）塩川伸明『ソヴェト社会政策史研究―ネップ・スターリン時代・ペレストロイカ』（東京大学出版会、一九九一年）、同『「社会主義国家」と労働者階級―ソヴェト企業における労働者統轄　一九二九―一九三三年』（岩波書店、一九八四年）、その他、一九三〇年代のスターリン体制期における社会統合を政治史の側から分析したものとして、富田武『スターリニズムの統治構造―一九三〇年代ソ連の政策決定と国民統合』（岩波書店、一九九六年）、参照。

（66）塩川伸明『現存した社会主義―リヴァイアサンの素顔』（勁草書房、一九九九年）、一八四―一九六頁。

（67）塩川、前掲書（冷戦終焉二〇年）、参照。

（68）例えば、社会主義体制が労働への積極的な寄与を人びとに訴えかけ、社会統合に利用していた状況を考察したものとして、池田嘉郎『革命ロシアの共和国とネイション』（山川出版社、二〇〇七年）、参照。

（69）松井によれば、主体性は人間が行ない得る行動の可能性と内面意識における自由の二つの側面が重なりあうものとされる。松井康浩、『スターリニズムの経験―市民の手紙・日記・回想録から』（岩波書店、二〇一四年）、「二〇世紀ロシア知識人のライフストーリー研究の可能性」、同（編）『二十世紀ロシア史と日露関係の展望―議論と研究の最前線』（九州大学出版会、二〇一〇年）、三九-四〇頁、同「スターリン体制下の個人と親密圏（ソ連研究の新展開）」『思想』九五二号（二〇〇三年）六-三一頁、参照。また、後の時代を扱った研究では、家族という私的領域がいかに公の意味を持つ領域となっていたのかが示されている。河本和子『ソ連の民主主義と家族―連邦家族基本法制定過程一九四八―一九六八』（有信堂高文社、二〇一二年）、参照。

(70) この「プロト公共圏」概念は、「市民的公共圏」とは異なり、閉じられた空間において、親密な関係にある人びとが、公的領域にかかわりを持つ争点について意見や議論を交わした空間と規定されている。松井、前掲書（スターリニズムの経験）、二三頁参照。
(71) 斎藤哲、前掲書（消費生活と女性）、一四−一五頁。
(72) 近藤潤三、前掲書（東ドイツ（DDR）の実像）、参照。
(73) 石井聡、前掲書（もう一つの経済システム）、参照。石井の経営史的なミクロな視点に対して、マクロな視点に基づく東ドイツの経済研究として、白川欽哉「東ドイツにおけるコンビナート改革（一九七六−八五年）―工業組織改革の構想と問題点」、『土地制度史学』三八号（一九九六年）、一−一八頁、また、ソ連への戦後賠償の支払いに関するものとして、同「ソ連占領地域における戦後賠償（一）―デモンタージュと工業の再編―」、『経済論集（ノースアジア大学）』四号（二〇〇八年）、一九−三四頁、同、「ソ連占領地域における戦後賠償（二）―デモンタージュと工業の再編―」『経済論集（ノースアジア大学）』五号（二〇〇八年）、一−一四頁、参照。
(74) 足立芳宏『東ドイツ農村の社会史―「社会主義」経験の歴史化のために』（京都大学学術出版会、二〇一一年）、五七八頁。
(75) 伊豆田俊輔、前掲書（東ドイツの「文化同盟」）、参照。
(76) Vgl. Shunsuke Izuta, Von „Zweierlei Deutschland“ zur „Erneuerung Deutschlands“: Vorgeschichte des Kulturbundes im Zweiten Weltkrieg, in: *Working Paper for JSPS-DFG Japanese-German Externship*, Vol 6.
(77) 伊豆田俊輔、前掲書（東ドイツの「文化同盟」）、二四頁参照。ドイツ現代史においては人間個々の自発性・主体性に注目しながら、政治と人間との関係を問う研究が現れている。このうち、ナチス期の一般兵士の野戦郵便を用いて丹念に検討し、主体のもつ多様性を明らかにしたものとして、小野寺拓也『野戦郵便から読み解く「ふつうのドイツ兵」―第二次世界大戦末期におけるイデオロギーと「主体性」』（山川出版社、二〇一二年）、参照。

(78) ドイツ語圏における社会学的観点からのなされた余暇研究の代表例として、vgl., Horst W. Opaschowski, *Einführung in die Freizeitwissenschaft*, Opladen 1994; ders., *Freizeitökonomie: Marketing von Erlebniswelten*, Opladen 1995.

(79) Vgl. Dieter Voigt, *Soziologie in der DDR: eine exemplarische Untersuchung*, Köln 1973, S. 117 ff.

(80) Vgl. Jürgen Micksch, *Jugend und Freizeit in der DDR*, Opladen 1972.

(81) Vgl. Wolfgang Zimmermann, *Die industrielle Arbeitswelt der DDR unter dem Primat der sozialistischen Ideologie*, Münster/Hamburg/London 2002.

(82) Vgl. Jörg Roesler, „Die Produktionsbrigaden in der Industrie der DDR: Zentrum der Arbeitswelt?“, in: Kaelble/Kocka/Zwahr, (Hrsg.): *a. a. O.* (Sozialgeschichte der DDR), S. 144 ff.

(83) Vgl. Peter Alheit/Hanna Haack, *Die vergessene ,,Autonomie“ der Arbeiter: eine Studie zum frühen Scheitern der DDR am Beispiel der Neptunwerft*, Berlin 2004.

(84) Vgl. Annette Kaminsky, *Wohlstand, Schönheit, Glück: kleine Konsumgeschichte der DDR*, München 2001, S. 105 ff.

(85) Vgl. Ina Merkel, *Utopie und Bedürfnis: die Geschichte der Konsumkultur in der DDR*, Köln/Weimar/Wien 1999, S. 303 ff.

(86) Vgl. Wolfgang Kaschuba/Ina Merkel/ Leonore Scholze-Irrlitz/Thomas Scholze, „Forschungsbericht ‚Freizeitverhalten in der DDR und in den neuen Ländern: Geselligkeit, Fest- und Konsumkultur'“, in: *a. a. O. (Materialien der Enquete-kommission „Überwindung“ Bd. V)*, S. 655 ff.

(87) Vgl. Gerlinde Irmscher, „Freizeitleben: Muße, Feierabend, Freizeit“, in: Evemarie Badstübner (Hrsg.), *Befremdlich anders: Leben in der DDR*, Berlin 2000, S. 350 ff.; dies., „‚Arbeitsfrei mit Küßchen drauf‘: Zeit und

Leben in den Sechzigern“, in: *Wunderwirtschaft: DDR-Konsumkultur in den 60er Jahren*, hrsg. von Neue Gesellschaft für Bildende Kunst, Köln/Weimar/Wien 1996, S. 37 ff; Gerlinde Petzoldt, „„Freie Zeit - was nun?‘ Alltägliche Modernisierung in der Arbeitsgesellschaft der DDR“, in: *MKF.* 33 (1993), S. 153 ff.

(88) Vgl. Ulrike Häußer/Marcus Merkel (Hrsg.), *Vergnügen in der DDR*, Berlin 2009.

(89) Cf. Fulbrook, *op. cit.* (The People’s State).

(90) Cf. Jeannette Z. Madarász, *Working in East Germany: Normality in a Socialist Dictatorship, 1961 to 79*, Basingstoke 2006.

(91) Cf. Esther von Richthofen, *Bringing Culture to the Masses: Control, Compromise and Participation in the GDR*, New York/Oxford 2009; Dan Wilton, “The ‘Societalisation’ of the State: Sport for the Masses and Popular Music in the GDR”, in: Fulbrook (Hrsg.): *op. cit. (Power and Society in the GDR)*, pp. 102.

(92) Arnd Bauerkämper, *Die Sozialgeschichte der DDR*, München 2005, S. 18 ff. Vgl. Christoph Kleßmann, *Zwei Staaten, eine Nation: deutsche Geschichte 1955-1970,* 2., überarb. und erw. Autl., Boun 1997, S. 423 ff.

(93) ＳＥＤの政策全般を概観するうえでもっとも有用であると思われる『ＳＥＤハンドブック』には、むろん「余暇政策」（Freizeitpolitik）を扱った項目は存在しない。Vgl. Andreas Herbst/Gerd-Rüdiger Stephan/Jürgen Winkler (Hrsg.), *Die SED: Geschichte, Organisation, Politik, ein Handbuch*, Berlin 1997.

(94) 斎藤、前掲書（消費生活と女性）、二八四―二八五頁。

(95) ソ連の新聞投稿を分析したものとして、浅岡善治「権力と人民との『対話』―初期ソヴィエト政権下における民衆の投書」、松井康浩（編）『二十世紀ロシア史と日露関係の展望―議論と研究の最前線』（九州大学出版会、二〇一〇年）、六三―八六頁、参照。

(96) „Erlaß des Staatsrates der Deutschen Demokratischen Republik über die Eingaben der Bürger und die Bearbeitung durch die Staatsorgane“, in: *GBl. I* (1961), S. 7; „Erlaß des Staatsrates der Deutschen

Demokratischen Republik über die Eingaben der Bürger“ , in: *GBl. I* (1969), S. 239 ff.; „Gesetz über die Bearbeitung der Eigaben der Bürger - Eingabengesetz“, in: *GBl. I* (1975), S. 461.

(97)「請願」制度については、これが単なる世論のガス抜きを行なう装置であったのか、政策運営上意味を持っていたのかについて、すでに検討されている。この制度と意味の全体像を文化的な背景も含めて論じたものとして、Vgl. Felix Mühlberg, *Bürger, Bitten und Behörden: Geschichte der Eingabe in der DDR*, Berlin 2004.

(98) 松井、前掲書（スターリンズムの経験）、参照。

(99) 石井、前掲書（もう一つの経済システム）、参照。Vgl. Roesler, *a. a. O.*(Die Produktionsbrigaden).

第1章

(1) 斎藤、前掲書（消費生活と女性）、三〇一頁。

(2) Vgl. Monika Kaiser, *Machtwechsel von Ulbricht zu Honecker: Funktionsmechanismen der SED-Diktatur in Konfliktsituationen 1962 bis 1972*, Berlin 1997.

(3)「経済政策と社会政策の統合」によって慢性的に財政赤字が増加したにもかかわらず、ＳＥＤ指導部は、支配体制維持のため、住民の生活レベルを落とすことになりかねない改革を避けた。この経済政策の失敗についてはＳＥＤ指導部にいた人びとの証言が存在する。Vgl. Theo Pirker/Rainer M. Lepsius/Rainer Weinert/Hans-Hermann Hertle, *Der Plan als Befehl und Fiktion: Wirtschaftsführung in der DDR, Gespräche und Analysen*, Opladen 1995.

(4) Werner Müller, „Doppelte Zeitgeschichte: Periodisierungsprobleme der Geschichte von Bundesrepublik und DDR“, in: *DA*, 29 (1996) 4, S. 552 ff.

(5) Vgl. Rainer Karlsch, *Allein Bezahlt? die Reparationsleistungen der SBZ/DDR 1945-1953*, Berlin 1993.

(6) 石井、前掲書（もう一つの経済システム）、七三–七五頁。

(7) ソ連における出来高払い制賃金の導入については、塩川、前掲書（社会主義国家）、参照。„Befehl Nr. 234 des Obersten Chefs der Sowjetischen Militäradministration in Deutschland über Maßnahemen zur Erhöhung der Arbeitsproduktivität und zur weiteren Verbesserung der materiellen Lage der Arbeiter und Angestellten der Industrie und des Verkehrswesens, 9. Oktober 1947", in: Helene Fiedler (Hrsg.), *Zur Sozialpolitik in der antifaschistisch-demokratischen Umwälzung 1945 bis 1949: Dokumente und Materialien*, Berlin (Ost) 1984, S. 196 f.; この指令二三四号が企図した出来高賃金制の導入や、これに付随するノルマの引き上げといった問題、さらには労働生産性向上の可否については、石井、前掲書（もう一つの経済システム）、七六―七八頁や Hübner, *a. a. O.* (Konsens)、参照。

(8) *Ebd.*, S. 42.

(9) 西ドイツでは、一九五〇年という比較的早期に配給制が廃止されたのに対して、東ドイツでいったん、すべての品目で配給制が終了したのは一九五八年である。

(10) „Befehl Nr. 56 des Obersten Chefs der SMAD vom 17. 2. 1946", in: *Arbeit und Sozialfürsorge: Jahrbuch vom 1945 bis 31. März 1947*, Berlin 1947, S. 307.

(11) „Befehl 234", in: Fiedler (Hrsg.), *a. a. O.* (Zur Sozialpolitik), S. 196.

(12) Gunner Winkler (Hrsg.), *Geschichte der Sozialpolitik der DDR, 1945-1985*, Berlin (Ost) 1989, S. 402.

(13) Hübner, *a. a. O.* (Konsens), S. 95 ff.

(14) 東ドイツにおける模範労働者運動の典型といわれるものが「ヘンネッケ運動」であり、驚異的な生産性を人為的に達成させて、労働英雄という形で大々的に表彰し、広く生産性向上を呼びかけた。ヘンネッケの名前は、一九四八年一〇月一三日、ツヴィッカウ近郊の鉱山労働者が一日のノルマの三八七％を達成したことにちなむ。詳しくは、石井、前掲書（もう一つの経済システム）、八一―八二頁。

(15) Herbert Warnke, *Aufbauplan 234 wird verwirklicht*, Berlin 1948, S. 19.

(16) „Befehl 234“, in: Fiedler (Hrsg.), *a. a. O.* (Zur Sozialpolitik), S. 196 f.

(17) Jörg Roesler, *Inszenierung oder Selbstgestaltungswille? zur Geschichte der Brigadebewegung in der DDR während der 50er Jahre*, Berlin 1994, S. 8 ff.

(18) „‚Dem Volk mehr, bessere und billigere Textilien!‘ Kollegin Frieda Hockauf geht ihren Kollegen beispielgebend voran“, in: *Tribüne*, 1. 10. 1953.

(19) Hübner, *a. a. O.* (Konsens), S. 99.

(20) Gerhard Ziller, „Die Herabsetzung der Arbeitszeit auf 45 Stunden in der Woche“, in: *Einheit*, 11 (1956) 12, S. 1171 f.

(21) *BArch, DE 1/12653*, Bl. 119: Abt. Arbeit und Löhne, Sekretariatsinformation „Einschätzung des gegenwärtigen Standes über die Einführung der 45-Stundenwoche in der volkseigenen und der gleichgestellten sowie in der Privatindustrie“, 26. 4. 1957.

(22) Hübner, *a. a. O.* (Konsens), S. 112.

(23) *Ebd.*, S. 75 f.

(24) Winkler, *a. a. O.* (Geschichte der Sozialpolitik), S. 376.

(25) Erich Apel, „Unsere ökonomische Hauptaufgabe und die Weiterentwicklung unserer Industrie“, in: *Einheit*, 13 (1958) 8, S. 1108 f.

(26) Ulbricht, Walter, „Der Kampf um den Frieden, für den Sieg des Sozialismus, für die nationale Wiedergeburt Deutschlands als friedliebender, demokratischer Staat“, in: *Protokoll der Verhandlungen des V. Parteitages der Sozialistischen Einheitspartei Deutschlands*, Berlin (Ost) 1959, Bd. 1, Berlin (Ost) 1959, S. 22 ff.

(27) 斎藤、前掲書（消費生活と女性）、二一二頁。

(28) Jörg Roesler, „Die Produktionsbrigaden in der Industrie der DDR: Zentrum der Arbeitswelt?“, in: Kaelble/

Kocka/Zwahr (Hrsg.), *a. a. O.* (Sozialgeschichte der DDR), S. 145.

(29) *SAPMO-BArch, DY 30/3709*, Bl. 120: von Walter Ulbricht an den Ersten Sekretär des Zentralkomitees der KPdSU Genossen N. S. Chruschtschow, Information über die Ursachen der wirtschaftlichen Schwierigkeiten der DDR, 4. 8. 1961.

(30) 一九五八年のフルシチョフの西側向けの「ベルリン問題に関する最終通告」からの一連の「ベルリン問題」については、すでにさまざまな研究が提出されている。そのうち、ＳＥＤ指導部とソ連指導部との外交上のやり取りについては、Vgl. Michael Lemke, *Die Berlinkrise 1958 bis 1963: Interessen und Handlungsspielräume der SED im Ost-West-Konflikt*, Berlin 1995.

(31) *SAPMO-BArch, NY 4182/972*, Bl. 93: von Günter Mittag an Walter Ulbricht, ohne Titel [Einschätzung der Verluste, die der Volkswirtschaft durch Abwerbung von Arbeitskräften], 21. 4. 1965.

(32) André Steiner, *Die DDR-Wirtschaftsreform der sechziger Jahre: Konflikt zwischen Effizienz- und Machtkalkül*, Berlin 1999, S. 280.

(33) *Neues Deutschland*, vom 7. 9. 1961, S. 1.

(34) Steiner, *a. a. O.* (Die DDR-Wirtschaftsreform), S. 281.

(35) Hübner, *a. a. O.* (Konsens), S. 123-125.

(36) 石井、前掲書（もう一つの経済システム）、一六〇頁。

(37) Hübner, *a. a. O.* (Konsens), S. 126.

(38) Hübner, *a. a. O.* (Konsens), S. 81.

(39) Steiner, *a. a. O.* (Die DDR-Wirtschaftsreform), S. 59-60; *SAPMO-BArch DY 30 IV A2/2.021/80*, Bl. 245: Abt. Parteiorgane, Kurzinformation über die ersten Stellungsnahmen zum Referat des Genossen Walter Ulbricht auf dem VI. Parteitag, 17. 1. 63.

(40) Alheit/Haack, *a. a. O.* (Die Vergessene „Autonomie“), S. 311.

(41) Annette Schuhmann, *Kulturarbeit im sozialistischen Betrieb: gewerkschaftliche Erziehungspraxis in der SBZ/DDR 1946 bis 1970*, Köln/Weimar/Wien 2006, S. 160 f.

(42) Walter Ulbricht, „Kampf um Höchstniveau erfordert straffe komplexe Führung, wissenschaftliche Planung sowie die volle Ausnutzung der ökonomischen Gesetze des Sozialismus in der Volkswirtschaft“, in: ders., *Zum neuen ökonomischen System der Planung und Leitung*, Berlin (Ost) 1966, S. 43.

(43) Liebermann, „Plan, Gewinn, Prämie“, in: *Die Wirtschaft*, Nr. 39, 26. 9. 1962.

(44) Walter Ulbricht, *Das neue Ökonomische System der Planung und Leitung der Volkswirtschaft in der Praxis*, Berlin (Ost) 1963, S. 8 f.

(45) Steiner, *a. a. O.* (Die DDR-Wirtschaftsreform), S. 289.

(46) *Ebd.*, S. 299.

(47) *Ebd.*, S. 573′ b)については本表より計算。

(48) „Wie mit der Jahresendprämierung beginnen? Interessante Anregungen aus Filmfabrik Wolfen“, in: *die Wirtschaft*, Nr. 7, 17. 2. 1966.

(49) „Verordnung über die ‚5-Tage-Arbeitswoche für jede zweite Woche‘ und die Verkürzung der wöchentlichen Arbeitszeit“, in: *GBl. II* Nr. 134, 1965, S. 897-902; „Verordnung über die durchgängige 5-Tage-Arbeitswoche und die Verkürzung der wöchentlichen Arbeitszeit bei gleichzeitiger Neuregelung der Arbeitszeit in einigen Wochen mit Feiertagen vom 3. 5. 1967“, in: *GBl. II* Nr. 38, 1967, S. 237 ff.

(50) „Verordnung über die Einführung eines Mindesturlaubs von 15. Werktätigen im Kalenderjahr vom 3. 5. 1967“, in: *GBl. II* Nr. 39, 1967, S. 253.

(51) Hübner, *a. a. O.* (Konsens), S. 128.

（52）*Ebd.*, S. 129.

（53）Günter Schmid/Frank Oschmiansky, „Arbeitsmarktpolitik und Arbeitslosenversicherung", in: Michael Ruck/Marcel Boldorf (Hrsg.), *Geschichte der Sozialpolitik in Deutschland seit 1945. Bd. 4: Bundesrepublik Deutschland 1957-1966. Sozialpolitik im Zeichen des erreichten Wohlstandes*, Baden-Baden 2007, S. 275.

（54）ハルトムート・ケルブレ（永岑三千輝監訳、金子公彦・瀧川貴利・赤松廉史訳）『ヨーロッパ社会史―一九四五年から現在まで』（日本経済評論社、二〇一〇年）、五六―五七頁、参照。フランス、イギリスの法的労働時間については、労働政策研究・研修機構編『労働時間規制に係る諸外国の制度についての調査』（二〇一二年）、三九、五九頁

（55）斎藤、前掲書（消費生活と女性）、二一八頁。

（56）*Bericht der Bundesregierung und Materialien zur Lage der Nation 1971*, Bundesministerium für innerdeutsche Beziehungen (Hrsg.), Kassel, 1971 S. 141; *Materialien zum Bericht zur Lage der Nation im geteilten Deutschland 1987*, hrsg. von Bundesministerium für innerdeutsche Beziehungen, Bonn 1987.

（57）斎藤、前掲書（消費と女性）、二二一―二二二頁。

（58）Hübner, *a. a. O.* (Konsens), S. 86.

（59）表2参照；„Verordnung über die Erhöhung des monatlichen Mindestbruttolohnes von 220 MDN auf 300 MDN und die differenzierte Erhöhung der monatlichen Bruttolöhne unter 400 MDN vom 1. 6. 67", in: *GBl. II* Nr. 47, 1967, S. 313 f.

（60）*BArch, DE 4/723*, Bl. 45: von Volkswirtschaftsrat, 2. Information der Leitung und Probleme bei der Ausarbeitung des Planvorschlags 1966, Anlage 1. Weitere politisch[e]-ideologische Argumente aus der Plandiskussion, 16. 8. 1965.

（61）一九六五年末に各企業で実施された調査によれば、東ドイツで実施された経済改革について、過去三年の

間、経済的に「大きな」成果を上げたと見る人は半数を超え、次いで、「大きいとはいえないものの」成果があったとする人は約四分の一、ほとんどないしは、まったく成果がなかったと見る人は約一五％に留まっている。Vgl. *SAPMO-BArch, DY30 IV A2/2.021/87*, Bl. 25: Institut für Meinungsforschung: Bericht über eine Umfrage zu einigen Problemen der technischen Revolution und der Automatisierung, 26. 1. 66. この「世論調査研究所」がＳＥＤ中央委員会直属の組織として、六〇年代から七〇年代にかけて企業や地域で様々な世論調査アンケートを実施している。Vgl. Heinz Niemann, *Meinungsforschung in der DDR: die geheimen Berichte des Instituts für Meinungsforschung an das Politbüro der SED*, Köln 1993; ders., *Hinterm Zaun: politische Kultur und Meinungsforschung in der DDR: die geheimen Berichte an Politbüro der SED*, Berlin 1995.

（62）ケルブレ、前掲書（ヨーロッパ社会史）、九六頁。

（63）Christoph Kleßmann, „Politische Rahmenbedingungen", in: ders. (Hrsg.), *Geschichte der Sozialpolitik in Deutschland seit 1945, Bd. 9: Deutsche Demokratische Republik 1964-1971: politische Stabilisierung und wirtschaftliche Mobilisierung*, Baden-Baden 2006, S. 53.

（64）一九七一年に生じた政権交代をめぐるＳＥＤ内部の路線対立を検討した代表的研究としては、Vgl. Monika Kaiser, *a. a. O.* (Machtwechsel)

（65）Christoph Boyer/Peter Skyba, „Sozial- und Konsumpolitik als Stabilisierungsstrategie: zur Genese der ‚Einheit von Wirtschafts- und Sozialpolitik' in der DDR", in: *DA*, 32 (1999) 4, S. 577 ff.

（66）Erich Honecker, „Bericht des Zentralkomitees an den VIII. Parteitag der Sozialistischen Einheitspartei Deutschlands", in: *Protokoll der Verhandlungen des VIII. Parteitages der Sozialistischen Einheitspartei Deutschlands*, Bd. 1, Berlin (Ost) 1971, S. 34 und 60.

（67）„Programm der Sozialistischen Einheitspartei Deutschlands", in: *Protokoll der Verhandlungen des IX. Parteitages der Sozialistischen Einheitspartei Deutschlands*, Bd. 2, Berlin (Ost) 1976, S. 221 ff.

(68) 表2参照、„Verordnung über die Erhöhung des monatlichen Mindestbruttolohnes von 300 M auf 350 M und die differenzierte Erhöhung der monatlichen Bruttolöhne unter 435 M vom 3. 2. 71", in: *GBl. II* Nr. 12, 1971, S. 81 ff.; „Verordnung über die Erhöhung des monatlichen Mindestbruttolohnes von 350 M auf 400 M und die differenzierte Erhöhung der monatlichen Bruttolöhne unter 500 M vom 29. 7. 76", in: *GBl. I* Nr. 28, 1976, S. 377 ff.

(69) *SAPMO-BArch, DY 30/2772*, Bl. 354 ff.: von Abt. Gewerkschaft und Sozialpolitik an Günter Mittag, Die Lesedurchschrift der Vorlage an Ministerrat zu „Grundsätze unserer Politik", Anlage 1 zu Problemen der gegenwärtigen Lage auf dem Gebiet des Arbeitslohnes, 4. 5. 1972.

(70) André Steiner, *Von Plan zu Plan: eine Wirtschaftsgeschichte der DDR*, München 2004, S. 173 f.

(71) *SAPMO-BArch, DY 30/2938*, Bl. 128 ff.: Abt. Gewerkschaften und Sozialpolitik, Grundsätze unserer Lohnpolitik und nächsten Aufgaben zu ihrer Verwirklichung, 11. 8. 1972.

(72) *SAPMO-BArch, DY 30/2938*, Bl. 141 ff.: ebd.

(73) *SAPMO-BArch, DY 30/2939*, Bl. 6: von Abt. Planung und Finanzen, die Einführung von Grundlöhnen politisch verantwortungsbewußt leiten - die Mitwirkung der Arbeiter von Anfang an sichern, 16. 11. 1976.

(74) *Ebd.*, Bl. 59 ff.: Abt. Planung und Finanzen, Information über Ausfallzeiten in der Industrie durch unentschuldigtes Fehlen, 15. 3. 1977.

(75) Vgl. Peter Skyba/Christoph Boyer, „Politische Rahmenbedingungen", in: Christoph Boyer/Klaus-Dietmar Henke/Peter Skyba (Hrsg.): *Geschichte der Sozialpolitik in Deutschland seit 1945, Bd. 10: Deutsche Demokratische Republik 1971-1989: Bewegung in der Sozialpolitik, Erstarrung und Niedergang*, Baden-Baden 2008.

(76) André Steiner, „Preisgestaltung", in: *Ebd.*, S. 306.

（77） *Ebd.*, S. 313.

（78） Kaminsky, *a. a. O.* (Wohlstand), S. 133.

（79） 詳しくは本書第4章、一三一頁以下参照。

（80） Merkel, *a. a. O.* (Utopie), S. 277 ff.

（81） *SAPMO-BArch, DY 30/2939*, Bl. 102: *a. a. O.*

（82） Mittag, *a. a. O.* (Ideologische und ökonomische Probleme), S. 69.

（83） Steiner, *a. a. O.* (Von Plan), S. 168.

（84） Peter Hübner/Jürgen Danyel, „Soziale Argumente im politischen Machtkampf: Prag, Warschau, Berlin 1968-1971", in: *ZfG*, 50 (2002) 9, S. 827.

第2章

（1） 計画経済体制における政府が計画を立てることの困難さについては、石井、前掲書（もう一つの経済システム）、一八四頁以下、参照。

（2） 詳しくは序論の研究状況で取り上げた各文献を参照。

（3） マルクス／エンゲルス（廣松渉編訳、小林昌人補訳）『新編輯版ドイツ・イデオロギー』（岩波書店、二〇〇二年）、六七頁 (Karl Marx/Friedrich Engels,Wataru Hiromatsu (Hrsg.): *Die deutsche Ideologie, Kritik der neuesten deutschen Philosophie in ihren Repräsentanten Feuerbach, B. Bauer und Stirner, und des deutschen Sozialismus in seinen verschiedenen Propheten*, Tokio 1974, S. 34)。

（4） マルクスは『資本論　第八章　労働日』において、労働時間の法的規制を訴えており、他の著作において具体的に一日八時間労働を要求している。大内兵衛・細川嘉六監訳「資本論―経済学批判」『マルクス・エンゲルス全集　第二三巻第一分冊』（大月書店、一九六五年）、三九七頁、(Karl Marx, „Das Kapital: Kritik der politischen Ökonomie, erster Band“, in: *Karl Marx Friedrich Engels Werke (MEW)*, Bd. 23, Berlin (Ost) 1962, S. 320; ders., „Instruktionen für die Delegierten des Provisorischen Zentralrats zu den einzelnen Fragen“, in: *MEW*, Bd. 16, Berlin (Ost) 1962, S. 192.

(5) 石井、前掲書（もう一つの経済システム）、七七―八七頁参照。

(6) カール・マルクス（高木幸二郎監訳）『経済学批判要綱（草案）一八五七―一八五八年 第三分冊』（大月書店、一九六一年）、六五七頁 (Karl Marx, *Grundrisse der Kritik der politischen Ökonomie: (Rohentwurf) 1857-1858*, Berlin (Ost) 1953, S. 596)。

(7) 同、六六一頁 (*ebd.*, S. 599.)。

(8) Walter Heinicke, „Bemerkungen zur Arbeitsmoral“, in: *Einheit*, 3 (1948) 6, S. 516 f.

(9) *Ebd.*, S. 518.

(10) *Ebd.*

(11) *Ebd.*

(12) *Ebd.*, S. 519.

(13) Günter Pöggel, „Sozialistische Arbeitsmoral und materielle Interessiertheit“, in: *Einheit*, 13(1958), 12 S. 1745.

(14) *Ebd.*, S. 1747.

(15) 作業班の詳細な内容については、石井、前掲書（もう一つの経済システム）、二二八頁、二二九頁―二三二頁、参照;Vgl. Roesler, *a. a. O.* (die Produktionsbrigaden)。

(16) Wolfgang Eichhorn, „Wiedersprüche in der Entwicklung der sozialistischen Gesellschaft in der Deutschen Demokratischen Republik“, in: *Deutsche Zeitschrift für Philosophie*, 7 (1959) 5-6, S. 681.

(17) Vgl. Günter Agde (Hrsg.), *Kahlschlag: das 11. Plenum des ZK des SED 1965, Studien und Dokumente*,

Berlin 1991.

(18) Helga Teßmann, „Arbeitszeit und Freizeit in der wissenschaftlich-technischen Revolution", in: *Deutsche Zeitschrift für Philosophie*, 14 (1966) 6, S. 735 ff.

(19) *MEW*, Bd. 42, Berlin (Ost), 1983, S. XIX.

(20) Vgl. Dierk Hoffmann, „Sozialpolitik", in: Andreas Herbst/Gerd-Rüdiger Stephan/Jürgen Winkler (Hrsg.): *Die SED: Geschichte, Organisation, Politik, ein Handbuch*, Berlin 1997, S. 345 f.

(21) Zitiert nach Peter Christian Ludz, *Soziologie und Marxismus in der Detuschen Demokratischen Republik*, Bd. 1, Neuwied/Berlin (West) 1972, S. 3, 13; Horst Taubert, „Funktion und Aufgaben der soziologischen Forschung", in: *Berufsbildung*, 21 (1967) 7-8, S. 400 ff.

(22) Ludz, *a. a. O.* (Soziologie), S. XIII.

(23) 「身体文化」という言葉は、著述や音楽演奏、絵画制作といったような文化的活動によって、精神面の充足を図ることとは別に、スポーツ活動や健康の維持管理といった人間の身体面での充足を図ることを意味していた。

(24) 一九六六年、名称が変更されて「市場調査研究所」となった。Annette Kaminsky, „,Warenproduktion und Bedürfnisse in Übereinstimmung bringen'. Markt- und Bedarfsforschung als Quelle der DDR-Sozialgeschichte", in: *DA*, 31 (1998) 4, S. 580. なお、余暇研究としては、青年層の余暇を扱った議論も存在する。これは、青年層の社会主義体制への統合の実態を明らかにする目的で、主に「ライプツィヒ青年研究所」において検討がなされてきた。本書ではこの「青年研究所」の史料を本格的に利用できなかったために分析を割愛している。Vgl. Autorenkollektiv unter Leitung von Peter Voß, *Die Freizeit der Jugend*, Berlin (Ost) 1981; Günther Röblitz, Führung des Freizeitlebens der lernenden Jugend als padagogische Aufgabe, in: *Wissenschaftliche Zeitschrift der Deutschen Hochschule für Körperkultur Leipzig*, 8 (1966) 3, S. 85 f.

(25) Vgl. Wolfgang Skell, „Freizeitforschung aus Sicht des Psychologen", in: *Wissenschaftliche Zeitschrift der*

Karl-Marx-Universität Leipzig, Mathematisch- naturwissenschaftliche Reihe, 12 (1963) 1, S. 9 f.

(26) Vgl. Edelfried Buggel, „Aus der Arbeit der internationalen sozialistischen Forschungsgemeinschaft ‚aktive Ferienerholung'", in: *Wissenschaftliche Zeitschrift der Deutschen Hochschule für Körperkultur Leipzig*, 4 (1962) 2, S. 101 f.

(27) Ders., „Über die Bedeutung des Sportes für Freizeit und Urlaub", in: *Wissenschaftliche Zeitschrift der Karl-Marx Universität Leipzig, Mathematisch-Naturwissenschaftliche Reihe*, 12 (1963) 1, S. 66.

(28) Ders., „Sport und Touristik im Urlaubsverhalten Jugendlicher und Erwachsener: Verlauf und Ergebnisse einer konkret-soziologischen Untersuchung im Juli 1962 in Graal-Muritz (Ostsee)", in: *Theorie und Praxis der Körperkultur*, 12 (1963) 10, S. 361.

(29) *Ebd.*

(30) Alfred Keck, „Zum Forschungsprogramm des Arbeitskreises ‚Lebensstandard'", in: *Wirtschaftswissenschaft*, 12 (1964) 6, S. 1020.「時間配分研究」は、ソ連において一九二〇年代から三〇年代にかけて労働生産性を向上させる目的に研究が始められた成立した研究分野であり、この研究においても余暇時間の意義は生産性と結びつけて論じられた。Cf. Stephen E. Hanson. *Time and Revolution: Marxism and the Design of Soviet Institutions*, Chapel Hill/London 1997, pp. 123.

(31) Autorenkollektiv unter Leitung Gerhard Lippold, *Das Zeitbudget der Bevölkerung*, Berlin (Ost) 1971, S. 47.

(32) *Ebd.*, S. 42.

(33) *Ebd.*, S. 42 f.

(34) Vgl. Gerhard Lippold, „Querschnittanalyse von Zeitbudgets aus elf Ländern (Hauptgesichtspunkte und erste Ergebnisse der Untersuchungen)", in: *Wissenschaftliche Zeitschrift der Hochschule für Ökonomie*, 4

(1967), S. 443, この調査は、比較を行う都市ごとの差が生じないようになるべく同じ条件の都市を抜き出して行われ、東ドイツでは、コトブス県に位置するホイヤースベルダがその対象であった。なおこのホイヤースベルダに特化した調査については、Vgl., ders., „Eine Zeitbudgeterhebung für die Lebensstandardforschung“, in: *Wirtschaftswissenschaft*, 16 (1968) 12, S. 2026 ff.

(35) Lippold, *ebd.*, 445.

(36) Werner Bischoff /Horst Scholz, „Zeitbilanzuntersuchungen als Methode der Marktforschung“, in: *MIfB (Mitteilungen des Instituts für Bedarfsforschung)*, 4 (1965) 3, S. 21 f.

(37) Willy Köppert, „Die Aufgaben des Instituts für Bedarfsforschung im Jahre 1965“, in: *MIfB*, 4 (1965) 1, S. 3.

(38) Joachim Merker, „Die langfristige Entwicklung des Bevölkerungsbedarfs nach Konsumgütern, die der Freizeitgestaltung dienen, und die Problematik ihrer quantitativen Bestimmung mittels rationeller Verbrauchsnormen“, in: *MIfB*, 3 (1964) 3, S. 6.

(39) Werner Bischoff, „Zum effektiven Zeitleben. Belastung des privaten Haushalts in der DDR durch Hausarbeit“, in: *MIfM (Mitteilungen des Instituts für Marktforschung)*, 6 (1967) 1, S. 6.

(40) *Ebd.*

(41) *Ebd.*, S. 5 f.

(42) *Ebd.*, S. 6.

(43) Vgl. Peter Donat, „Der Bevölkerungsbedarf nach Leistungen des öffentlichen Gaststättenwesens in der DDR und seine langfristige Entwicklung“, in: *MIfM*, 16 (1977) 4, S. 5.

(44) Peter Doluhy, „Die künftige Entwicklung des Bedarfs nach gastronomischen Leistungen in der DDR“, in: *MIfM*, 15 (1976) 3, S. 24.

(45) Petra Knötzsch, „Nur Einheit von Arbeitserleichterung, Zeiteinsparung und Qualität“, in: *MIfM*, 14 (1975)

2, S. 22. 詳しい実態については、本書第4章、参照。

（46） Wolfgang Stompler, „Zur Urlaubsreisetätigkeit der DDR-Bevölkerung“, in: *MIfM*, 13 (1974) 1, S. 19.

（47） Werner Bischoff, „Zu einigen Problemen im Zusammenhang mit der Entwicklung des Motortourismus in der DDR“, in: *MIfM*, 12 (1973) 1, S. 17 f.

（48） Esther Matterne, „Familiencamping: ein wesentlicher Faktor bei der weiteren Entwicklung des Campingwesens in der DDR“, in: *MIfM*, 10 (1971) 2, S. 20.

（49） Lothar Kühne, „Zum Begriff und zur Methode der Erforschung der Lebensweise“, in: ebd., *Haus und Landschaft: Aufsätze*, Dresden 1985, S. 92.

（50） Adelheid von Saldern, „Eine soziale Klasse ißt, trinkt und schläft nicht: die Arbeitsgruppe ‚Kulturgeschichte der deutschen Arbeiterklasse‘“, in: Georg G. Iggers/Konrad H. Jarausch/Matthias Middell/Martin Sabrow (Hrsg.), *Die DDR: Geschichtswissenschaft als Forschungsproblem*, München 1998, S. 245.

（51） Vgl. Groschopp, *a. a. O.* (Zwischen Bierabend); Horst W. Rohls, *Berlin um 1900, Anfänge der Arbeiterfreizeit, MKF*, 21 (1987); Manfred Hübner, *Zwischen Alkohol und Abstinenz: Trinksitten und Alkoholfrage im deutschen Proletariat bis 1914*, Berlin (Ost) 1988.

（52） Dietrich Mühlberg, „Proletarisches Freizeitverhalten und seine öffentlichen Einrichtung in Deutschland der Jahrhundertwende“, in: *Materialien des IX. Kulturtheoretischen Kolloquiums „Kulturgeschichtliche Probleme proletarischer Lebensweise“ am 26. und 27. November 1980 an der Humboldt-Universität zu Berlin, MKF*, 9 (1981), S. 123 ff.

（53） Saldern: *a. a. O.* (Eine soziale Klasse), S. 248 f.

（54） Vgl. *Freizeit und Kulturarbeit: Forschungen und Konzeption, MKF*, 19 (1986); Gerlinde Petzoldt, *Erforschung des Freizeitverhaltens in der DDR und der Sowjetunion: drei Studien, MKF*, 25 (1988).

(55) Gerlinde Petzoldt, „Erforschung der Freizeit durch Ökonomen und Sportwissenschaftler der DDR in den sechziger Jahren: Kommentierte Bibliographie", in: *a. a. O.* (MKF 19), S. 37.

(56) Petzoldt, *a. a. O.* (MKF, 25), S. 3 f.

(57) Vgl. *Freizeit als Lebensraum arbeitender Menschen im Sozialismus-ihr Platz in der Freizeitkultur des 20. Jahrhunderts, MKF*, 22 (1987); Vgl. *Tourismus*, *MKF*, 24 (1988).

(58) Vgl. Klaus Spieler, „Bürgerliche Freizeitpadagogik in der BRD: Kommentar und Auswahlbibliographie", in: *a. a. O.* (MKF, 19) (1986), S. 57 f.

(59) „Zur historischen Ausbildung sozialistischer Freizeitkultur. Thesen 1986: Teil II: Zeit im Sozialismus und sozialistische Freizeitkultur", in: *a. a. O.* (MKF, 22) (1987), S. 181.

(60) Vgl. Irene Dölling, „Zu eigenen Aspekten des Zusammenhangs von Arbeitkultur, Freizeitkultur und Persönlichkeitsentwicklung im Sozialismus", in: *ebd.*, S. 213 f.

(61) *Ebd.*, S. 216.

(62) Vgl. Helmut Hanke, *Kultur und Freizeit: zu Tendenzen und Erfordernissen eines kulturvollen Freizeitverhaltens*, Berlin (Ost) 1971, S. 77.

(63) Karl Marx, „Randglossen zum Programm der deutschen Arbeiterpartei (Kritik des Gothaer Programms)", in: *MEW*, Bd. 19, Berlin (Ost) 1987, S. 21.〔マルクス（望月清司訳）『ゴータ綱領批判』（岩波書店、一九七五年）、三九頁。〕

(64) Vgl. Helmut Hanke, „Freizeit in der DDR: Tendenzen und Perspektiven", in: *Weimarer Beiträge*, 35 (1987) 7, S. 1066 f.

(65) Jürgen Kuczynski, „Freizeit: Tendenzen und Perspektiven. Bemerkungen zu einem Artikel von Helmut Hanke", in: *Weimarer Beiträge*, 33 (1987) 12, S. 2094 ff.

（66） *SAPMO-BArch, DY 30, vorläufig SED 39013*, Ohne Bl.: von Hager an Honecker, Ohne Titel, 12. 6. 1986.

（67） *Ebd.*: von Hager an Honecker, Ohne Titel, 16. 6. 1986.

（68） Dietrich Mühlberg, „Warum sollten wir wissen, was Arbeiter sind und was sie in der Freizeit machen? Zur Bestimmung von Arbeiterkultur in der DDR“, in: Wolfgang Kaschuba/Gottfried Korff/Bernd Jürgen Warneken (Hrsg.), *Arbeiterkultur seit 1945: Ende oder Veränderung?*, Tübingen 1991, S. 80.

（69） Saldern: *a. a. O.*(Eine soziale Klasse), S. 257 f.

第3章

（1） 社会主義体制では、労働者の人格陶冶を目指し、読書サークルや各種の講演会などの文化活動、さらにはスポーツ活動も実践された。これらの活動への対応は労働政策の一環として位置づけられていた。Vgl. Schuhmann, *a. a. O.* (Kulturarbeit).

（2） Vgl., Kaschuba/Merkel/Scholze-Irrlitz/ Scholze, *a. a. O.* (Forschungsbericht) S. 655-744.

（3） 余暇活動としては、その他に、スポーツや一九五〇年に労働者の教養を高める必要と結びついて行なわれた文化活動や、六〇年代後半以降の若者の間で流行った音楽シーンにも着目する必要がある。この点については、ドイツ語の拙著においては若干言及したが、本書では、議論の拡散を避けるために割愛している。なお、東ドイツのロック音楽と文化シーンの関係に着目したものとして、高岡智子「『国民音楽』としての東ドイツロック―文化政策が生み出したポピュラー音楽」、『演劇映像学―演劇博物館グローバルＣＯＥ紀要』、二号、二〇一一年、参照。

（4） Vgl. Hoffmann, *a. a. O.* (Sozialpolitik), S. 345 f.; Hans Günter Hockerts, „Soziale Errungenschaften? Zum sozialpolitischen Legitimitätsanspruch der zweiten deutschen Diktatur“, in: Jürgen Kocka/Hans-Jürgen Puhle/Klaus Tenfelde (Hrsg.), *Von der Arbeiterbewegung zum modernen Sozialstaat: Festschrift für Gerhard A.*

Ritter zum 65. Geburtstag, München/New Providence/London/Paris 1994, S. 791.

（5）Hofmann, *a. a. O.* (Sozialpolitik), S. 346; „Wirtschafts- und Sozialpolitik", in: *Kleines Politisches Wörterbuch*, Berlin (Ost) 1988, Neuausgabe, S. 1094.

（6）Gunnar Winkler (Hrsg.), *a. a. O.*(Geschichte der Sozialpolitik), S. 145 ff.

（7）斎藤はこのプロパガンダに対して、女性の解放を掲げているはずのＳＥＤの論理構成そのものが、従来の男性中心の女性観に基づいて構成されていると批判する。斎藤、前掲書（消費と女性）、二六六―二七四頁。

（8）斎藤、前掲書（消費と女性）、二八五頁。

（9）*SAPMO-BArch, DY 30/J IV 2/2A/1131*, Bl. 164 f.: Anlagen 1. Information über Probleme und ihre Lösung bei der Einführung der 5-Tage-Woche.

（10）*Ebd.*

（11）*SAPMO-BArch, DY 30/J IV 2/2A/1134*, Bl. 121 ff.: Ministerrat der Deutschen Demokratischen Republik Stellenvertreter des Vorsitzenden des Ministerrates Paul Scholz und Vorsitzender der Bundesvorstand des FDGB Herbert Warnke, Direktive „Jede zweite Woche ist eine 5-Tage-Arbeitswoche", 9. 12. 1965.

（12）*SAPMO-BArch, DY 30/3337*, Bl. 108: Arbeitsgruppe 6 Sozialpolitik, Vorschläge für die Entwicklung wesentlicher Faktoren des Lebensstandards, 15. 2. 1967.

（13）Vgl. *SAPMO-BArch, DY 30/3337*, Bl. 136 ff.: Endbericht der Arbeitsgruppe der Sozialpolitik, 28. 2. 1967.

（14）*Ebd.*, Bl. 142.

（15）*Ebd.*, Bl. 145.

（16）*Ebd.*, Bl. 209 ff.

（17）*Ebd.*, Bl. 215.

（18）*Ebd.*, Bl. 216.

（19）*Ebd.*

（20）*Ebd.*, Bl. 226.

（21）*Ebd.*

（22）*Ebd.*

（23）*Ebd.*, Bl. 173.

（24）斎藤、前掲書（消費生活と女性）、二七四頁。

（25）„Verordnung über die Wahrung der Rechte der Werktätigen und über die Regelung der Entlohnung der Arbeiter und Angestellten, vom 20. Mai 1952", in: *GBl. I* (1952) Nr. 64, S. 383; なお「家事労働の日」の全容については、Vgl., Carola Sachse, *Der Hausarbeitstag: Gerechtigkeit und Gleichberechtigung in Ost und West 1939-1994*, Göttingen 2002.

（26）*SAPMO-BArch, DY 30/IV A2/2.201/749*, Bl. 1 f.: von Parteiorgane der ZK an Abt. Planung und Finanzen, Diskussionen zur 5-Tage-Woche in der Stadt Apolda, 8. 4. 1965; なお、手工業生産協働組合とは、一九五二年以降、個人経営の手工業者を集団化するために作られた組合であった。計画経済の周辺部に属していることからして、個々の組合がもつ経営上の裁量は大きかった。それゆえ、国営企業よりもよい労働条件を提出することで、労働力を確保できる可能性が高かったのである。

（27）*SAPMO-BArch, DY 30/IV A 2/6.11/100*, Bl. 16: Von Abteilung Organisation, Abteilung Arbeit und Löhne, Information über Diskussionen zu Problemen der 11. Tagung des ZK der SED, die Direktive zur Vorbereitung und Einführung der 5-Tage-Arbeitswoche für jede zweite Woche und Verkürzung der Arbeitszeit, 5. 1. 66.

（28）*Ebd.*, Bl. 16 f.; 文中に出てくる「三月八日」とは、「国際婦人デー」であり、ＳＥＤは毎年この日に女性を顕彰する式典を催していた。発言者はこの日を引き合いに出して、女性への対応に一貫性がないと皮肉を述べて批判しているのである。

(29) *SAPMO-BArch, DY 30/ IV A 2/6.11/100*, Bl. 26 f.: Argumentation: die 5-Tage-Arbeitswoche für jede 2. Woche und der Hausarbeitstag, 5. 1. 1966; „Verordnung über die durchgängige 5-Tage-Arbeitswoche und die Verkürzung der wöchentlichen Arbeitszeit in einigen Wochen mit Feiertagen", vom 3. Mai 1967, in: *GBl. II*, (1967) Nr. 38, S. 239 f.

(30) 斎藤、前掲書（消費生活と女性）、二七三頁。

(31) *SAPMO-BArch, DY 30/J IV 2/2A/1572*, Bl. 23: von Willi Stoph, Vorschläge für sozialpolitischen Maßnahmen in Durchführung der Hauptaufgabe des Fünfjahrplanes, 14. 1. 1972.

(32) *Ebd.*, Bl. 27.

(33) „Verordnung über die Erhöhung des Mindesturlaubs im Kalenderjahr", in: *GBl. I*, (1974) Nr.51, S. 478.

(34) *SAPMO-BArch, DY 30/J IV 2/2A/1951*, Bl. 46 f.: von Günter Mittag, Anlage: Bericht über die Durchführung der sozialpolitischen Maßnahmen entsprechend dem „Gemeinsamen Beschluß des Politbüros des ZK der SED, des Ministerrates der DDR und des Bundesvorstandes des FDGB" vom 29. April. 1974, 19. 1. 1976.

(35) *SAPMO-BArch, DY 30/J IV 2/2A/1772*, Bl. 17: von Horst Sindermann, Herbert Warnke und Werner Krolikowski, Vorschlag für das Politbüro des ZK der SED: Gemeinsamer Beschluß des Politbüros des ZK der SED, des Prasidiums des Bundesvorstandes des FDGB und des Ministerrates der DDR zur Durchführung des sozialpolitischen Programms des VIII. Parteitages der SED, Ohne Datum.

(36) *Ebd.*

(37) „Verordnung über die Einführung eines Zusatzurlaubs für Schichtarbeiter, die Erweiterung des Anspruchs auf Hausarbeitstag und auf Mindesturlaub vom 30. 9. 1976", in: *GBl. I*, (1976) Nr. 37, S. 437.

(38) „Verordnung über den Erholungsurlaub vom 28. 9 1978", *GBl. I*, (1978) Nr. 33, S. 366.

第4章

（1）斎藤、前掲書（消費生活と女性）、二二八―二三二頁、参照。

（2）藤原辰史『ナチスのキッチン――「食べること」の環境史』（水声社、二〇一二年）、参照。

（3）藤原、同、三六七頁。藤原の検討は食べることについて、人間の基本的な欲求につらなり、生産の一部として捉える側面が強調されている。

（4）Vgl. Günter Katsch/Johann B. Walz, *Kleingärten und Kleingärtner im 19. und 20. Jahrhundert: Bilder und Dokumente*, Leipzig 1996. この小菜園区画の呼び名は、一八三〇年代に児童の健康維持を図るため、週末利用可能な施設を作るべきと提唱した、ライプツィヒの医師の名前に由来する。

（5）Vgl. Wilhelm Bleek, „Kleingärtner, Kleintierzüchter und Imker: Eine exemplarische Nische in der DDR und deren Zukunft", in: Dieter Voigt/Lothar Mertens, (Hrsg.), *Minderheiten in und Übersiedler aus der DDR*, Berlin 1992, S. 67 ff.

（6）Vgl. Isolde Dietrich, „'Ne Laube, n'Zaun und n'Beet: Kleingärten und Kleingärtner in der DDR", in: Badstübner (Hrsg.), *a. a. O.* (Befremdlich anderes), S. 374 ff.

（7）Vgl. Isolde Dietrich, *Hammer, Zirkel, Gartenzaun: die Politik der SED gegenüber den Kleingärtnern*, Berlin 2003.

（8）Elisabeth Meyer-Renschhausen, Kleinlandwirtschaft in der Regionalpolitik. Selbsthilfe durch informelle Wirtschaft: zur Rolle der Kleinlandwirtschaft in der Provinz, in: *DA*, 38 (2005) 4, S. 607 ff.

（9）社会主義運動内における食事合理化への志向と女性解放との関係について、藤原、前掲書（ナチスのキッチン）、五二―六九頁参照。

（10）Fiedler (Hrsg.), *a. a. O.*, (Zur Sozialpolitik), S. 196.

（11）Vgl. *SAPMO-BArch, DY 30/IV A2/2.021/334*, Bl. 214 ff.: von Komitee der Arbeiter-Bauern-Inspektion,

Handel und Versorgung, Bericht über Kontrollen der gastronomischen Versorgung der Werktätigen in Produktionsbetrieben führender Industriezweige, 30. 6. 1964.

(12) Patrice G. Poutrus, „Lebensmittelkonsum, Versorgungskrisen und die Entscheidung für den ‚Goldbroiler': Problemlagen und Lösungsversuche der Agar- und Konsumpolitik in der DDR 1958-1965", in: *Archiv für Sozialgeschichte*, 39 (1999), S. 396; なお「ゴールドブロイラー」全般については、Vgl. ders., *Die Erfindung des Goldbroilers: über den Zusammenhang zwischen Herrschaftssicherung und Konsumentwicklung in der DDR*, Köln/Weimar/Wien 2002.

(13) *Ebd., S. 417; SAPMO-BArch, DY 30/IV A 2/2.023/36*, Bl. 35 f.: Staatliches Komitee für Erfassung und Aufkauf landwirtschaftlicher Erzeugnisse, Grundgedanken zur prognostischen Entwicklung der Geflügelwirtschaft in der DDR bis 1980, 10. 3. 1967; *SAPMO-BArch, DY 30/IV A 2/2.023/41*, Bl. 145 f.: von Abteilung Handel, Versorgung und Außenhandel an Jarowinsky, betr. Schaffung einer modernen Absatzkette für Geflügel in Berlin, 26. 9. 1967.

(14) *SAPMO-BArch, DY 30/IV A2/2.032/41*, Bl. 122 ff.: Ablaufplan zur Schaffung der ersten Glieder einer Absatzorganisation für Geflügel bis 7. 11. 1967 in Berlin, 16. 9. 1967.

(15) *BArch, DE 2, Behälter 30743, Signatur 00043717*: Erhebung der Zentralverwaltung für Statistik beim Ministerrat der DDR zum Gaststätten- und Küchennetz per 31. 12. 1978.

(16) Walter Ulbricht, *Zum neuen ökonomischen System der Planung und Leitung*, Berlin (Ost) 1966, S. 236.

(17) なお東ドイツにおける漁業振興とその限界についての全体像については、Vgl. Burghard Ciesla, „Eine sich selbst versorgende Konsumgesellschaft? Industrieller Fischfang, Fischverarbeitung und Fischwarenkonsum in der DDR", in: Thomas Lindenberger (Hrsg.) *Herrschaft und Eigen-Sinn in der Diktatur, Studien zur Gesellschaftsgeschichte der DDR*, Köln/Weimar/Wien 1999, S. 206 ff.

（18） *BArch, DE 2, Behälter 30743, Signatur 00043717.*

（19） Poutrus, *a. a.* O. (Lebensmittelkonsum), S. 420; *StJB 1989*, Berlin (Ost), S. 227.

（20） *SAPMO-BArch, DY 30/ IV A2/6.10/201*, Ohne Bl.: das System der Planung im Einzelhandel (Säule Gaststätten) und seine Veränderung zur Anwendung des Prinzips der materiellen Interessiertheit. Zur vollen Nutzung der Aktivitat und Schöpferkraft der Werktätigen im Handel, 2. 1963.

（21） *SAPMO-BArch, DY 30/IV A2/2.032/46*, Bl.128: Arbeitsgruppe „Verbesserung des Niveaus repräsentativer Gaststätten im Stadtzentrum Berlin“, 22. 6. 1965.

（22） Poutrus, *a. a.* O. (Die Erfindung), S. 201 ff.

（23） 西ドイツの「閉店法」は、ドイツ統一後、一九九六年に大幅に規制が緩和された。従来、日曜・土曜営業が原則禁止されていたものが土曜一六時まで可能となった。そして、二〇〇三年には土曜二〇時まで商店の営業は可能となっている。しかしながら、いまだに日曜日と祝日には、駅の売店やガソリンスタンドを除き、ほとんどの商店は休業する。

（24） *SAPMO-BArch, DY 30/IV A 2/6.11/104*, Bl. 104: Büro des Ministerrates - Inspektion-, 3. Information über die Arbeitsweise der zentralen staatlichen Organe zur Durchführung der vom Ministerrat am 3. 5. 1967 beschlossenen Maßnahmen zur weiteren Verbesserung der Arbeits- und Lebensbedingungen der Werktätigen der DDR , 30. 5. 1967.

（25） *SAPMO-BArch, DY 30/J IV 2/2A/1176*, Bl. 100: Präsidium des Ministerrates, Beschluß über Maßnahmen zur Verbesserungsleistungen besonderes im Gaststättenwesen - durch die Anwendung neuer Formen der persönlichen materiellen Interessiertheit, 11. 8. 1966.

（26） Poutrus, *a. a.* O. (Die Erfindung), S. 203.

（27） *SAPMO-BArch, DY 30/IV A2/2.032/46*, Bl. 136.

（28） Vgl., Monika Kaiser, *1972-Knockout für den Mittelstand: zum Wirken von SED, CDU, LDPD und NDPD für die Verstaatlichung der Klein- und Mittelbetriebe*, Berlin 1990.

（29） *StJB*, 1989, S. 236.

（30） Pouturs, *a. a. O.* (Die Erfindung), S. 206.

（31） Maria Haendcke-Hoppe-Arndt, *Das Gaststättenwesen in der DDR*, Berlin (West) 1979, S. 52.

（32） *SAPMO-BArch, DY 30/J IV 2/2A 1955*, Bl. 7: Von Horst Sindermann, Vorlage für das Politburo des ZK der SED: Beschluß zur Förderung privater Einzelhandelsgeschäfte, Gaststätten und Handwerksbetriebe für Dienstleistungen im Interesse der weiteren Verbesserung der Versorgung der Bevölkerung, 13. 2. 1976.

（33） *SAPMO-BArch, DY 30/J IV 2/2A/1174*, Bl. 102.

（34） 斎藤、前掲書（消費生活と女性）、二二八―二二九頁。

（35） 斎藤、同、二五五―二五六頁。

（36） Ruth Weichsel, „Individuell geschneiderte Oberkleidung: Luxus, Hobby oder ‚Notlösung' ?", in: *MIfM*, 16 (1976) 1, S. 13.

（37） *Ebd.*, S. 104.

（38） *Ebd.*, S. 105.

（39） Jutta Schmutzler, „Zu einigen Aspekten der Heimwerkertätigkeit in der DDR", in: *MIfM*, 16 (1976) 1 S. 30 f.

（40） *Ebd.*, S. 30.

（41） Sigrid Günther, „Maler- und Tapezierarbeiten werden im Rahmen der Heimwerkerarbeit immer populärer", in: *MIfM*, 19 (1980) 3, S. 29 f.

（42） Dietrich, *a. a. O.* ('Ne Laube), S. 388.

（43） *Ebd.*, S. 381.

（44） *Ebd.*, S. 383.

（45） *Der Kleingärtner*, 7 (1963), S. 3; zitiert nach Dietrich, *a. a. O.* (Hammer), S. 172.

（46） Erich Honecker, „Bericht des Zentralkomitees der Sozialistischen Einheitspartei Deutschlands an den XI. Parteitag der SED“, in: *Protokoll der Verhandlungen des XI. Parteitages der sozialistischen Einheitspartei Deutschlands*, Berlin (Ost) 1986, S. 59.

（47） ロストックの大規模農業の実態については、足立、前掲書（東ドイツ農村の社会史）、参照。小菜園から供給される代表的な産品は、果物や野菜であるが、東ドイツ南部エアフルト県では葉物野菜の供給が「農業生産協同組合」を通じて大規模に行なわれていた。それゆえ、小菜園連盟の活動も含めて、小菜園のあり方が北部地方とは異なる可能性がある。エアフルト県の葉物野菜生産については、菊池智裕「戦後東独エアフルト市における園芸の集団化―国際園芸博覧会を中心に：一九四五―一九六〇／六一年」『農業史研究』第四五号（二〇一一年）、七七‐九〇頁、参照。

（48） *LAG, Rep. 200. 2.3.1. Nr. 535*, Bl. 109: Beschluß des Rates des Bezirkes Rostock Nr. 178-39/68, Grundsätze zur Entwicklung von Kleingartenanlagen im Rahmen der perspektivischen Gesamtentwicklung der Städte und Gemeinden, 29. 11. 1968.

（49） *StJB*, 1969, S. 500.

（50） *LAG, Rep. 200. 2.3.1. Nr. 535*, Bl. 119 ff.: Einschätzung der Entwicklung von Kleingartenanlagen des Verbandes der Kleingärtner, Siedler und Kleintierzüchter im Rahmen der perspektivischen Gesamtentwicklung der Städte und Gemeinden im Bezirk Rostock.

（51） *Ebd.*, Bl. 123 f.

（52） *Ebd.*, Bl. 128.

（53） *Ebd.*, Bl. 121.

(54) *LAG, Rep. 200 4.6.1.1. Nr. 481*, Bl. 75: von V. an den Rat des Bezirkes - Abt. Landwirtschaft, Kleintierzucht, Eingabe, 22. 7. 1963.

(55) *AHR, 2.1.1. Nr. 11804*, Ohne Bl.: Konzeption zur Entwicklung von Kleingartenanlagen in der Stadt Rostock für Zeitraum bis 1990, Ohne Datum [3. 3. 1977].

(56) Vgl. Karsten Schröder, *In deinen Mauern herrsche Eintracht und allgemeines Wohlergehen: eine Geschichte der Stadt Rostock von ihren Ursprüngen bis zum Jahre 1990*, Rostock 2003, S. 289 ff.

(57) *Ebd.*

(58) *LAG, Rep. 200. 2.3.4. Nr. 602*, Bl. 67: von Rat des Bezirkes Rostock Abt. Allg. Landwirtschaft, Bericht über die Leitungstätigkeit der Abteilung Allgemeine Landwirtschaft und die Entwicklungstendenzen in der landwirtschaftlichen Kleinproduktion zur Ratssitzung , 8. 6. 1970.

(59) *LAG, Rep. 200. 4.6.1.1. Nr. 482*, Bl. 259: von Verband der Kleingärtner, Siedler und Kleintierzüchter Bezirksverband Rostock, an alle Vorstände der Sparten und Kreisverbande des Verbandes der KSK im Bezirk Rostock, Bezirks-Nachricht 4/1963, 29. 4. 1963.

(60) *LAG, Rep. 200. 4.6.1.1. II. Nr. 617*, Ohne Bl.: aktuelle Information über das Erntegeschehen in Ostseebezirk. Bezirksvorstand des VKSK beschloß Maßnahmeplan, in: Ernte-Echo, Nr. 5, 6. 8. 1967.

(61) *LAG, Rep. 200. 2.3.1. Nr. 535*, Bl. 111.

(62) *AHR, 2.1.1. Nr. 11807*, Ohne Bl.: von Verband der Kleingärtner, Siedler und Kleintierzüchter - Kreisverband - an alle Spartenvorstände, Ausnutzung der Produktionsreserven bei tierischen Erzeugnissen und tierischen Rohstoffen zur Verbesserung der Bevölkerung mit Nahrungsgütern, und der Industrie mit Rohstoffen, 2. 7. 1963.

(63) *AHR, 2.1.1. Nr. 11807*, Ohne Bl.: von Rat des Bezirkes Rostock Referat Landwirtschaft, an Rat der Stadt

Abt. Landwirtschaft, Futteraufteilung für das I. Quartal 1964, 19. 12. 1963.

(64) *AHR, 2.1.1. Nr. 11807*, Ohne Bl.: Protokoll der Sitzung des Konfliktausschusses Sparte Rassegeflügel Rostock von 1875, 21. 10. 64; von Sparte Rassegeflügel Rostock im Verband der Kleingärtner, Siedler und Kleintierzüchter, Kreisverband Rostock (gegründet 1875) an S., Ohne Titel, 20. 5. 1965.

(65) *Ebd.*

(66) *Ebd.*

(67) Meyer-Renschhausen, a. a. O. (Kleinlandwirtschaft), S. 609. 一九六〇年代以降の東ドイツ農村部での日常を描いた研究としてVgl. Michael Heinz, *Von Mähdreschern und Musterdörfern: Industrialisierung der DDR-Landwirtschaft und die Wandlung des ländlichen Lebens am Beispiel der Nordbezirke*, Berlin 2011.

第5章

(1) 田野大輔「余暇の枢軸―世界厚生会議と日独文化交流」『ゲシヒテ』二 二〇〇九年、二一一―二三九頁、参照; Daisue Tano, „,Achse der Freizeit': der Weltkongress für Freizeit und Erholung 1936 und Japans Blick auf Deutschland", in: *ZfG*, 58 (2010) 9, S. 709 ff.; アンヌ＝マリ・ティエッス「労働者の余暇組織と隠れた時間(一八八〇―一九三〇年)」、アラン・コルバン(渡辺響子訳)『レジャーの誕生　新版〈下〉』(二〇一〇年、藤原書店)、三六一頁。

(2) 代表的な研究としては、Vgl. Ulrich Gill, *FDGB: die DDR-Gewerkschaft von 1945 bis zu ihrer Auflösung 1990*, Köln 1991. また労働組合の「伝動ベルト」化の過程を扱ったものとして、Vgl. Werner Müller, „Freier Deutscher Gewerkschaftsbund (FDGB)", in: Martin Broszat/Hermann Weber (Hrsg.), *SBZ-Handbuch: staatliche Verwaltungen, Parteien, gesellschaftliche Organisationen und ihre Führungskräfte in der Sowjetischen Besatzungszone Deutschlands 1945-1949*, S. 626 ff.; Detlev Brunner, *Sozialdemokraten im FDGB: von der*

Gewerkschaft zur Massenorganisation, 1945 bis in die frühen 1950er Jahre, Essen 2002.

(3) Vgl. Karlheinz Kuba, „Der Feriendienst als soziales Dienstleitungsunternehmen des FDGB“, in: *Jahrbuch für Forschungen zur Geschichte der Arbeiterbewegung*, 2005/III (September), S. 64 ff.

(4) Vgl. Kaminsky, *a. a. O.* (Wohlstand); Merkel, *a. a. O.* (Utopie).

(5) Vgl. Gunhild Fuhrmann, „Ferienscheck und Balaton: Urlaub und Tourismus in den 1960ern“ , in: *MKF*, 33 (1993), S. 273 ff.

(6) Vgl. Christopher Görlich, *Urlaub vom Staat: Tourismus in der DDR*, Köln/Weimar/Wien 2012; ders., „‚Die Deutschen werden reisen wie noch nie...‘: Tourismus in Ost- und Westdeutschland nach 1945“,in: *DA*, 41 (2008) 3, S. 488 ff.

(7) Vgl. Heike Wolter: *„Ich harre aus im Land und geh, ihm fremd“: die Geschichte des Tourismus in der DDR*, Frankfurt(Main)/London 2009; dies., *Reisen in der DDR*, Erfurt 2012. このほかに、「休暇サービス」が政治的な役割を果たしていたとする研究として、Vgl. Thomas Schaufuß, *Die politische Rolle des FDGB-Feriendienstes in der DDR: Sozialtourismus im SED-Staat*, Berlin 2011.

(8) Cf. Scott Moranda, *The Dream of a Therapeutic Regime: Nature Tourism in the German Democratic Republic, 1945-1978*, Dissertation: University of Wisconsin-Madison 2005.

(9) Cf. Josie McLellan, *Love in the time of Communism: Intimacy and Sexuality in the GDR*, Cambridge 2011.

(10) Vgl. *SAPMO-BArch, DY 30/IV A 2/2.021/753*, Bd. 12: von Abteilung Gewerkschaften und Sozialpolitik, Information und Stellungnahme zu den Vorlagen für Sekretariat des ZK der SED, betr. Bericht und Schlußfolgerungen über die Ausarbeitung der Perspektive des Erholungswesens im Bezirk Suhl mit dem Schwerpunkt der Entwicklung des Erholungszentrums Oberhof, 29. 6. 1967.

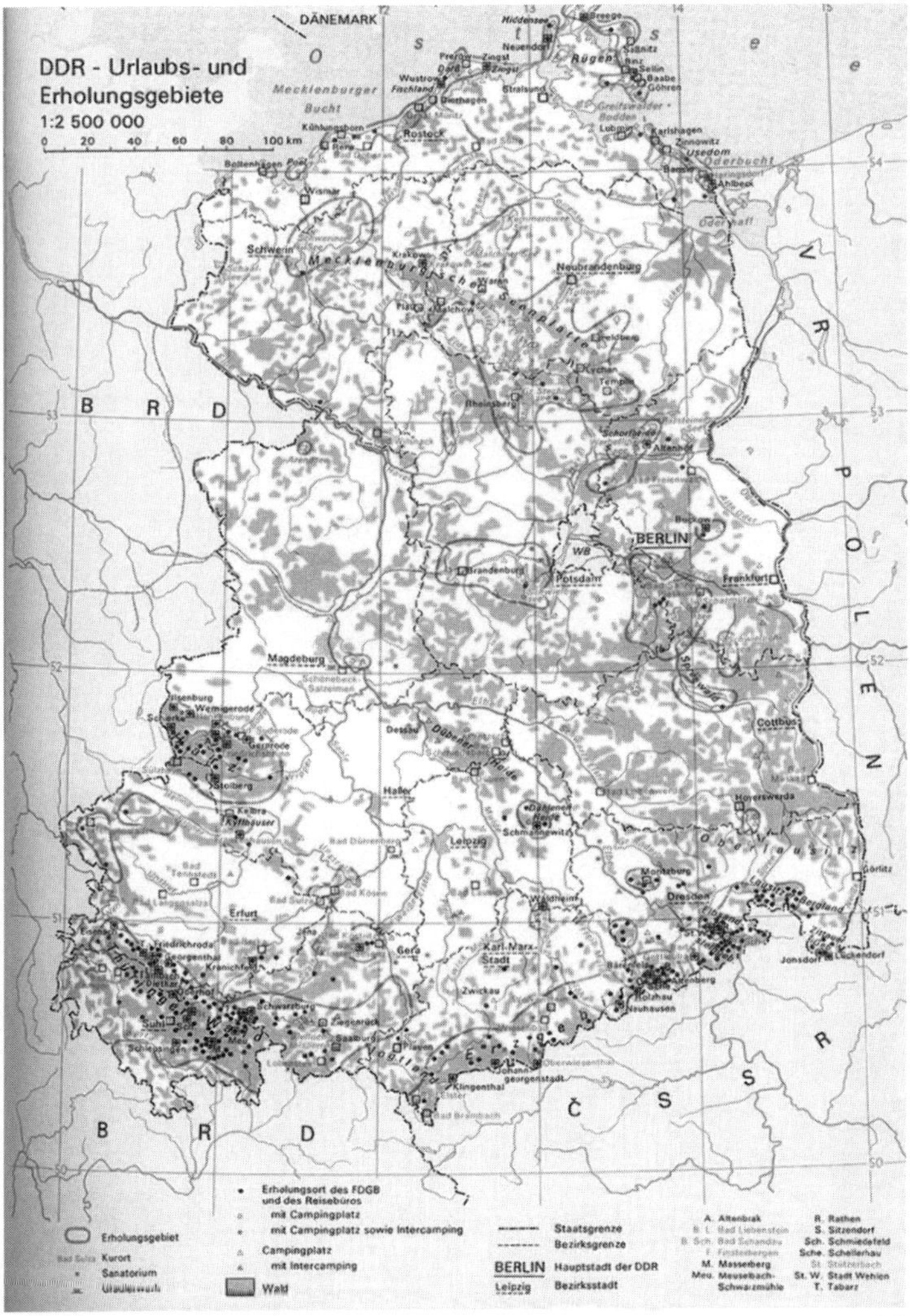

地図：東ドイツにおける保養場所。（・マーク）は労働組合「休暇サービス」や「旅行公社」が運営する保養施設。この地図からは、「チューリンゲンバルト」（西南の西ドイツとの国境に近い場所）や「エルツ山地」（南のチェコスロバキアとの国境）には多くの保養施設を確認できるものの、バルト海沿岸には施設は少ない。このことも、企業保養所と「休暇サービス」との対立を先鋭化させる原因となった。

出典：Deutsche Demokratische Republik, Handbuch 1979, S. 437.

(11) Vgl. Winkler (Hrsg.), *a. a. O.* (Geschichte der Sozialpolitik).
(12) 斎藤、前掲書（消費生活と女性）、三〇一頁。
(13) Vgl. Wolter, *a. a. O.*(Ich harre aus im Land).
(14) *SAPMO-BArch, DY 30/ IV A 2/2.021/602*, Bl. 13: von Abt. Verkehr und Verbindungen an Günter Mittag, Information über die Touristik in das sozialistischen Ausland, 22. 3. 1965.
(15) *Ebd.*, Bl. 15.
(16) *Ebd.*, Bl. 53: von Abt. Verkehr und Verbindungswesen, an Gunter Mittag, Tourismus zwischen der DDR und CSSR, 1. 8. 1968.
(17) *Ebd.*, Bl. 59 ff.: von Ministerium für Verkehrswesen an Günter Mittag, Information aus Ministerium für Verkehrswesen, 7. 2. 1969.
(18) *SAPMO-BArch, DY 30/J IV 2/2A/1430*, Bl. 100f.: von Ministerium für Ausgewählten Angelegenheiten, Reiseverkehr zwischen DDR und der CSSR.
(19) *SAPMO-BArch, DY 30/2146*, Bl. 197: Stenographische Niederschrift der Beratung des Sekretariats des Zentralkomitees mit den 1. Sekretären des Bezirksleitungen am Mittwoch, 15. 11. 1972.
(20) *Ebd.*, Bl. 96. カール・マルクス・シュタットは現在のザクセン州ケムニッツ市である。
(21) *SAPMO-BArch, DY 30/IV 2/2.106/20*, Bl. 178: Nationalrat Sektor Information, Kurzinformation über Stimmung und Meinungen der Bürger zu aktuell-politischen Ereignissen, 6. 2. 1972. ＳＥＤは、年金生活者に対しては、社会保障費を抑えることができるために、西ドイツへの出国（移住）申請を容易に認めた。
(22) *SAPMO-BArch, DY 30/2146*, Bl. 96.
(23) „Verfassung der Deutschen Demokratischen Republik vom 6. April 1968, Artikel 34“, in: *GBl. I* (1968), S. 211.

(24) „Gesetzbuch der Arbeit der Deutschen Demokratischen Republik“, in: *GBl. I* (1961), S. 31 und 39 f.

(25) „Arbeitsgesetzbuch der Deutschen Republik“, in: *GBl. I* (1977), S. 191 und S. 213.

(26) *Geschäftsbericht des Freien Deutschen Gewerkschaftsbundes 1946*, Hrsg. von Vorstand des FDGB (Sowjetisch besetzte Zone), Berlin 1947, S. 102.

(27) *Ebd.*; Kuba, *a. a. O. (Der Feriendienst)*, S. 66.

(28) Vgl. *StJB*, (1981), S. 325.

(29) Vgl. *StJB* (1980), S. 325 ff.

(30) *SAPMO-BArch, DY 30/IV A 2/2.021/753*, Bl. 108: von FDGB Bundesvorstand, Rolf Berger Stellvertreter des Vorsitzenden an Zentralkomitee der SED Genossen Dr. Günter Mittag, Diskussionsgrundlage zu Problemen der Entwicklung des Feriendienstes der Gewerkschaften, 10. 2. 1969.

(31) Gerhard Tietze, „Die Sozialpolitik: wichtiges Aufgabengebiet der Gewerkschaften“, in: Günter Manz/Ekkehard Sachse/Gunnar Winkler (Hrsg.), *Sozialpolitik in der DDR: Ziele und Wirklichkeit*, Berlin 2001, S. 93.

(32) Vgl. *SAPMO-BArch, DY 30/IV A 2/6.11/115*, Bl. 6 ff.: von Abt. Gewerkschaften und Sozialpolitik, Stellungnahme und Vorschläge zur Vereinheitlichung des Feriendienstes aller Organisationen und Institutionen, 28. 2. 1963.

(33)「文化・社会基金」とは、国営企業が社会福祉事業を行なうように設けられた別会計の予算であり、従業員食堂の整備から社宅や保育園の整備等、広範囲にわたって用いられた。企業の保養施設運営予算もここから拠出されていた。

(34) *SAPMO-BArch, DY 34/24804*, Ohne Bl.: Entwurf: Brief des Genossen Herbert Warnke an Genossen Walter Ulbricht, ohne Datum [1966]; Vgl., Beschluß über die Nutzung von Betriebserholungsheimen, 13. 10. 1960, in: *GBl. II* (1960), S. 411 ff.

(35) Kuba, *a. a. O.* (Der Feriendienst), S. 74.

(36) Vgl. *SAPMO-BArch, DY 34/24804*, a. a. O.

(37) *SAPMO-BArch, DY 30/IV A 2/2.021/753*, Bl. 10 f.: von Abteilung Gewerkschaften und Sozialpolitik, Bericht und Schlußfolgerungen über die Ausarbeitung der Perspektive des Erholungswesens im Bezirk Suhl mit dem Schwerpunkt der Entwicklung des Erholungszentrums Oberhof , 29. 6. 1967.

(38) *SAPMO-BArch, DY 30/J IV 2/2A/1579*, Bl. 70 ff.:von Bundesvorstand des FDGB, Vorlage für das Politburo des ZK. Betrifft: Maßnahmen zur Entwicklung des Feriendienstes der Gewerkschaften, Anlage. Kurzeinschätzung, Entwicklung einer Bereiche des Erholungswesens der DDR von 1966-1970, 22. 2. 1972.

(39) *Ebd.*, Bl. 76.

(40) *Ebd.*, Bl. 70 ff.

(41) „Gemeinsame Beschluß des Politbüros des Zentralkomitees der SED, des Präsidiums des Bundesvorstandes des FDGB und Ministerrates der DDR zur Entwicklung des Feriendienstes der Gewerkschaften sowie zu Fragen der Kuren, 7. 3. 1972“, in: *Dokumente der Sozialistischen Einheitspartei Deutschlands: Beschlüsse und Erklärungen des Zentralkomitees sowie seines Politbüros und seines Sekretariats, Bd. XIV*, Berlin (Ost) 1977, S. 49f.

(42) *SAPMO-BArch, DY 30/J IV 2/2A/1726*, Bl. 40: von Vorsitzender des Bundesvorstandes des FDGB, Vorsitzender des Ministerrates der DDR Abt. Gewerkschaft und Sozialpolitik (H. Warnke, H. Sindermann, F. Brock), Vorlage für das Politbüro des ZK der SED, Bericht über die Verwirklichung des gemeinsamen Beschlusses des ZK der SED, des Präsidiums des Bundesvorstandes des FDGB und des Ministerrates der DDR über die Entwicklung des Feriendienstes der Gewerkschaften sowie zu Fragen der Kuren vom 7. März 1972, 25. 10. 1973.

(43) *SAPMO-BArch, DY 30/vorl. SED 32436*, Bd. 2, Ohne Bl.: von Abt. Gewerkschaft und Sozialpolitik, Information über Stimmungen, Meinungen und Probleme zum gemeinsamen Beschluß des Politbüros des ZK der SED, des Präsidiums des Bundesvorstandes des FDGB und des Ministerrates der DDR zur Entwicklung des Feriendienstes der Gewerkschaften sowie zu den Fragen der Kuren, 14. 3. 1972.

(44) *SAPMO-BArch, DY 30/J IV 2/2A/1726*, Bl. 38: a. a. O.; „Anordnung über die Steuerbefreiung von Einnahmen aus der Vermietung von Zimmern an den Feriendienst des FDGB und die Einrichtungen des Kur- und Bäderwesens", in: *GBl. I* (1974) Nr. 20, S. 195.

(45) *SAPMO-BArch, DY 30/vorl. SED 32436*, Bd. 1, Ohne Bl.: von Abteilung Parteiorgane und Abteilung Wirtschaftspolitik, Bericht über die Verwirklichung des „Gemeinsamen Beschlusses des Politbüros des ZK der SED, des Präsidiums des Bundesvorstandes des FDGB und des Ministerrates der DDR zur Entwicklung des Feriendienstes sowie zu Frage der Kuren" vom 7. 3. 1972 im Bezirk Rostock, verbundenen mit einer Konzeption für 1976-80, 26. 3. 1975.

(46) Vgl. *SAPMO-BArch, DY 30/ vorl. SED 32437*, Bd. 2: Ohne Bl.; Entwurf! Grundsätze für die Erhöhung des Einflusses des FDGB auf das Betriebserholungswesen und für die Leitung und Planung der betrieblichen Erholungseinrichtungen.

(47) *SAPMO-BArch, DY 30/ J IV 2/2A/2188*, Bl. 8 f.: Maßnahmen für die Entwicklung des Einflusses des FDGB auf das Betriebserholungswesen und für die Leitung und Planung der betrieblichen Erholungseinrichtungen, 31. 10. 1978.

(48) *SAPMO-BArch, DY 30/J IV 2/2A/2244*, Bl. 92 ff.: Änderung des Beschlusses des Politbüros vom 7. 11. 1978 „Maßnahmen für die Entwicklung des Einflusses des FDGB auf das Betriebserholungswesen und für die Leitung und Planung der betrieblichen Erholungseinrichtungen, 22. 6. 1979.

(49) *SAPMO-BArch, DY 30/J IVA 2/2/1579*, Bl., 70.

(50) *LAG, Rep. 200. 8.3.2. Nr. 29*, Bl. 16: Rat des Bezirkes Rostock Stellvertreter d. Vorsitzenden, Vorlage Grobplan für die Perspektive des Bäderwesens bis zum Jahre 1965, 16. 2. 1959.

(51) *Ebd.*, Bl. 6.

(52) *LAG, Rep. 200. 8.3.2. Nr. 82*, Bd. 12: Grundsätze für die weitere Entwicklung und Verbesserung des Erholungswesens im Bezirk Rostock, 10. 12. 1964.

(53) *LAG, Rep. 200. 8.3.2. Nr. 36*, Bd. 15: Protokoll über die Ergebnisse der Diskussion des ersten Tages des Bäderbürgermeisterlehrganges in Semper am 19. 1. 1964, 12. 2. 1964.

(54) *Beschluß Nr. 37 (160) - 5/63 des Rates des Bezirkes*; Über die Freigabe von Zimmern und Schlafstellen für die Überlassung an Feriengäste und andere ortsfremde Personen während der Badesaison (vom 2. Mai bis 30. September).

(55) なおドイツの地方ごとの日刊紙に掲載される個人広告（Anzeige）は、現在でも毎週、目にすることが出来る。その点で、この行動はドイツ特有の文化空間を利用したものとして解釈してよい。

(56) *Ebd.*, Bl. 62: an DEWAG Werbung Rostock, Ohne Titel [Brief über die Anzeige für die Privatquartiersucher], 28. 1. 1970.

(57) *Beschluß des Rates des Bezirk Rostock, Nr. 5-1/71*; zur Überlassung von Zimmer, Schlafstellen und Wochenendhäusern an Feriengäste in der Grenzzone des Küstengebietes - vom 8. 1. 1971.

(58) *LAG, Rep. 200., 8.3.2. Nr. 153*, Bl. 9: von Rat des Kreises Ribnitz-Damgarten. Abt. Erholungswesen, Konzeption zu Problemen der Erfassung der Urlauber in den Stadten und Gemeinden des Kreises nach dem Beispiel von Ribnitz-Damgarten und Barth, 01. 09. 1972.

(59) Vgl. *Ebd.*, Bl. 10.

(60) *LAG, Rep. 200. 8.3.2. II. Nr. 5*, Ohne Bl.: Merkblatt, an alle Haushalte, einschließlich der Sommerhäuser!, Ohne Datum [1976].

(61) „*Beschluß vom 13. 10. 1960, a. a. O.*“, in, GBl., II (1960) S. 413; Beschluß des Rates des Bezirkes Rostock, Nr. 46 13/62, Regelung der Errichtung von Urlauberunterkunften im Bezirk Rostock vom 1. 6. 1962.

(62) *LAG, Rep. 200. 8.3.2. Nr. 43*, Bl. 49: Konzeption zur Beratung mit dem Genossen Harry Tisch über die weitere Entwicklung des Erholungswesens im Bezirk Rostock, 21. 9. 1963.

(63) *LAG, Rep. 200. 2.3.4. Nr. 523*, Bl. 9: Beschluß des Rates des Bezirkes Rostock, Nr. 106-26/68, Prognostische Entwicklung des Erholungswesens im Bezirk Rostock, 16. 8. 1968.

(64) *LAG, Rep. 200. 8.3.2. II. Nr. 186*, Ohne Bl.: Beschluß des Rates des Bezirkes Rostock, Gemeinsamen Beschluss des Rates des Bezirkes Rostock und des Sekretariats des FDGB-Bezirkesvorstandes über die Bildung von einheitlichen Wirtschaftsbetrieben Erholungswesen, 23. 9. 1968.

(65) *LAG, Rep. 200. 8.3.2. Nr. 86*, Bl. 115: von Handwerkskammer Bezirkes Karl-Marx-Stadt an Rat der Gemeinde Breege, Bildung eines einheitlichen Wirtschaftsbetriebes im Erholungswesen, 28. 10. 1968.

(66) *LAG, Rep. 200. 8.3.2. Nr. 109*, Bl. 15: Eingabenanalyse II. Halbjahr 1968 (1. 7-31. 12. 1968), 8. 1. 1969.

(67) *LAG, Rep. 200. 8.3.2. Nr. 111*, Bl. 36: Bezirkstag Rostock. Ständige Kommission Erholungswesen, Protokoll über die am 4. 11. 1969 im Zusammenhang mit dem Erfahrungsaustausch des Rates des Bezirkes mit den für das Erholungswesen verantwortlichen Mitarbeitern mit den für das Erholungswesen verantwortlichen Mitarbeitern der Räte der Kreise und den Bürgermeistern der Bäderstädte und -gemeinden durchgeführte Beratung der Ständigen Kommission Erholungswesen, 6. 11. 1969; *DY 34/24944*, Ohne Bl.: von Abt. Erholungswesen, Vorlage für den Ministerrat zur Einbeziehung der Betriebserholungsheime in die Planung und Leitung des Feriendienstes der Gewerkschaften, 8. 4. 71.

(68) *LAG, Rep. 200. 8.3.2. II.* Nr. 179, Ohne Bl.: von Rat des Bezirkes Rotstock Vorsitzender, Auswertung der Urlaubsaison mit Schlußfolgerungen, 3. 2. 1971.

(69) *Beschluß des Rates des Bezirkes Rostock, Nr. 172-25/73*; Verfahrensregelung zur Sicherung einer straffen Ordnung und Staatsdisziplin auf dem Gebiet der Grundfondswirtschaft des betrieblichen Erholungswesens im Bezirk Rostock, 7. 12. 73.

(70) *LAG, Rep. 200. 8.3.2. Nr. 31*, Bl. 33 ff.: Deutsche Bauakademie Forschungsinstitut für Gebiets-, Stadt- und Dorfplanung, (H. Schneider), (1962).

(71) *LAG, Rep. 200. 8.3.2. Nr. 1*, Bl. 17: Rat des Bezirkes Rostock Referat Bäderwesen, wo und wie erhalte ich einen Zeltschein für den Ostseebezirk?, Ohne Datum; Beschluß des Rates des Bezirkes Rostock, Nr. 71-17/62, Zeltplatzordnung vom 1. 8. 1962;『バルト海の県』とは、ロストック県を指す。

(72) *LAG, Rep. 200. 8.3.2. Nr. 3*, Bl. 34: Stand der Vorbereitung der Saison 1962, Ohne Datum.

(73) *LAG, Rep. 200. 8.3.2. Nr. 35*, Bl. 9 f.: Begründung zum Haushalsplan 1964, (1963).

(74) *LAG, Rep. 200. 8.3.2. Nr. 1.*

(75) *LAG, Rep. 200. 8.3.2. Nr. 42*, Bl. 18: von Gewerkschaft Unterricht und Erziehung Zentralvorstand Kommission Gesundheits- und Arbeitsschutz an Rat des Bezirkes Rostock Abteilung Erholungswesen, Betr.: Arbeit der zentralen Zeltplatzvemittlung Stralsund, 19. 3. 1964.

(76) *Ebd.*, Bl. 62: von Tribüne Organ des Bundesvorstandes des FDGB an Rat des Bezirkes Rostock, Ohne Titel, 21. 1. 1964; *LAG, Rep. 200. 8.3.2. Nr. 56*, Bl. 14: von W. M. und K. M., Zeltplatzvermittlung 1964, 24. 1. 1964.

(77) *Ebd.*, Bl. 20: von Zeltplatzvermittlung Ostseebezirk, an Rat des Bezirkes Rostock, Abt. Erholungswesen, Ohne Titel, 25. 3. 1964.

(78) „Ist der Zeltplatz gesichert?„ Presskonferenz zur Zeltplatzvermietung in Stralsund“, in: *Ostseezeitung*, 25./26. 1. 1964, S. 4; „Zelten kann jeder, der kann“, in: *Norddeutsche Neueste Nachrichten*, 27. 1. 1964, S. 3; „Ferien in Zahlen“, in: *Neue Zeit*, 23. 1. 1964.

(79) *Ebd.*, Bl. 100.

(80) *Ebd.*

(81) *LAG, Rep. 200. 8.3.2. Nr. 108*, Bl. 40: Protokoll über die Ergebnisse des Erfahrungsaustausches mit den für das Erholungswesen verantwortlichen Ratsmitgliedern der Kreise und den Zeltplatzleitern in Prerow am 27. 8. 1969.

(82) *LAG, Rep. 200. 8.3.2. Nr. 110*, Bl. 2: von Allgemeiner Deutscher Motorsportverband Bezirksleitung Erfurt, an Rat des Kreises Stralsund Abteilung Inneres, ohne Titel [Brief über die Zeltplatzvermittlung für die Sportfreunden], 19. 9. 1969.

(83) Vgl. *LAG, Rep. 200. 8.2.3. Nr. 71*, Bl. 175:von Rat des Ostseebades Graal-Müritz, Einschätzung des Urlaubsjahres 1966 und 1. Schlussfolgerungen für die Durchführung der Saison 1967, Ohne Datum [1967].

(84) *LAG, Rep. 200. 8.3.2. Nr. 123*, Bl. 5: die Entwicklung des Campingwesens im Bezirk Rostock und die Herausarbeitung von Schlußfolgerungen für die Planung und Leitung des Campingwesens, 23. 4. 1970.

(85) *LAG, Rep. 200. 8.3.2. Nr. 196*, Bl. 32: Antwort auf die Information des Mitgliedes des Präsidiums des FDGB Bundesvorstandes, Dr. Rösel, an die Genossen Harry Tisch, Willi Marlow und Heinz Hanns, Ohne Datum (1973).

(86) *LAG, Rep. 200. 8.3.2. Nr. 188*, Bl. 5: von Rat des Bezirkes Rostock. Abt. Erholungswesen, Grundrichtung für die Entwicklung des Erholungswesens im Funfjahrplanzeitraum 1970-1975, 2. 11. 1971; *Beschluß des Rates Bezirkes Rostock, Nr. 4-1/71*: zum Bericht über die Auswertung der Urlaubersaison 1970 und

Schlußfolgerungen für 1971 vom 8. 1. 1971.

(87) *LAG, Rep. 200. 8.3.2. Nr. 134*, Bl. 1: Campingordnung des Bezirkes Rostock, Ohne Datum [1971]; *Beschluß des Rates der Bezirkes Rostock, Nr. 32-4/74*: Ordnung für das Betrieben, die Vermittlung und die Benutzung der Campingplätze des Bezirkes Rostock -Campingordnung- vom 22. 2. 1974.

(88) *LAG, Rep. 200. 8.3.2. Nr*, 110, Bl. 30 ff.: von Textima VEB Wirkmaschinenbau Karl-Marx-Stadt, an Vorsitzenden des Rates des Bezirkes Rostock, Ohne Titel (Brief über eine Mitteilung des Rates der Gemeinde Altenkirchen/Rügen), 28. 5. 1969.

(89) *LAG, Rep. 200. 8.3.2. Nr. 196*, Bl. 35.

(90) *LAG, Rep. 200. 8.3.2. II Nr. 179*, Ohne Bl.

結　論

(1) *LAG, Rep. 200. 8.3.2. II. Nr. 4.*, Ohne Bl.: Analyse über die Arbeit des Campingzentrums “Ostsee“, (6. 5. 76).

(2) 松井、前掲書（スターリニズムの経験）、参照。

(3) 田野、前掲書（愛と欲望のナチズム）、参照。

参考文献一覧

未公刊公文書館史料

Bundesarchiv (BArch.)
ドイツ連邦公文書館

Staatliche Plankommission, DE 1
Staatliche Zentralverwaltung für Statistik, DE 2
Volkswirtschaftsrat der DDR, DE 4

Stiftung Archiv der Parteien und Massenorganisationen der DDR im Bundesarchiv (SAPMO-BArch.)
ドイツ連邦公文書館、諸党並びに各大衆団体寄贈文書館

Arbeitsprotokoll des Politbüros des Zentralkomitees der SED, DY 30/ J IV 2/2A
Reinschrift des Politbüros des Zentralkomitees der SED, DY 30/ J IV 2/2

Büro Gerhard Grüneberg, DY 30/A 2/2.023/1 bis 291
Büro Werner Jarowinsky, DY 30/A 2/2.032/1 bis 119

Büro Kurt Hager, DY 30/IV/B 2/2.024/1 bis 140
DY 30/vorl. SED
Büro Erich Honecker, DY 30/2047 bis 2620
Büro Günter Mittag, DY 30/IV A 2/2.021/1 bis 930
DY 30/2621 bis 3287
Büro Walter Ulbricht, DY 30/3288 bis 3754
Büro Paul Verner, DY 30/IV 2/2.036/ 1 bis 115

Abt. Gewerkschaften und Sozialpolitik, DY 30/IV A 2/6.11/1 bis 118
DY 30/vorl. SED
Abt. Handel, Versorgung und Außenhandel, DY 30/IV A 2/6.10/1 bis 353
Agitationskommission beim Politbüro des ZK der SED, DY 30/IV 2/2.106/1 bis 21

Nachlass Walter Ulbricht NY 4182

Vorstand des Freien Deutschen Gewerkschaftsbundes, DY 34

Landesarchiv Greifswald (LAG),
メクレンブルク・フォアポメルン州立グライフスバルト公文書館

Protokollsammlung des Rats des Bezirkes Rostock,

Protokoll des Bezirksrates Rostock, Rep. 200. 2.3.1.
Abt. Allgemeine Landwirtschaft Produktion, Rep. 200. 4.6.1.1.
Abt. Erholung und Bäderwesen, Rep. 200. 8.3.2.

Archiv Hansestadt Rostock (AHR)
ハンザ・ロストック市立公文書館
Stadtverordnetenversammlung und Rat der Stadt Rostock
Kleingärtner, Siedler und Kleintierzüchter AHR, 2.1.1.

公刊史料

（1）新聞

Neues Deutschland
Neue Zeit
Norddeutsche Neueste Nachrichten,
Ostseezeitung
Tribüne
Die Wirtschaft

（2）公刊一次文献

Apel, Erich: „Unsere ökonomische Hauptaufgabe und die Weiterentwicklung unserer Industrie", in: *Einheit*, 13

(1958) 8, S. 1108-1121.

Arbeit und Sozialfürsorge: Jahrbuch von 1945 bis 31, März 1947, hrsg. von der Hauptverwaltung Arbeit und Sozialfürsorge der Deutschen Wirtschaftskommission für die sowjetischen Besatzungszone Berlin 1947.

Autorenkollektiv unter Leitung Gerhard Lippold: *Das Zeitbudget der Bevölkerung*, Berlin (Ost) 1971.

Autorenkollektiv unter Leitung von Peter Voß: *Die Freizeit der Jugend*, Berlin (Ost) 1981.

„Befehl Nr. 56 des Obersten Chefs der Sowjetischen Militäradministration und Oberbefehlshabers der Sowjetischen Besatzungstruppen in Deutshland, 17. 2. 1946", in: *Arbeit und Sozialfürsorge: Jahhrbuch von 1945 bis 31. März 1947* hrsg. von der Hauptverwaltung Arbeit und Sozialfürsorge der Deutschen Wirtschaffs kommission für die sowjetischen Besatzungszone, Berlin 1947, S. 307-308.

„Befehl Nr. 234 des Obersten Chefs der Sowjetischen Militäradministration in Deutschland über Maßnahemen zur Erhöhung der Arbeitsproduktivität und zur weiteren Verbesserung der materiellen Lage der Arbeiter und Angestellten der Industrie und des Verkehrswesens, 9. Oktober 1947" in: Fiedler, Helene (Hrsg.): *Zur Sozialpolitik in der antifaschistisch-demokratischen Umwälzung 1945 bis 1949: Dokumente und Materialien*, Berlin (Ost) 1984, S. 191-199.

„Beilagen: Bemerkungen von Friedrich Engels zum Programm der Sozialistischen Föderation in Nordengland", in: *MEW*, Bd. 21, hrsg. vom Institut für Marxismus-Leninismus beim ZK der SED, Berlin (Ost) 1962, S. 510-511.

Bericht der Bundesregierung und Materialien zur Lage der Nation 1971, hrsg. von Bundesministerium für innerdeutsche Beziehungen, Kassel 1971.

Bischoff, Werner: „Zur effektiven Zeitleben. Belastung des privaten Haushaltes in der DDR durch Hausarbeit", in: *MIfM*, 6 (1967) 1, S. 5-9.

Bischoff, Werner: „Zu einigen Problemen im Zusammenhang mit der Entwicklung des Motortourismus in der DDR“, in: *MIfM*, 12 (1973) 1, S. 17-22.

Bischoff, Werner/Scholz, Horst: „Zeitbilanzuntersuchungen als Methode der Marktforschung“, in: *MIfB*, 4 (1965) 3, S. 20-23.

Buggel, Edelfried: „Aus der Arbeit der internationalen sozialistischen Forschungsgemeinschaft ‚aktive Ferienerholung‘“, in: *Wissenschaftliche Zeitschrift der Deutschen Hochschule für Körperkultur Leipzig*, 4 (1962) 2, S. 101-102.

Buggel, Edelfried: „Sport und Touristik im Urlaubsverhalten Jugendlicher und Erwachsener: Verlauf und Ergebnisse einer konkret-soziologischen Untersuchung im Juli 1962 in Graal-Müritz (Ostsee)“, in: *Theorie und Praxis der Körperkultur*, 12 (1963) 10, S. 360-371 und 700-708.

Buggel, Edelfried: „Über die Bedeutung des Sportes für Freizeit und Urlaub“, in: *Wissenschaftliche Zeitschrift der Karl-Marx Universität Leipzig, Mathematisch-Naturwissenschaftliche Reihe*, 12 (1963) 1, S. 63-67.

Buggel, Edelfried: „Zur gegenwärtigen Situation und zu den Perspektiven der Freizeitforschung an Erwachsenen der DDR unter besonderer Berücksichtigung der Körperkultur“, in: *Wissenschaftliche Zeitschrift der Deutschen Hochschule Körperkultur Leipzig*, 8 (1966) 3, S. 9-12.

Dokumente der Sozialistischen Einheitspartei Deutschlands: Beschlüsse und Erklärungen des Zentralkomitees sowie seines Politbüros und seines Sekretariats, Bd. XIV, Berlin (Ost) 1977

Dölling, Irene: „Zu eigenen Aspekten des Zusammenhangs von Arbeitkultur, Freizeitkultur und Persönlichkeitsentwicklung im Sozialismus“, in: *MKF*, 22 (1987), S. 213-221.

Doluhy Peter: „Die künftige Entwicklung des Bedarfs nach gastronomischen Leistungen in der DDR“, in: *MIfM*, 15 (1976) 3, S. 23-26.

Donat, Peter: „Der Bevölkerungsbedarf nach Leistungen des öffentlichen Gaststättenwesens in der DDR und seine langfristige Entwicklung“, in: *MIfM*, 16 (1977) 4, S. 5-10.

Eichhorn, Wolfgang: „Widersprüche in der Entwicklung der sozialistischen Gesellschaft in der Deutschen Demokratischen Republik“, in: *Deutsche Zeitschrift für Philosophie*, 7 (1959) 5-6, S. 668-685.

Engels, Friedrich: „Herrn Eugen Dührings Umwälzung der Wissenschaft (‚Anti-Dühring')“, in: *MEW*, Bd. 20, hrsg. vom Institut für Marxismus-Leninismus beim ZK der SED, Berlin (Ost) 1972, S. 5-303.

Feier- und Festgestaltung als Bestandteil sozialistischer Lebensweise, hrsg. vom Institut für Weiterbildung des Ministerium für Kultur, Berlin, 1981.

Fiedler, Helene (Hrsg.): *Zur Sozialpolitik in der antifaschistisch-demokratischen Umwälzung 1945 bis 1949 Dokumente und Materialien*, Berlin (Ost) 1984.

Freizeit und Kulturarbeit: Forschungen und Konzeption, MKF, 19 (1986).

Freizeit als Lebensraum arbeitender Menschen im Sozialismus-ihr Platz in der Freizeitkultur des 20. Jahrhunderts, MKF, 22 (1987).

„Gemeinsame Beschluß des Politbüros des Zentralkomitees der SED, des Präsidiums des Bundesvorstandes des FDGB und Ministerrates der DDR zur Entwicklung des Feriendienstes der Gewerkschaften sowie zu Fragen der Kuren, 7. 3. 1972“, in: *Dokumente der Sozialistischen Einheitspartei Deutschlands: Beschlüsse und Erklärungen des Zentralkomitees sowie seines Politbüros und seines Sekretariats*, Bd. XIV, Berlin (Ost) 1977, S. 49-51.

Geschäftsbericht des Freien Deutschen Gewerkschaftsbundes 1946, hrsg. von Vorstand des FDGB (Sowjetisch besetzte Zone), Berlin 1947.

Geschichte der deutschen Arbeiterbewegung, hrsg. vom Institut für Marxismus-Leninismus beim ZK der SED,

Berlin (Ost) 1966.

Geschichte des Freien Deutschen Gewerkschaftsbundes, 8 Bde., hrsg. von Bundesvorstand des FDGB, Berlin (Ost) 1982.

Gesetzblatt der DDR Teil I und II (GBl.).

Günther, Sigrid: „Maler- und Tapezierarbeiten werden im Rahmen der Heimwerkerarbeit immer populärer", in: *MIfM*, 19 (1980) 3, S. 28-30.

Hanke, Helmut: *Freizeit in der DDR*, Berlin (Ost) 1979.

Hanke, Helmut: „Freizeit in der DDR: Tendenzen und Perspektiven", in: *Weimarer Beiträge*, 35 (1987) 7, S. 1061-1077.

Hanke, Helmut: „Freizeit in der DDR: Tendenzen und Perspektiven", in: *MKF*, 22 (1987), S. 249-262.

Hanke, Helmut (Hrsg.): *Kultur und Freizeit: zu Tendenzen und Erfordernissen eines kulturvollen Freizeitverhaltens*, Berlin(Ost) 1971.

Hanke, Helmut/Mühlberg, Dietrich: „Bestimmung des Kulturbegriffs", in: *Zur Kulturgeschichte der deutschen Arbeiterklasse: Theorie, Methodologie, Darstellung, MKF*, 2 (1978), S. 3-10.

Hanke, Helmut/Ziermann, Klaus: *Unterhaltung und Geselligkeit als Bestandteil sozialistischer Lebensweise*, 1979.

Heinicke, Walter: „Bemerkungen zur Arbeitsmoral", in: *Einheit*, 3 (1948) 6, S. 514-523.

Hieck, Willy: „Die Wechselwirkung zwischen Arbeitszeit und Freizeit und der Zusammenhang mit der allseitigen Entwicklung des Menschen im Sozialismus", in: *Wirtschaftswissenschaft*, 9 (1961) 2, S. 282-297.

Honecker, Erich: „Bericht des Zentralkomitees an den VIII. Parteitag der Sozialistischen Einheitspartei Deutschlands", in: *Protokoll der Verhandlungen des VIII. Parteitages der Sozialistischen Einheitspartei*

Deutschlands, Bd. 1, Berlin (Ost) 1971, S. 34-123.

Honecker, Erich: „Bericht des Zentralkomitees der Sozialistischen Einheitspartei Deutschlands an den XI. Parteitag der SED“, in: *Protokoll der Verhandlungen des XI. Parteitages der Sozialistischen Einheitspartei Deutschlands*, Berlin (Ost) 1986, S. 31-101.

Hübner, Manfred: *Zwischen Alkohol und Abstinenz: Trinksitten und Alkoholfrage im deutschen Proletariat bis 1914*, Berlin (Ost) 1988.

Keck, Alfred: „Zum Forschungsprogramm des Arbeitskreises ‚Lebensstandard‘“, in: *Wirtschaftswissenschaft*, 12 (1964) 6, S. 1020-1028.

Kleines Politisches Wörterbuch, Neuausgabe 1988, Berlin (Ost) 1988.

Knötzsch, Petra: „Nur Einheit von Arbeitserleichterung, Zeiteinsparung und Qualität“, in: *MIfM*, 14 (1975) 2, S. 21-23.

Köppert, Willy: „Die Aufgaben des Instituts für Bedarfsforschung im Jahre 1965“, in: *MIfB*, 4 (1965) 1, S. 1-4.

Kuczynski, Jürgen: „Freizeit: Tendenzen und Perspektiven. Bemerkungen zu einem Artikel von Helmut Hanke“, in: *Weimarer Beiträge*, 33 (1987) 12, S. 2094-2096.

Kühne, Lothar: „Zum Begriff und zur Methode der Erforschung der Lebensweise“, in: ders., *Haus und Landschaft: Aufsätze*, Dresden 1985.

Kulturpolitisches Wörterbuch, Berlin (Ost) 1978.

Lenin, Wladimir Iljitsch: „Staat und Revolution“, in: *W. I. Lenin Werke*, Bd. 25, hrsg. vom Institut für Marxismus-Leninismus beim ZK der KPdSU, Berlin (Ost) 1972 S. 393-507.

Liebermann: „Plan, Gewinn, Prämie“, in: *die Wirtschaft*, Nr. 39, 26. 9. 1962.

Lippold, Gerhard: „Eine Zeitbudgeterhebung für die Lebensstandardforschung“, in: *Wirtschaftswissenschaft*,

16 (1968) 12, S. 2026-2044.

Lippold, Gerhard: „Querschnittsanalyse von Zeitbudgets aus elf Ländern (Hauptgesichtspunkte und erste Ergebnisse der Untersuchungen“, in: *Wissenschaftliche Zeitschrift der Hochschule für Ökonomie*, 4 (1967), S. 439-447.

Karl Marx-Friedrich Engels Werke, hrsg. von Institut für Marxismus-Leninismus beim ZK der SED *(MEW)*.

Marx, Karl: *Grundrisse der Kritik der politischen Ökonomie: (Rohentwurf) 1857-1858*, Berlin (Ost) 1953.〔カール・マルクス（高木幸二郎監訳）『経済学批判要綱（草案）一八五七－一八五八年　第3分冊』（大月書店、一九六一年）。〕

Marx, Karl: „Zur Kritik der Nationalökonomie: ökonomisch-philosophische Manuskripte“, in: Marx, Karl/Engels, Friedrich: *Kleine ökonomische Schriften*, Berlin (Ost) 1955, S. 42-166.

Marx, Karl: „Instruktionen für die Delegierten des Provisorischen Zentralrats zu den einzelnen Fragen“, in: *MEW*, Bd. 16, hrsg. vom Institut für Marxismus-Leninismus beim ZK der SED, Berlin (Ost) 1962, S. 190-199.

Marx, Karl: „Randglossen zum Programm der deutschen Arbeiterpartei (Kritik des Gothaer Programms)“, in: *MEW*, Bd. 19, Berlin (Ost) 1962, S. 15-32〔マルクス（望月清司訳）『ゴータ綱領批判』（岩波書店、一九七五年）。〕

Marx, Karl: „Das Kapital: Kritik der politischen Ökonomie, erster Band“, in: *MEW*, Bd. 23, hrsg. vom Institut für Marxismus-Leninismus beim ZK der SED, Berlin (Ost) 1962.〔大内兵衛・細川嘉六監訳「資本論　経済学批判　第一巻」『マルクス・エンゲルス全集　第23巻』（大月書店、一九六五年）。〕

Marx, Karl: „Das Kapital: Kritik der politischen Ökonomie. Dritter Band“, in: *MEW*, Bd. 25. hrsg. vom Institut für Marxismus-Leninismus beim ZK der SED, Berlin (Ost) 1964.〔大内兵衛・細川嘉六監訳「資本論　経済学批判　第三巻」『マルクス・エンゲルス全集　第25巻』（大月書店、一九六六―六七年）。〕

Marx, Karl/Engels, Friedrich (Wataru Hiromatsu, (Hrsg.)): *Die deutsche Ideologie, Kritik der neuesten deutschen Philosophie in ihren Repräsentanten Feuerbach, B. Bauer und Stirner, und des deutschen Sozialismus in seinen verschiedenen Propheten*, Tokio 1974.〔カール・マルクス／フリードリヒ・エンゲルス（廣松渉編訳、小林昌人補訳）『新編輯版ドイツ・イデオロギー』（岩波書店、二〇〇二年）。〕

Marx, Karl: „Vorwort" *MEW*, Bd. 42, hrsg. vom Institut für Marxismus-Leninismus beim ZK der SED, Berlin (Ost) 1983.

Materialien des IX. Kulturtheoretischen Kolloquiums „Kulturgeschichtliche Probleme proletarischer Lebensweise" am 26. und 27. November 1980 an der Humboldt-Universität zu Berlin, MKF, 9 (1981).

Materialien zum Bericht zur Lage der Nation im geteilten Deutschland 1987, hrsg. von Bundesministerium für innerdeutsche Beziehungen, Bonn 1987.

Matterne, Esther: „Familiencamping: ein wesentlicher Faktor bei der weiteren Entwicklung des Campingwesens in der DDR", in: *MIfM*, 10 (1971) 2, S. 18-21.

Merker, Joachim: „Die langfristige Entwicklung des Bevölkerungsbedarfs nach Konsumgütern, die der Freizeitgestaltung dienen, und die Problematik ihrer quantitativen Bestimmung mittels rationeller Verbrauchsnormen", in: *MIfB*, 3 (1964) 3, S. 1-16.

Mittag, Günter, „Ideologische und ökonomische Probleme bei der Führung des sozialistischen Wettbewerbs", in: *Einheit*, 19 (1964) 9/10, S. 57-70.

Mühlberg, Dietrich: *Freizeit und Persönlichkeitsentwicklung im Sozialismus*, Berlin (Ost) 1974.

Mühlberg, Dietrich: „Proletarisches Freizeitverhalten und seine öffentlichen Einrichtung in Deutschland der Jahrhundertwende", in: *Materialien des IX. Kulturtheoretischen Kolloquiums „Kulturgeschichtliche Probleme proletarischer Lebensweise" am 26. und 27. November 1980 an der Humboldt-Universität zu*

Berlin, MKF, 9 (1981), S. 123-152.

Mühlberg, Dietrich: „Warum sollen wir wissen, was Arbeiter sind und was sie in der Freizeit machen? zur Bestimmung von Arbeiterkultur in der DDR“, in: Kaschuba, Wolfgang/Korff, Gottfried / Warneken, Bernd Jürgen (Hrsg.): *Arbeiterkultur seit 1945: Ende oder Veränderung?*, Tübingen 1991, S. 71-85.

Petzoldt, Gerlinde: „Erforschung der Freizeit durch Ökonomen und Sportwissenschaftler der DDR in den sechziger Jahren: kommentierte Bibliographie“, in: *Freizeit und Kulturarbeit, MKF*, 19 (1986), S. 5-55.

Petzoldt, Gerlinde: *Erforschung des Freizeitverhaltens in der DDR und der Sowjetunion: drei Studien, MKF*, 25 (1988).

Pöggel, Günter: „Sozialistische Arbeitsmoral und materielle Interessiertheit“, in: *Einheit*, 13 (1958) 12, S. 1744-1755.

„Programm der Sozialistischen Einheitspartei Deutschlands“, in: *Protokoll der Verhandlungen des IX. Parteitages der Sozialistischen Einheitspartei Deutschlands*, Bd. 2, Berlin (Ost) 1976, S. 209-266.

Protokoll der Verhandlungen des V. Parteitages der Sozialistischen Einheitspartei Deutschlands, Berlin (Ost) 1959.

Protokoll der Verhandlungen des VI. Parteitages der Sozialistischen Einheitspartei Deutschlands, Berlin (Ost) 1963.

Protokoll der Verhandlungen des VII. Parteitages der Sozialistischen Einheitspartei Deutschlands, Berlin (Ost) 1667.

Protokoll der Verhandlungen des VIII. Parteitages der Sozialistischen Einheitspartei Deutschlands, Bd. 1, Berlin (Ost) 1971.

Protokoll der Verhandlungen des IX. Parteitages der Sozialistischen Einheitspartei Deutschlands, Berlin (Ost)

1976.
Protokoll der Verhandlungen des XI. Parteitages der Sozialistischen Einheitspartei Deutschlands, Berlin (Ost) 1986.
Röblitz, Günther: „Führung des Freizeitlebens der lernenden Jugend als pädagogische Aufgabe", in: *Wissenschaftliche Zeitschrift der Deutschen Hochschule für Körperkultur Leipzig*, 8 (1966) 3, S. 81-90.
Röblitz, Günther: „Jugendforschung, Freizeitbereich als Problemen und Aufgabe", in: *Jugendforschung*, (1965) 4, S. 1-3.
Roesler, Jörg: „Vom Akkordlohn zum Leistungslohn: zu den Traditionen des Kampfes der deutschen Arbeiterklasse und zur Einführung des Leistungslohnes in der volkseigenen Wirtschaft der DDR 1948 bis 1950", in: *ZfG*, (1984) H. 9. S. 779-795.
Rohls, Horst W.: *Berlin um 1900: Anfänge der Arbeiterfreizeit, MKF*, 21 (1987).
Schmutzler, Jutta: „Zu einigen Aspekten der Heimwerkertätigkeit in der DDR", in: *MIfM*, 16 (1976) 1, S. 29-31.
Skell, Wolfgang: „Freizeitforschung aus Sicht des Psychologen", in: *Wissenschaftliche Zeitschrift der Karl-Marx-Universität Leipzig, Mathematisch-naturwissenschaftliche Reihe*, 12 (1963) 1, S. 9-18.
Spieler, Klaus: Bürgerliche Freizeitpädagogik in der BRD: Kommentar und Auswahlbibliographie, in: *Freizeit und Kulturarbeit Forschungen und Konzeptionen, MKF*, 19 (1986), S. 57-92.
Statistisches Jahrbuch der DDR , 1969, 1980, 1981, 1989, Berlin (Ost).
Steinhaußen Ursula/Faulseit, Dieter/Bonk, Jürgen (Hrsg.): *Handbuch für schreibende Arbeiter*, Berlin (Ost) 1969.
Stompler, Wolfgang: „Zur Urlaubsreisetätigkeit der DDR-Bevölkerung", in: *MIfM*, 13 (1974) 1, S. 19-22.
Taubert, Horst: „Funktion und Aufgaben der soziologischen Forschung", in: *Berufsbildung*, 21. (1967) 7-8,

zitiert nach Ludz, Peter Christian: *Soziologie und Marxismus in der Deutschen Demokratischen Republik*, Neuwied/Berlin (West) 1972.

Teßman, Helga: „Arbeitszeit und Freizeit in der wissenschaftlich-technischen Revolution", in: *Deutsche Zeitschrift für Philosophie*, 14 1966 (6), S. 735 ff.

Tourismus, MKF, 24 (1988).

Ulbricht, Walter: „Der Kampf um den Frieden, für den Sieg des Sozialismus, für die nationale Wiedergeburt Deutschlands als friedliebender, demokratischer Staat", in: *Protokoll der Verhandlungen des V. Parteitages der Sozialistischen Einheitspartei Deutschlands*, Berlin (Ost) 1959, Bd. 1, Berlin (Ost) 1959.

Ulbricht, Walter: *Das neue Ökonomische System der Planung und Leitung der Volkswirtschaft in der Praxis*, Berlin (Ost) 1963.

Ulbricht, Walter: „Das Programm des Sozialismus und die geschichtliche Aufgabe der Sozialistischen Einheitspartei Deutschlands", in: *Protokoll der Verhandlungen des VI. Parteitages der Sozialistischen Einheitspartei Deutschlands, Bd. 1.*, Berlin (Ost) 1963, S. 28-251.

Ulbricht, Walter: *Zum neuen ökonomischen System der Planung und Leitung, Berlin* (Ost) 1966.

Ulbricht, Walter: „Kampf um Höchstniveau erfordert straffe komplexe Führung, wissenschaftliche Planung sowie die volle Ausnutzung der ökonomischen Gesetze des Sozialismus in der Volkswirtschaft", in: ders., *Zum neuen ökonomischen System der Planung und Leitung*, Berlin (Ost) 1966, S. 26-45.

„‚Dem Volk mehr, bessere und billigere Texilien!' Kollegin Frieda Hockauf geht ihren Kollegen beispielgebend voran", in: *Tribüne*, 1. 10. 1953.

Warnke, Herbert: *Aufbauplan 234 wird verwirklicht*, Berlin 1948.

Weichsel, Ruth: „Individuell geschneiderte Oberkleidung: Luxus, Hobby oder ‚Notlösung'?", in: *MIfM*, 16 (1976)

1, S. 13-16.
„Wie mit der Jahresendprämierung beginnen? Interessante Anregungen aus Filmfabrik Wolfen“, in: *die Wirtschaft* Nr. 7, 17. 2. 1966.
Winkler, Gunner (Hrsg.): *Geschichte der Sozialpolitik der DDR, 1945-1985*, Berlin (Ost) 1989.
Ziller, Gerhard: „Die Herabsetzung der Arbeitszeit auf 45 Stunden in der Woche“, in: *Einheit*, 11 (1956) 12, S. 1170-1179.
„Zur historischen Ausbildung sozialistischer Freizeitkultur. Thesen 1986. Teil II: Zeit im Sozialismus und sozialistische Freizeitkultur“, in: *MKF*, 22 (1987), S. 181-186.
„Zu theoretischen und methodologischen Fragen der Kulturgeschichtsschreibung Referat (1)“, in: *MKF*, 2 (1978).

二次文献

欧語文献

Günter Agde (Hrsg.): *Kahlschlag: das 11. Plenum des ZK des SED 1965, Studien und Dokumente*, Berlin 1991.
Alheit, Peter/Haack, Hanna: *Die vergessene „Autonomie“ der Arbeiter: eine Studie zum frühen Scheitern der DDR am Beispiel der Neptunwerft*, Berlin 2004.
Haendcke-Hoppe-Arndt, Maria: *Das Gaststättenwesen in der DDR*, Berlin (West) 1979.
Badstübner, Evemarie (Hrsg.): *Befremdlich anders: Leben in der DDR*, Berlin 2000.
Barck, Simone/Langermann, Martina/Lokatis, Siegfried: *„Jedes Buch ein Abenteuer“: Zensur-System und literarische Öffentlichkeit in der DDR bis Ende der sechziger Jahre*, Berlin 1997.

Bauerkämper, Arnd: *Die Sozialgeschichte der DDR*, München 2005.

Bessel, Richard/Jessen, Ralph (Hrsg.): *Die Grenzen der Diktatur: Staat und Gesellschaft in der DDR*, Göttingen 1996.

Bleek, Wilhelm: *Geschichte der Politikwissenschaft in Deutschland*, München 2001.

Bleek, Wilhelm: „Kleingärtner, Kleintierzüchter und Imker: eine exemplarische Nische in der DDR und deren Zukunft", in: Voigt, Dieter/Mertens, Lothar (Hrsg.): *Minderheiten in und Übersiedler aus der DDR*, Berlin 1992, S. 67-100.

Bleek, Wilhelm: „Zur Entwicklung der vergleichenden Deutschlandforschung", in: *APuZ*, 34 (1984) 38, S. 25-37.

Bouvier, Beatrix: *Die DDR - ein Sozialstaat?: Sozialpolitik in der Ära Honecker*, Bonn 2002.

Boyer, Christoph/Henke, Klaus-Dietmar/Skyba, Peter (Hrsg.): *Geschichte der Sozialpolitik in Deutschland seit 1945. Bd. 10: Deutsche Demokratische Republik 1971-1989: Bewegung in der Sozialpolitik, Erstarrung und Niedergang*, Baden-Baden 2008.

Boyer, Christoph/Skyba, Peter: „Sozial- und Konsumpolitik als Stabilisierungsstrategie: zur Genese der ‚Einheit von Wirtschafts- und Sozialpolitik' in der DDR", in: *DA*, 32 (1999) 4, S. 577-590.

Broszat, Martin/Weber, Hermann (Hrsg.): *SBZ-Handbuch: staatliche Verwaltungen, Parteien, gesellschaftliche Organisationen und ihre Führungskräfte in der Sowjetischen Besatzungszone Deutschlands 1945-1949*, München 1990.

Brunner, Detlev: *Sozialdemokraten im FDGB: von der Gewerkschaft zur Massenorganisation, 1945 bis in die frühen 1950er Jahre*, Essen 2000.

Ciesla, Burghard: „Eine sich selbst versorgende Konsumgesellschaft? Industrieller Fischfang, Fischverarbeitung und Fischwarenkonsum in der DDR", in: Lindenberger Thomas (Hrsg.): *Herrschaft und*

Eigen-Sinn in der Diktatur: studien zur Gesellschaftsgeschichte der DDR, Köln/Weimar/Wien 1999, S. 205-233.

Davies, Sarah: *Popular Opinion in Stalin's Russia: Terror, Propaganda and Dissent, 1931-1941*, Cambridge/New York 1997.

Dietrich, Geld: „Ablenkung vom Klassenkampf oder Produktivkraft Vergnügen: Positionen zur Unterhaltung in der DDR", in: Häußer, Ulrike/Merkel, Marcus (Hrsg.): *Vergnügen in der DDR*, Berlin 2009, S. 231-252.

Dietrich, Isolde: „'Ne Laube, n'Zaun und n'Beet: Kleingärten und Kleingärtner in der DDR", in: Badstübner, Evemarie (Hrsg.), *Befremdlich anders: Leben in der DDR*, Berlin 2000, S. 374-414.

Dietrich, Isolde: *Hammer, Zirkel, Gartenzaun: die Politik der SED gegenüber den Kleingärtnern*, Berlin 2003.

Dietrich, Isolde: „Laubenpiepervergnügen", in: Häußer, Ulrike/Merkel Marcus (Hrsg.): *Vergnügen in der DDR*, Berlin 2009, S. 361-372.

Eppelmann, Rainer/Faulenbach, Bernd/Mählert, Ulrich (Hrsg.): *Bilanz und Perspektiven der DDR-Forschung*, Paderborn/München/Wien/Zürich 2003.

Fitzpatrick, Sheila: *Everyday Stalinism: Ordinary Life in Extraordinary Times: Soviet Russia in 1930s*, Oxford/New York 1999.

Frese, Matthias/Paulus, Julia/Teppe, Karl (Hrsg.): *Demokratisierung und gesellschaftlicher Aufbruch: die sechziger Jahre als Wendezeit der Bundesrepublik*, Paderborn/München/Wien/Zürich 2003.

Friedrich, Carl Joachim/Brzezinski, Zbigniew: „Die allgemeinen Merkmale der totalitären Diktatur", in: Seidel Bruno/Siegfried, Jenkner, (Hrsg.), *Wege der Totalitarismus – Forschung*, Darmstadt 1968, S. 600-617.

Friedrich, Carl Joachim: *Totalitarianism: Proceedings of a Conference held at American Academy of Arts and Sciences, March 1953*, Cambridge(Mass) 1954.

Fuhrmann, Gunhild: „Ferienscheck und Balaton: Urlaub und Tourismus in den 1960ern“, in: *MKF*, 33 (1993), S. 273-301.

Fulbrook, Mary: *Anatomy of a Dictatorship: inside the GDR 1949-1989*, Oxford/New York 1995.

Fulbrook, Mary: *The People's State: East German Society from Hitler to Honecker*, New Haven/London 2005.

Fulbrook, Mary: *Power and Society in the GDR, 1961-1979: the "Normalisation of rule"?*, New York/Oxford 2009.

Fulbrook, Mary: "The Concept of 'Normalisation' and the GDR in Comparative Perspective," in: ibd.(ed.): *Power and Society in the GDR, 1961-1979, the "Normalisation of Rule"?*, New York/Oxford 2009, pp. 1-30.

Gaus, Günter: *Wo Deutschland liegt: eine Ortsbestimmung*, Hamburg 1983.

Gill, Ulrich: *FDGB: die DDR-Gewerkschaft von 1945 bis zu ihrer Auflösung 1990*, Köln 1991.

Görlich, Christopher: „Urlaub vom Staat: zur Geschichte des Tourismus in der DDR“, in: *Potsdamer Bulletin für zeithistorische Studien*, 38/39 (2006/2007), S. 64-68.

Görlich, Christopher: „‚Die Deutschen werden reisen wie noch nie...‘: Tourismus in Ost- und Westdeutschland nach 1945, in: *DA*, 41 (2008) 3, S. 488-492.

Görlich, Christopher: *Urlaub vom Staat: Tourismus in der DDR*, Köln/Weimar/Wien, 2012.

Glaeßner, Gert-Joachim: *Die andere deutsche Republik: Gesellschaft und Politik in der DDR*, Opladen 1989.

Groschopp, Horst: *Zwischen Bierabend und Bildungsverein: zur Kulturarbeit in der deutschen Arbeiterbewegung vor 1914*, Berlin (Ost) 1985.

Habermas, Jürgen: *Strukturwandel der Öffentlichkeit: Untersuchungen zu einer Kategorie der bürgerlichen Gesellschaft*, Neuaufl., Frankfurt (Main) 1990.〔ユルゲン・ハーバマス（細谷貞雄、山田正行訳）『公共性の構造転換―市民社会の一カテゴリーについての探求　第二版』（未来社、一九九四年）。〕

Hankiss, Elmér: "The 'Second Society': Is There an Alternative Social Model Emerging in Contemporary Hungary?", in: *Social Research*, Spring/Summer 1988, S. 13-42.

Hanson, Stephen E.: *Time and Revolution: Marxism and the Design of Soviet Institutions*, Chapel Hill/London 1997.

Häußer, Ulrike/Merkel, Marcus (Hrsg.): *Vergnügen in der DDR*, Berlin 2009.

Heinz, Michael: *Von Mähdreschern und Musterdörfern: Industrialisierung der DDR-Landwirtschaft und die Wandlung des ländlichen Lebens am Beispiel der Nordbezirke*, Berlin 2011.

Heldmann, Philipp: *Herrschaft, Wirtschaft, Anoraks: Konsumpolitik in der DDR der Sechzigerjahre*, Göttingen 2004.

Herbst, Andreas/Stephan, Gerd-Rüdiger/Winkler, Jürgen (Hrsg.): *Die SED: Geschichte, Organisation, Politik, ein Handbuch*, Berlin 1997.

Hinsching, Jochen: „Der Bereich ‚Freizeit- und Erholungssport' im ‚ausdifferenzierten' Sport der DDR", in: ders. (Hrsg.): Alltagssport in der DDR, Aachen 1998, S. 15-33.

Hinsching, Jochen (Hrsg.): Alltagssport in der DDR, Aachen 1998.

Hockerts, Hans Günter (Hrsg.): *Drei Wege deutscher Sozialstaatlichkeit: NS-Diktatur, Bundesrepublik und DDR im Vergleich*, München 1998.

Hockerts, Hans Günter (Hrsg.): *Koordinaten deutscher Geschichte in der Epoche des Ost-West-Konflikts*, München 2004.

Hockerts, Hans Günter: „Soziale Errungenschaften? Zum sozialpolitischen Legitimitätsanspruch der zweiten deutschen Diktatur", in:Kocka, Jürgen/Puhle, Hans-Jürgen/Tenfelde Klaus (Hrsg.): *Von der Arbeiterbewegung zum modernen Sozialstaat: Festschrift für Gerhard A. Ritter zum 65. Geburtstag*,

München/New Providence/London/Paris 1994, S. 790-804.

Hoffmann, Dierk: „Sozialpolitik", in: Herbst, Andreas/Stephan, Gerd-Rüdiger/Winkler, Jürgen (Hrsg.): *Die SED: Geschichte, Organisation, Politik, ein Handbuch*, Berlin 1997, S. 345-362.

Holzweißig, Gunter: *Massenmedien in der DDR*, 2., völlig überarb. Aufl., Berlin (West) 1989.

Hübner, Peter: Konsens, *Konflikt und Kompromiß: soziale Arbeiterinteressen und Sozialpolitik in der SBZ/DDR 1945-1970*, Berlin 1995.

Hübner, Peter/Danyel, Jürgen: „Soziale Argumente im politischen Machtkampf: Prag, Warschau, Berlin 1968-1971", in: *ZfG*, 50 (2002) 9, S. 804-832.

Huck, Gerhard: *Sozialgeschichte der Freizeit: Untersuchungen zum Wandel der Alltagskultur in Deutschland*, Wuppertal 1980.

Iggers, Georg G./Jarausch, Konrad H./Middell,Matthias/Sabrow, Martin (Hrsg.) Die *DDR: Geschichtswissenschaft als Forschungsproblem*, München 1998.

Irmscher, Gerlinde: „„Arbeitsfrei mit Küßchen drauf': Zeit und Leben in den Sechzigern", in: *Wunderwirtschaft DDR-Konsumkultur in den 60er Jahren*, hrsg. von Neue Gesellschaft für Bildende Kunst, Köln/Weimar/Wien 1996, S. 37-47.

Irmscher, Gerlinde: „Freizeitleben: Muße, Feierabend, Freizeit", in: Evemarie Badstübner (Hrsg.), *Befremdlich anders: Leben in der DDR*, Berlin 2000 , S. 350-373.

Irmscher, Gerlinde: „Vergnügen an der frischen Luft: Camping in der DDR", in: Häußer, Ulrike/Merkel, Marcus (Hrsg.): *Vergnügen in der DDR*, Berlin 2009, S. 373-384.

Izeki, Tadahisa: *Das Erbe der Runden Tische in Ostdeutschland: bürgerorientierte Foren in und nach der Wendezeit*, Frankfurt (Main) 1999.

Izuta, Shunsuke: „Von ‚Zweierlei Deutschland' zur ‚Erneuerung Deutschlands': Vorgeschichte des Kulturbundes im Zweiten Weltkrieg, in: *Working Paper for JSPS-DFG Japanese-German Externship, Vol 6*.

Jarausch, Konrad H./Siegrist, Hannes (Hrsg.): *Amerikanisierung und Sowjetisierung in Deutschland 1945-1970*, Frankfurt (Main) 1997.

Jarausch, Konrad H.: „Realer Sozialismus als Fürsorgediktatur: zur begrifflichen Einordnung der DDR", in: *APuZ,* 48 (1998) 20, S. 33-46.

Jesse, Eckhard: „Die Totalitarismusforschung im Streit der Meinungen", in: ders.(Hrsg.): *Totalitarismus im 20. Jahrhundert:eine Bilanz der internationalen Forschung*, Bonn 1996 S. 9-39.

Jesse, Eckhard: *Totalitarismus im 20. Jahrhundert: eine Bilanz der internationalen Forschung*, Bonn 1996.

Jessen, Ralph: „Die Gesellschaft im Staatssozialismus: Probleme einer Sozialgeschichte der DDR", in: *GG*, 21 (1995) 1, S. 96-110.

Kaelble, Hartmut /Kocka, Jürgen/Zwahr, Hartmut (Hrsg.): *Sozialgeschichte der DDR*, Stuttgart 1994.

Kaiser, Monika: *1972-Knockout für den Mittelstand: zum Wirken von SED, CDU, LDPD und NDPD für die Verstaatlichung der Klein-und Mittelbetriebe*, Berlin 1990.

Kaiser, Monika: *Machtwechsel von Ulbricht zu Honecker: Funktionsmechanismen der SED-Diktatur in Konfliktsituationen 1962 bis 1972*, Berlin 1997.

Kaminsky, Annette: „‚Warenproduktion und Bedürfnisse in Übereinstimmung bringen': Markt- und Bedarfsforschung als Quelle der DDR-Sozialgeschichte", in: *DA* 31, (1998) 4, S. 579-593.

Kaminsky, Annette: *Wohlstand, Schönheit, Glück: kleine Konsumgeschichte der DDR*, München 2001.

Karlsch, Rainer: *Allein bezahlt? die Reparationsleistungen der SBZ/DDR 1945-1953*, Berlin 1993.

Kaschuba, Wolfgang/Korff, Gottfried/Warneken, Jürgen Bernd (Hrsg.): *Arbeiterkultur seit 1945: Ende oder Veränderung?*, Tübingen 1991.

Kaschuba, Wolfgang/Merkel, Ina/Scholze-Irrlitz, Leonore/Scholze, Thomas: „Forschungsbericht ‚Freizeitverhalten in der DDR und in den neuen Ländern: Geselligkeit, Fest- und Konsumkultur'", in: *Materialien der Enquete-kommission „Überwindung der Folgen der SED-Diktatur im Prozeß der deutschen Einheit" (13. Wahlperiode des Deutschen Bundestages), Alltagsleben in der DDR und in den neuen Ländern*, Bd. V, hrsg. vom Deutschen Bundestag, Baden-Baden/Frankfurt (Main) 1999, S. 655-744.

Katsch, Günter/Walz, Johann B.: *Kleingärten und Kleingärtner im 19. und 20. Jahrhundert: Bilder und Dokumente*, Leipzig 1996.

Kawai, Nobuharu: *Die „Freizeitpolitik" der SED und das Freizeitverhalten der „gewöhnlichen Bevölkerung" in der DDR: die Konkurrenz eines „furchtsamen politischen Regimes" mit einer „geschickten Resonanzgesellschaft"*, Rostock: Universität Rostock elektronische Publikation. 2011.

Kleßmann, Christoph: *Zwei Staaten, eine Nation: Deutsche Geschichte 1955-1970*, 2., überarb. und erw. Aufl., Bonn 1997.

Kleßmann, Christoph: *Arbeiter im „Arbeiterstaat" DDR: deutsche Traditionen, sowjetisches Modell, westdeutsches Magnetfeld 1945 bis 1971*, Bonn 2007.

Kleßmann, Christoph: „Relikte des Bildungsbürgertums in der DDR", in: Kaelble, Hartmut/Kocka, Jürgen/Zwahr, Hartmut (Hrsg.): *Sozialgeschichte der DDR*, Stuttgart 1994, S. 254-270.

Kleßmann, Christoph (Hrsg.): *Geschichte der Sozialpolitik in Deutschland seit 1945, Bd. 9: Deutsche Demokratische Republik 1961-1971: Politische Stabilisierung und wirtschaftliche Mobilisierung*, Baden-Baden 2006.

Kleßmann, Christoph: „Politische Rahmenbedingungen“, in: ders. (Hrsg.): *Geschichte der Sozialpolitik in Deutschland seit 1945, Bd. 9: Deutsche Demokratische Republik 1961-1971: Politische Stabilisierung und wirtschaftliche Mobilisierung*, Baden-Baden 2006.

Kocka, Jürgen/Puhle, Hans-Jürgen/Tenfelde, Klaus (Hrsg.): Von der Arbeiterbewegung zum modernen Sozialstaat: Festschrift für Gerhard A. Ritter zum 65. Geburtstag, München/New Providence/London/Paris 1994.

Kocka, Jürgen: „Eine ‚durchherrschte Gesellschaft'“ in: Kaelble, Hartmut/Kocka, Jürgen / Zwahr, Hartmut (Hrsg.), *Sozialgeschichte der DDR*, Stuttgart 1994, S. 547-553.

Kornai, János: *The Socialist System: the Political Economy of Communism*, Princeton 1992.

Koshar, Rudy: *German Travel Cultures*, Oxford/New York 2000.

Kuba, Karlheinz: „Der Feriendienst als soziales Dienstleitungsunternehmen des FDGB“, in: *Jahrbuch für Forschungen zur Geschichte der Arbeiterbewegung*, 2005/III (September), S. 64-79.

Lemke, Michael: *Die Berlinkrise 1958 bis 1963: Interessen und Handlungsspielräume der SED im Ost-West-Konflikt*, Berlin 1995.

Lindenberger, Thomas (Hrsg.): *Herrschaft und Eigen-Sinn in der Diktatur: Studien zur Gesellschaftsgeschichte der DDR*, Köln/Weimar/Wien 1999.

Lindenberger, Thomas: „Die Diktatur der Grenzen: zur Einleitung“, in: ders. (Hrsg.), *Herrschaft und Eigen-Sinn in der Diktatur: Studien zur Gesellschaftsgeschichte der DDR*, Köln/Weimar/Wien 1999, S. 13-44.

Lüdtke, Alf: *Eigen-Sinn: Fabrikalltag, Arbeitererfahrungen und Politik vom Kaiserreich bis in den Faschismus*, Hamburg 1993.

Ludz, Peter Christian: „Markt- und Bedarfsforschung in der DDR“, in: *DA,* 2 (1969) 5, S. 457-472.

Ludz, Peter Christian: *Parteielite im Wandel: Funktionsaufbau, Sozialstruktur und Ideologie der SED-Führung: eine empirisch-systematische Untersuchung* 3.Aufl., Opladen 1970.

Ludz, Peter Christian: *Soziologie und Marxismus in der Deutschen Demokratischen Republik*, Neuwied/Berlin (West) 1972.

Madarász, Jeannette Z.: *Conflict and Compromise in East Germany, 1971-1989: a Precarious Stability*, Basingstoke/New York 2003.

Madarász, Jeannette Z.: *Working in East Germany, Normality in a Socialist Dictatorship, 1961-79*, Basingstoke 2006.

Maier, Charles S.: "Consigning the Twentieth Century to History: Alternative Narratives for the Modern Era", *The American Historical Review 3*, 105 (2000), pp. 807-831.

Maier, Charles S.: "Two Sorts of Crisis? The 'long' 1970s in the West and the East", in: Hockerts, Hans Günter (Hrsg.), *Koordinaten deutscher Geschichte in der Epoche des Ost-West-Konflikts*, München 2004, S. 49-62.

Manz, Günter/Sachse, Ekkehard/Winkler, Gunnar (Hrsg.): *Sozialpolitik in der DDR: Ziele und Wirklichkeit*, Berlin 2001

Materialien der Enquete-kommission „Aufarbeitung von Geschichte und Folgen der SED-Diktatur in Deutschland" (12. Wahlperiode des Deutschen Bundestages), hrsg. vom Deutschen Bundestag, 9 Bände, Baden-Baden/Frankfurt (Main) 1995.

Materialien der Enquete-kommission „Überwindung der Folgen der SED-Diktatur im Prozeß der deutschen Einheit" (13. Wahlperiode des Deutschen Bundestages), hrsg. vom Deutschen Bundestag, 8 Bände, Baden-Baden/Frankfurt (Main) 1999.

McLellan, Josie: "State Socialist Bodies: East German Nudism from Ban to Boom", in: *Journal of Modern*

History, 79 (2007), S. 48-79.

McLellan, Josie: *Love in the time of Communism: Intimacy and Sexuality in the GDR*, Cambridge 2011.

Melis, Damian van: *"Republikflucht": Flucht und Abwanderung aus der SBZ/DDR 1945 bis 1961*, München 2006.

Merkel, Ina: *Utopie und Bedürfnis: die Geschichte der Konsumkultur in der DDR*, Köln/Weimar/Wien 1999.

Meuschel, Sigrid: *Legitimation und Parteiherrschaft in der DDR: zum Pradox von Stabilität und Revolution in der DDR 1945-1989*, Frankfurt (Main) 1992.

Meyer-Renschhausen, Elisabeth: „Kleinlandwirtschaft in der Regionalpolitik. Selbsthilfe durch informelle Wirtschaft: zur Rolle der Kleinlandwirtschaft in der Provinz", in: *DA*, 38 (2005) 4, S. 607-612.

Micksch, Jürgen: *Jugend und Freizeit in der DDR*, Opladen 1972.

Moranda, Scott: *The Dream of a Therapeutic Regime: Nature Tourism in the German Democratic Republic, 1945-1978*, Dissertation: University of Wisconsin-Madison, 2005.

Mühlberg, Felix: *Bürger, Bitten und Behörden: Geschichte der Eingabe in der DDR*, Berlin 2004.

Müller, Werner: „Doppelte Zeitgeschichte: Periodisierungsprobleme der Geschichte von Bundesrepublik und DDR", in: *DA*, 29 (1996) 4, S. 552-559.

Müller, Werner: „Freier Deutscher Gewerkschaftsbund (FDGB)", in: Broszat, Martin/Weber, Hermann (Hrsg.): *SBZ-Handbuch: staatliche Verwaltungen, Parteien, gesellschaftliche Organisationen und ihre Führungskräfte in der Sowjetischen Besatzungszone Deutschlands 1945-1949*, München 1990, S. 626-664.

Niemann, Heinz: *Meinungsforschung in der DDR: die geheimen Berichte des Instituts für Meinungsforschung an das Politbüro der SED*, Köln 1993.

Niemann, Heinz: *Hinterm Zaun: politische Kultur und Meinungsforschung in der DDR: die geheimen*

Berichte an Politbüro der SED, Berlin 1995.

Opaschowski, Horst W. : *Einführung in die Freizeitwissenschaft*, Opladen 1994

Opaschowski, Horst W. : *Freizeitökonomie: Marketing von Erlebniswelten*, Opladen 1995.

Opaschowski, Horst W.: „Freizeit", in: Weidenfeld, Werner/Korte, Karl-Rudolf (Hrsg.): Handbuch zur deutschen Einheit, Neuausgabe 1996, Bonn 1996, S. 330-339.

Ostdeutsche Kulturgeschichte, MKF, 33 (1993).

Pence, Katherine/Betts, Paul (eds.): *Socialist Modern: East German Everyday Culture and Politics*, Ann Arbor 2010.

Petzoldt, Gerlinde: „Freie Zeit - was nun?" Alltägliche Modernisierung in der Arbeitsgesellschaft der DDR, in: *MKF*, 33 (1993), S. 153-189.

Pirker, Theo/Lepsius, Rainer M./Weinert, Rainer/Hertle, Hans-Hermann: *Der Plan als Befehl und Fiktion: Wirtschaftsführung in der DDR*, Gespräche und Analysen, Opladen 1995.

Poutrus, Patrice G.: „Lebensmittelkonsum, Versorgungskrisen und die Entscheidung für den ‚Goldbroiler': Problemlagen und Lösungsversuche der Agar- und Konsumpolitik in der DDR 1958-1965", in: *Archiv für Sozialgeschichte*, 39 (1999), S. 391-422.

Poutrus, Patrice G.: *Die Erfindung des Goldbroilers: über den Zusammenhang zwischen Herrschaftssicherung und Konsumentwicklung in der DDR*, Köln/Weimar/Wien 2002.

Richthofen, Esther von: *Bringing Culture to the Masses: Control, Compromise and Participation in the GDR*, New York/Oxford, 2009.

Roesler, Jörg: *Zwischen Plan und Markt: die Wirtschaftsreform in der DDR zwischen 1963 und 1970*, Berlin 1990.

Roesler, Jörg: „Die Produktionsbrigaden in der Industrie der DDR: Zentrum der Arbeitswelt?“, in: Kaelble, Hartmut/Kocka, Jürgen/Zwahr, Hartmut (Hrsg.): *Sozialgeschichte der DDR*, Stuttgart 1994, S. 144-170.

Roesler, Jörg: *Inszenierung oder Selbstgestaltungswille? zur Geschichte der Brigadebewegung in der DDR während der 50er Jahre*, Berlin 1994.

Roesler, Jörg: „Das NÖS als Wirtschaftskonzept: Sichten, Tatsachen, Interpretationen“, in: *DA*, 31(1998) 3, S. 383-398.

Ross, Corey: *Constructing Socialism at the Grass-Roots: the Transformation of the East Germany, 1945-65*, Basingstoke/New York 2000.

Ross, Corey: *The East German Dictatorship: Problems and Perspectives in the Interpretation of the GDR*, London 2002.

Ruck, Michael/Boldorf Marcel (Hrsg.): *Geschichte der Sozialpolitik in Deutschland seit 1945. Bd. 4: Bundesrepublik Deutschland 1957-1966: Sozialpolitik im Zeichen des erreichten Wohlstandes*, Baden-Baden 2007.

Sachse, Carola: *Der Hausarbeitstag: Gerechtigkeit und Gleichberechtigung in Ost und West 1939-1994*, Göttingen 2002.

Saldern, Adelheid von: „Eine soziale Klasse ißt, trinkt und schläft nicht: Die Arbeitsgruppe ‚Kulturgeschichte der deutschen Arbeiterklasse‘“, in: Iggers, Georg G./Jarausch, Konrad H./Sabrow, Martin (Hrsg.): *Die DDR-Geschichtswissenschaft als Forschungsproblem*, München1998, S. 241-258.

Schaufuß, Thomas: *Die politische Rolle des FDGB-Feriendienstes in der DDR: Sozialtourismus im SED-Staat*, Berlin 2011.

Schildt, Axel: *Moderne Zeiten: Freizeit, Massenmedien und „Zeitgeist“ in der Bundesrepublik der 50er*

Jahre, Hamburg 1995.

Schmid, Günther/Oschmiansky, Frank: „Arbeitsmarktpolitik und Arbeitslosenversicherung“, in: Ruck, Michael/Boldorf, Marcel (Hrsg.): *Geschichte der Sozialpolitik in Deutschland seit 1945. Bd. 4: Bundesrepublik Deutschland 1957-1966: Sozialpolitik im Zeichen des erreichten Wohlstandes*, Baden-Baden 2007, S. 235-283.

Schröder, Karsten (Hrsg.): *In deinen Mauern herrsche Eintracht und allgemeines Wohlergehen: eine Geschichte der Stadt Rostock von ihren Ursprüngen bis zum Jahre 1990*, Rostock 2003.

Schroeder, Klaus: *Der SED-Staat. Partei, Staat und Gesellschaft 1949-1990*, München 1998.

Schuhmann, Annette: *Kulturarbeit im sozialistischen Betrieb : gewerkschaftliche Erziehungspraxis in der SBZ/DDR 1946 bis 1970*, Köln/Weimar/Wien 2006.

Schuhmann, Annette (Hrsg.): *Vernetzte Improvisationen: gesellschaftliche Subsysteme in Ostmitteleuropa und in der DDR*, Köln/Weimar/Wien 2008.

Seidel, Bruno/Jenkner, Siegfried (Hrsg.): *Wege der Totalitarismus - Forschung*, Darmstadt 1968.

Skilling, Gordon H./Griffiths, Franklyn (eds.): *Interest Groups in Soviet Politics,* Princeton 1971.

Skilling, Gordon H.: “Development or Retrogression?”, in: *Studies in Comparative Communism*, 15 (1982), 1-2, S. 125-130.

Skyba, Peter/Boyer, Christoph: „Politische Rahmenbedingungen“, in: Boyer, Christoph/Henke Klaus-Dietmar/Skyba, Peter (Hrsg.): *Geschichte der Sozialpolitik in Deutschland seit 1945. Bd. 10: Deutsche Demokratische Republik 1971-1989. Bewegung in der Sozialpolitik, Erstarrung und Niedergang*, Baden-Baden 2008, S. 4-66.

Staritz, Dietrich: *Geschichte der DDR*, Frankfurt (Main) 1985.

Steiner, André: *Die DDR-Wirtschaftsreform der sechziger Jahre: Konflikt zwischen Effizienz- und Machtkalkül*, Berlin 1999.
Steiner, André: *Von Plan zu Plan: eine Wirtschaftsgeschichte der DDR*, München 2004.
Steiner, André: „Preisgestaltung", in: Boyer, Christoph/Henke, Klaus-Dietmar/Skyba, Peter (Hrsg.): *Geschichte der Sozialpolitik in Deutschland seit 1945. Bd. 10: Deutsche Demokratische Republik 1971-1989: Bewegung in der Sozialpolitik, Erstarrung und Niedergang*, Baden-Baden 2008, S. 304-323.
Stitziel, Judd: *Fashioning Socialism: Clothing, Politics, and Consumer Culture in East Germany*, (Oxford/New York, 2005).
Sywottek, Arnold: „Stalinismus" und „Totalitarismus" in der DDR-Geschichte, in: *Deutsche Studien*, 31 (1993), S. 25-38.
Tano, Daisuke „‚Achse der Freizeit': der Weltkongress für Freizeit und Erholung 1936 und Japans Blick auf Deutschland", in: *ZfG*, 58 (2010) 9, S. 709 -730.
Tinbergen, Jan: *Convergence of Economic Systems in East and West*, Rotterdam 1965.
Tietze, Gerhard: „Die Sozialpolitik: wichtiges Aufgabengebiet der Gewerkschaften", in: Manz, Günter/Sachse Ekkehard/Winkler, Gunnar (Hrsg.): *Sozialpolitik in der DDR: Ziele und Wirklichkeit*, Berlin 2001, S. 83-98.
Voigt, Dieter: *Soziologie in der DDR: eine exemplarische Untersuchung*, Köln 1975.
Voigt, Dieter/Mertens, Lothar (Hrsg.): *Minderheiten in und Übersiedler aus der DDR*, Berlin 1992.
Weber, Herman: *Die DDR 1945-1986*, München 1988.〔H・ヴェーバー（斎藤哲、星乃治彦訳）『ドイツ民主共和国史―「社会主義ドイツの興亡」』（日本経済評論社、一九九一年）。〕
Weber, Hermann: *Die DDR 1945-1990*, 3., überarbeitete und erweiterte Auflage, München 2000.
Weber, Hermann: *Geschichte der DDR*, München 1999.

Weber, Herman/Weber, Gerda: *Leben nach dem „Prinzip links“: Erinnerungen aus fünf Jahrzehnten*, Berlin 2006.

Weidenfeld, Werner/Korte, Karl-Rudolf (Hrsg.): H*andbuch zur deutschen Einheit*, Neuausgabe 1996, Bonn 1996.

Wilton, Dan: “The ‘Societalisation’ of the State. Sport for the Masses and Popular Music in the GDR”, in: Fulbrook, Mary (Hrsg.): *Power and Society in the GDR, 1961-1979, the “Normalisation of rule”?*, New York/Oxford 2009, pp. 102-129.

Wolter, Heike: *„Ich harre aus im Land und geh, ihm fremd“: die Geschichte des Tourismus in der DDR*, Frankfurt(Main)/London 2009.

Wolter, Heike: *Reisen in der DDR*, Erfurt 2012.

Zimmermann, Wolfgang: *Die industrielle Arbeitswelt der DDR unter dem Primat der sozialistischen Ideologie*, Münster/Hamburg/London 2002.

邦語文献

浅岡善治「権力と人民との『対話』―初期ソヴィエト政権下における民衆の投書」、松井康浩（編）『二十世紀ロシア史と日露関係の展望―議論と研究の最前線』（九州大学出版会、二〇一〇年）、六三―八六頁。

足立芳宏「戦後東ドイツ農村の難民問題と「社会主義」―戦後入植史としての土地改革・農業集団化」、『農業史研究』第四三号　二〇〇九年、二八―三九頁。

足立芳宏『東ドイツ農村の社会史―「社会主義」経験の歴史化のために』（京都大学学術出版会、二〇一一年）。

ハンナ　アレント（志水速雄訳）『人間の条件』（筑摩書房、一九九四年）。

ハナ　アレント（大久保和郎、大島かおり訳）『全体主義の起原　三　全体主義』（みすず書房、一九八一年）。

池田嘉郎『革命ロシアの共和国とネイション』（山川出版社、二〇〇七年）。

石井聡『もう一つの経済システム―東ドイツ計画経済下の企業と労働者』（北海道大学出版会、二〇一〇年）。

石井規衛『文明としてのソ連―初期現代の終焉』（山川出版社、一九九五年）。

伊豆田俊輔『東ドイツの文化同盟（一九四五―一九五八―知識人たちの自発性をめぐって』、東京大学大学院総合文化研究科博士学位論文、二〇一四年。

板橋拓己『アデナウアー―現代ドイツを創った政治家』（中央公論新社、二〇一四年）

市川ひろみ「東ドイツにおける教会と市民運動―『社会主義のなかの教会』の役割と限界」、『歴史評論』五四六号、一九九五年、四八―六三頁。

井上茂子「ナチス・ドイツの民衆統轄―ドイツ労働戦線を事例として」、『歴史学研究』五八六号（一九八八年）、一九六―二〇七頁。

井上茂子「日常と余暇」、矢野久／アンゼルム・ファウスト（編）『ドイツ社会史』（有斐閣、二〇〇一年）、二五三―二七六頁。

上杉重二郎「スターリン主義の諸問題―東ドイツにおけるマルクス主義的実践について」、『思想』四八六号（一二）、一九六四年、一七三二―一七四〇頁。

ヴェブレン（小原敬士訳）『有閑階級の理論』（岩波書店、一九六一年）。

エンゲルス（一條和生、杉山忠平訳）『イギリスにおける労働者階級の状態―一九世紀のロンドンとマンチェスター』（岩波書店、一九九〇年）。

近江谷左馬之介『ドイツの社会主義』（ありえす書房、一九八一年）。

大河内一男『余暇のすすめ』（中央公論社、一九七四年）。

大塚昌克『体制崩壊の政治経済学―東ドイツ一九八九年』（明石書店、二〇〇四年）。

小野寺拓也『野戦郵便から読み解く「ふつうのドイツ兵」―第二次世界大戦末期におけるイデオロギーと「主体

性」』（山川出版社、二〇一二年）。

小原淳『フォルクと帝国創設―十九世紀ドイツにおけるトゥルネン運動の史的考察』（彩流社、二〇一一年）。

影山日出弥「ザクセンにおける人民表決―東独憲法成立史の一側面」『愛知大学国際問題研究所紀要』、四一号、一九六七年、一〇五―一四五頁。

オルテガ・イ・ガセット（神吉敬三訳）『大衆の反逆』（筑摩書房、一九九五年）。

河合信晴「イギリスにおける東ドイツ研究の展開―メアリー・フルブルーク〔フルブルック〕の議論を中心にして」、『成蹊法学政治学研究』第三二号　二〇〇六年、三三―四四頁。

河合信晴「ドイツ民主共和国における個人的余暇の前提」『ドイツ研究』第四五号（二〇一一年）、七四―九三頁。

河合信晴「ドイツ民主共和国における余暇論―「自由な時間」から「余暇」へ」『三田学会雑誌』一〇七巻三号（二〇一四年）。

河本和子『ソ連の民主主義と家族―連邦家族基本法制定過程一九四八―一九六八年』（有信堂高文社、二〇一二年）。

菊池智裕「戦後東独エアフルト市における園芸の集団化―国際園芸博覧会を中心に　一九四五―一九六〇／六一年」『農業史研究』第四五号（二〇一一年）、七七―九〇頁。

木戸衛一「ソ連占領下ドイツにおける戦後変革の諸相」『歴史学研究』第六〇〇号（一九八九年）、三六―四五頁
ヴィクトリア・デ・グラツィア（豊下楢彦、高橋進、後房雄、森川貞夫訳）『柔らかいファシズム―イタリア・ファシズムと余暇の組織化』（有斐閣、一九八九年）。

ハルトムート・ケルブレ（永岑三千輝監訳、金子公彦・瀧川貴利・赤松廉史訳）『ヨーロッパ社会史―一九四五年から現在まで』（日本経済評論社、二〇一〇年）。

アラン・コルバン（渡辺響子訳）『レジャーの誕生　新版』（二〇一〇年、藤原書店）。

近藤潤三『移民国としてのドイツ―社会統合と平行社会のゆくえ』（木鐸社、二〇〇七年）。

近藤潤三『東ドイツ（ＤＤＲ）の実像―独裁と抵抗』（木鐸社、二〇一〇年）。

斎藤哲『消費生活と女性―ドイツ社会史（一九二〇～七〇年）の一側面』（日本経済評論社、二〇〇七年）。

塩川伸明『「社会主義国家」と労働者階級―ソヴェエト企業における労働者統轄　一九二九―一九三三年』（岩波書店、一九八四年）。

塩川伸明『ソヴェト社会政策史研究―ネップ・スターリン時代・ペレストロイカ』（東京大学出版会、一九九一年）。

塩川伸明『現存した社会主義―リヴァイアサンの素顔』（勁草書房、一九九九年）。

塩川伸明『冷戦終焉二〇年―何が、どのようにして終わったのか』（勁草書房、二〇一〇年）。

下田淳『ドイツの民衆文化―祭り・巡礼・居酒屋』（昭和堂、二〇〇九年）。

白川欽哉「東ドイツにおけるコンビナート改革（一九七六―八五年）―工業組織改革の構想と問題点」、『土地制度史学』三八号（一九九六年）、一―一八頁。

白川欽哉「ソ連占領地域における戦後賠償（一）―デモンタージュと工業の再編」、『経済論集（ノースアジア大学）』四号（二〇〇八年）、一九―三四頁。

白川欽哉「ソ連占領地域における戦後賠償（二）―デモンタージュと工業の再編」、『経済論集（ノースアジア大学）』五号（二〇〇八年）、一―一四頁。

高岡智子「『国民音楽』としての東ドイツロック―文化政策が生み出したポピュラー音楽」、『演劇映像学―演劇博物館グローバルＣＯＥ紀要』、二号、二〇一一年、二一―四〇頁。

田中洋子『ドイツ企業社会の形成と変容―クルップ社における労働・生活・統治』（ミネルヴァ書房、二〇〇一年）。

田中洋子「労働者文化と協会の形成」、若尾祐司・井上茂子（編）『ドイツ文化史入門―一六世紀から現代まで』、（昭和堂、二〇一一年）、一六七―一九八頁。

田野大輔『魅惑する帝国―政治の美学化とナチズム』(名古屋大学出版会、二〇〇七年)。

田野大輔「余暇の枢軸―世界厚生会議と日独文化交流」『ゲシヒテ』二　二〇〇九年、二一―三九頁。

田野大輔『愛と欲望のナチズム』(講談社、二〇一二年)。

アンヌ＝マリ・ティエッス「労働者の余暇組織と隠れた時間（一八八〇―一九三〇年）」、アラン・コルバン(渡辺響子訳)『レジャーの誕生　新版〈下〉』(二〇一〇年、藤原書店)、三五三―三八〇頁。

富田武『スターリニズムの統治構造―一九三〇年代ソ連の政策決定と国民統合』(岩波書店、一九九六年)。

仲井斌『ドイツ史の終焉―東西ドイツの歴史と政治』(早稲田大学出版部、二〇〇三年)。

原田一美「第三帝国における労働者」、『西洋史学』一四八号（一九八七年）、二五一―二六四頁。

原田昌博『ナチズムと労働者―ワイマル共和国時代のナチス経営細胞組織』(勁草書房、二〇〇四年)。

姫岡とし子、長谷川まゆ帆、河村貞枝、松本彰、中里見博、砂山充子、菊川麻里『ジェンダー』(ミネルヴァ書房、二〇〇八年)。

福永美和子「「ベルリン共和国」の歴史的自己認識―東ドイツ史研究動向より」、『現代史研究』四五号（一九九九年）六三―七三頁。

藤原辰史『ナチスのキッチン―「食べること」の環境史』(水声社、二〇一二年)。

星乃治彦『東ドイツの興亡』(青木書店、一九九一年)。

星乃治彦『社会主義国における民衆の歴史―一九五三年六月一七日東ドイツの情景』(法律文化社、一九九四年)。

星乃治彦『社会主義と民衆―初期社会主義の歴史的経験』(大月書店、一九九八年)。

松井康浩「スターリン体制下の個人と親密圏」『思想』九五二号（二〇〇三年）、六―三一頁。

松井康浩(編)『二十世紀ロシア史と日露関係の展望―議論と研究の最前線』(九州大学出版会、二〇一〇年)。

松井康浩「二十世紀ロシア知識人のライフストーリー研究の可能性」、同(編)『二十世紀ロシア史と日露関係の展望―議論と研究の最前線』(九州大学出版会、二〇一〇年)三八―五九頁。

松井康浩『スターリニズムの経験―市民の手紙・日記・回想録から』（岩波書店、二〇一四年）。

松本彰「一九世紀ドイツにおける男声合唱運動―ドイツ合唱同盟成立（一八六二年）の過程を中心に」、姫岡とし子、長谷川まゆ帆、河村貞枝、松本彰、中里見博、砂山充子、菊川麻里『ジェンダー』（ミネルヴァ書房、二〇〇八年）一一一―一六一頁。

安野正明『戦後ドイツ社会民主党史研究序説―組織改革とゴーデスベルク綱領への道』（ミネルヴァ書房、二〇〇四年。

矢野久『労働移民の社会史―戦後ドイツの経験』（現代書館、二〇一〇年）。

山田徹『東ドイツ・体制崩壊の政治過程』（日本評論社、一九九四年）。

山之内克子「変わりゆく都市文化―近世における余暇の成立と新しい生活様式」若尾祐司・井上茂子（編）『ドイツ文化史入門―一六世紀から現代まで』（昭和堂、二〇一一年）、一一三―一四一頁。

山本秀行『ナチズムの時代』（山川出版社、一九九八年）。

労働政策研究・研修機構編『労働時間規制に係る諸外国の制度についての調査』（二〇一二年）。

若尾祐司・井上茂子（編）『ドイツ文化史入門―一六世紀から現代まで』（昭和堂、二〇一一年）。

略語一覧

AHR　Archiv der Hansestadt Rostock　ロストック市公文書館
APuZ　Aus Politik und Zeitgeschichte: die Beilage zur Wochenzeitung „Das Parlament“　「政治と現代史から」誌
BA　Bundesarchiv　ドイツ連邦公文書館
BRD　Bundesrepublik Deutschland　ドイツ連邦共和国（西ドイツ）
CDU　Christlich Demokratishe Union Deutschlands　ドイツキリスト教民主同盟
ČSSR　Tschechoslowakische Sozialistische Republik　チェコスロバキア社会主義共和国
DA　Deutschland Archiv　「ドイツ史料」誌
DAF　Deutsche Arbeitsfront　ドイツ労働戦線
DDR　Deutsche Demokratische Republik　ドイツ民主共和国（東ドイツ）
DHfK　Deutsche Hochschule für Körperkultur Leipzig　ドイツ身体文化専門大学
DIY　Do It Yourself　日曜大工・製作
FDGB　Freier Deutscher Gewerkschaftsbund　自由ドイツ労働組合総同盟（労働組合）
FDJ　Freie Deutsche Jugend　自由ドイツ青年同盟
FKK　Freiekörperkultur　身体文化活動（ヌーディスト文化）
GBl　Gesetzblatt der Deutschen Demokratischen Republik　ドイツ民主共和国法律集
GG　Geschichte und Gesellschaft　「歴史と社会」誌
KdF　Kraft durch Freude　歓喜力行団

KIM　Kombinat Industrielle Mast　養鶏コンビナート
KPdSU　Kommunistische Partei der Sowjetunion　ソ連共産党
LAG　Landesarchiv Greifswald　メクレンブルク・フォアポメルン州グライフスバルト公文書館
LPG　Landwirtschaftliche Produktionsgenossenschaft　農業生産協同組合
MEW　Karl Marx Friedrich Engels Werke　マルクス・エンゲルス全集
MIfB　Mitteilungen des Instituts für Bedarfsforschung　需要研究所紀要
MIfM　Mitteilungen des Instituts für Marktforschung　消費研究所紀要
MKF　Mitteilungen aus der kulturwissenschaftlichen Forschung　文化研究紀要
NÖSPL　Neues Ökonomisches System der Planung und Leitung　計画と指導のための新経済システム（新経済システム）
PGH　Produktionsgenossenschaft des Handwerks　手工業生産協同組合
SAG　Sowjetische Aktiengesellschaft der DDR　ソ連株式会社
SBZ　Sowjetische Besatzungszone　ソ連占領地区
SED　Sozialistische Einheitspartei Deutschlands　ドイツ社会主義統一党
SAPMO-BArch　Stiftung Archiv der Parteien und Massenorganisationen der DDR im Bundesarchiv　ドイツ連邦公文書館、諸党並びに各大衆団体寄贈文書館
SMAD　Sowjetische Militäradministration in Deutschland　ソ連軍政部
SPD　Sozialdemokratische Partei Deutschlands　ドイツ社会民主党
StJB　Statistisches Jahrbuch der Deutschen Demokratischen Republik　ドイツ民主共和国統計年鑑
UdSSR　Union der Sozialistischen Sowjetrepubliken　ソヴィエト社会主義共和国連邦（ソ連）
VEAB　Volkseigener Erfassungs-und-Aufkaufbetrieb für landwirtschaftliche Erzeugnisse　農業生産に関する

物資生産並びに供給公社（農業用具供給公社）

VEB　Volkseigener Betrieb　人民所有企業

VKSK　Verband der Kleingärtner, Siedler und Kleintierzüchter　小菜園並びに家庭菜園愛好家・小動物飼育家連盟（小菜園連盟）

WOGS　Wirtschaftsvereinigung Obst – Gemüse – Speisekartoffeln　果物・野菜・食用ジャガイモ流通機構

ZfG　Zeitschrift für Geschichtswissenschaft　「歴史学雑誌」誌

ZK　Zentralkomitee　（ソ連共産党・ドイツ社会主義統一党）中央委員会

あとがき

「世界には二つの体制が存在します。ひとつの体制は、自由を求めており、もう一つは平等を求めています。私たちはこの二つの体制を何と呼ぶのでしょうか。あなたはどちらの体制が望ましいと思いますか。」

これは一九八九年春、中学の世界地理の最初の授業において、先生が私たちに投げかけた問いかけであり、この質問はまだ現実的に意味を持っていました。しかし、その年の秋から冬にかけて、東欧の社会主義体制は相次いで崩壊していきました。なぜ、平等を掲げ、みんな仲良く暮らしているはずの国がつぶれるのだろうか、そんな疑問が心のどこかにずっと残っていたのだと思います。

研究の道へと足を踏み入れることを決めた際、この中学時代の疑問を解くことを研究テーマにしました。そこで対象に選んだのが、消滅してしまった東ドイツという国でした。「ベルリンの壁」が崩れていくシーンが印象的だったことから、この国を検討することになったのです。ただ、修士論文を終えた後、遅々として研究は進みませんでした。当時、ドイツでは一次史料にもとづいた膨大な量の先行研究が生み出されている最中で、その波に飲みこまれて焦燥感だけが募るという状況でした。

念願であったロストック大学に留学がかなった二〇〇五年春、週末に一人でロストック郊外の観光地、ヴァルネミュンデの海岸を散歩していたときのことです。余暇という日常生活の一コマから政治を見ることが重要ではないだろうかと考えが浮かんできました。いったん調べることが決まった後、ドイツでの研究は非常に楽しく、文書館をめぐりながら、ロストックでの「牢獄暮らし」（私が平素利用していたのは、東ドイツ研究のための蔵書がある専門図書室で、元シュタージの監獄だった場所です）を六年続けることになりました。それにしても多くの時間を費やしてしまったばかりか、特に帰国してからのこの四年間は、コンスタントに成果をあげることができなかった点で反省するばかりです。

果たして、ロストックの図書館で、後述の司書の方がおっしゃった、「河合さん、確かに東ドイツでは大変でした。でも、不満ばかりがあったわけではないのです」という言葉を証明するような説得的な議論ができているのかどうか、その判断は読者に委ねるしかありません。ただ、私はこの言葉の重みをこれからの研究に生かしていきたいと思っています。

本書は、ロストック大学に提出し電子出版されている博士論文と、日本語で発表しました以下の論文を元にしています。ドイツ語の博士論文からは大幅に書き直しをしています。

- *Die „Freizeitpolitik" der SED und das Freizeitverhalten der "gewöhnlichen Bevölkerung" in der DDR : Die Konkurrenz eines "furchtsamen politischen Regimes" mit einer "geschickten Resonanzgesellschaft"*, Rostock: Universität Rostock elektronische Publikation 2011.
- 第一章「ドイツ民主共和国における個人的余暇の前提」『ドイツ研究』四五号（二〇一一年）。
- 第二章「ドイツ民主共和国における余暇論―「自由な時間」から「余暇」へ」『三田学会雑誌』一〇七巻三号（二〇一四年）。

長年、研究に集中できたのは日本では『公益財団法人　旭硝子奨学会』、ドイツでは『メクレンブルク・フォアポメルン州博士課程学生支援法に基づく奨学制度』の給付奨学金による経済的なご支援のおかげです。また本書の出版にあたっては、母校である成蹊大学法学部・法学政治学研究科のご配慮により出版助成を頂戴しました。

本書の刊行は非常に難産だったことを告白せざるを得ません。ただ、その中でもドイツ統一から二五年目の今年、なんとか長年の宿題を出せることができたのも、多くの方々から頂いているご支援のおかげです。ここに感謝の言葉を述べさせていただきます。

大学時代から、社会主義体制研究の手ほどきをしてくださり、指導教授であったのは成蹊大学名誉教授の富田武先生です。

ドイツ語でいうところの「博士の父」と呼びうる先生が私には三人おります。この方々がいなければ、本書の刊行は叶いませんでした。ドイツの母校であるロストック大学では、Prof. Dr. Werner Müller先生が指導教授を引き受けてくださり、絶えず励ましの言葉を頂いただけでなく、奨学金獲得のために奔走していただきました。

日本に帰ってきてからは、慶應義塾大学経済学部教授の矢野久先生にお世話になっています。先生には現代書館を紹介していただいたのみならず、さまざまな問題が生じた折、本当に親身になって相談に乗っていただいております。

そして、なによりも明治大学政治経済学部教授であった故斎藤哲先生は、かってに押しかけてきた私を、事実上の弟子としてMüller先生をご紹介してくださり、さらにはドイツに渡ってからも何かにつけてご指導を頂きました。お叱りもたびたび頂戴しましたが、それ以上にいつも心配をしていただきました。その先生からは業績をあげることをつとに言われながらも、存命中に何らの成果を形にすることができませんでした。恥じ入るばかりです。

斎藤先生はロストックでお会いした際、留学がうまくいくかどうかの重要な人間関係が三つあるとおっしゃっていました。一つは指導教授との関係ですが、二つ目は周りにいる諸先生や同僚となる院生、三つ目は図書館の司書の方との関係が鍵になると。私はドイツにおいてだけでなく、日本における研究生活においても総じてこの人間関係に恵まれました。ロストックでは、Prof. Dr. Mario Niemann, Prof. Dr. Alexander Gallus, Dr. Fred Mrotzek の各先生からはいろいろとアドバイスをいただきました。Prof. Dr. Kersten Krüger, Prof. Dr. Peter Burschel の各先生には博論審査でお世話になりました。

同じ時期、Müller 先生の下で共に東ドイツ研究を学んだ Dr. Michael Heinz, Gunnar Peters, Dr. Christopher Dietrich の三氏からは多くの研究上の刺激をいただきました。私のできの悪いドイツ語を修正してくれたのは、Dr. Martin Buchsteiner, Dr. Antje Strahl, Catharina Trost の各氏であり、そして、博士論文は Raik Dowedeit 氏が集中的に見てくださいました。当時、日本からマックス・プランク人口学研究所に来ていた、福田節也、影山純二のお二人とは、日本語で研究の話を何度もさせていただきました。

成蹊大学では学部時代から、加藤節、西崎文子、宮本光雄の各先生が政治学と歴史学のイロハを教えてくださいました。私のドイツ語の基礎を作ってくださったのは馬上德先生であり、里村和秋先生からもご配慮をいただいています。また、大学・大学院の大先輩でもあり、一年生のゼミ担当であった滝口太郎先生には現在でも相談にのっていただいております。やはり大先輩でもある亀嶋庸一先生からは、学長という非常にお忙しい立場にある中で、本書の助成を受けるにあたり多大なご助力をいただきました。さらには、遠藤誠治先生には、本書の刊行のためすべてにご尽力をいただき、最後は本書のタイトルをつける段階で、高安健将先生と共にお知恵をお借りしました。

学外にあっては、東ドイツ研究の先達である星乃治彦、近藤潤三、足立芳宏、石井聡、白川欽哉の各先生をはじめとした多くの先生方から学ばせていただいています。また、川越修先生には、東ドイツを考える共同研究会に誘っていただき、そこでの足立、石井の両先生の他、市川ひろみ、清水耕一、植村邦彦の各先生、高岡智子、上ノ山賢一の各氏との議論から、多くの示唆を受けました。

なお、本書の元になった原稿を読んでコメントをくださったのは、親しくさせていただいている原田昌博先生、板橋拓己氏です。その板橋氏が主宰しているドイツ政治外交史研究の科研プロジェクトに参加することで、政治に対する多様な見方を養うことができています。この研究会メンバーの方々、とりわけ北村厚氏、さらには他の研究会で一緒になった伊豆田俊輔、笹岡伸矢の各氏は、私が研究に向かう意欲を駆り立ててくれます。斎藤ゼミの先輩でもある水戸部由枝先生には、日本に帰国して以降、姉弟子として研究を継続していく上での励ましとご支援を絶えずいただいています。また、西山暁義先生にも助けていただいております。長年、成蹊大学でお世話になってきた江口伸吾、杉守慶太、三宅麻理、上原史子、佐藤高尚、鶴恒介、川口雄一の各氏のご厚情も忘れることはできません。

ロストック大学のDDR-Bibliothekにおいては、専門司書であったDr. Marcus Schröter氏だけでなく、歴代の司書であるBrigit Mau, Petra Hadaschik, Marion Grödelのお三方にお世話になりました。特にお三方は、私の日々の話し相手になっていただいたばかりか、毎日のようにコーヒーをごちそうしてくれました。現在では、奥田結衣、大徳貴美子のお二人をはじめとした成蹊大学情報図書館一階カウンターの皆さんに支えられています。彼女たち司書の方々の協力があってはじめて、私は研究を円滑に進めることができるのです。

一次史料調査にあたって、ベルリンの連邦公文書館では、Sieglinde Hartmann、グライフスバルト州公文書館ではKristen Schäffner、ロストック市公文書館では、Dr. Karsten SchröderとCarmen Strobelの各氏に多くを負っています。この本の表紙カバーの写真は、いずれもロストック市公文書館が所蔵するものであり、今回は特別に無料で使うことをお許しいただきました。

大学時代や古くからの地元の友人たちは、研究において迷いが生じたときには、私が拠って立つべき土台を常に提供してくれています。彼らの変わらぬ友情にどれだけ助けられたことか。

出版事情が厳しい中で本書の刊行を引き受けてくださり、編集担当となっていただいた現代書館の吉田秀登さんには、ぎりぎりの日程の中で作業を強いることになり、また、この本の製作に携わった他の方々にも多大なご迷惑をおかけしました。特にお詫びと感謝を申し上げます。

東京に来るたびに弟の正樹に助けてもらっています。最後に、小学生時代には授業サボタージュを繰り返して周囲を困らせ、今なお迷惑をかけ続けているドラ息子としかいいようがない私に、物心共に惜しみない援助を与えてくれている両親、隆とふさ子に、つたないものではありますが本書を捧げます。

河合信晴

二〇一五年三月
母校の図書館において、もう一つの母校の小さな図書室への想いと共に

河合信晴（かわい　のぶはる）
一九七六年、静岡県浜北市（現、浜松市）生まれ。
一九九九年、成蹊大学法学部政治学科卒業。
二〇一一年、ドイツ連邦共和国、ロストック大学哲学部歴史学研究所博士課程修了。Dr. Phil.(Zeitgeschichte)：博士（現代史）。
現在、慶應義塾大学通信教育部兼任講師、成蹊大学法学部非常勤講師、ほか非常勤講師。
専攻：ドイツ現代史（東ドイツ研究・政治社会史）。
主要業績：
Die „Freizeitpolitik" der SED und das Freizeitverhalten der „gewöhnlichen Bevölkerung" in der DDR: Die Konkurrenz eines „furchtsamen politischen Regimes" mit einer „geschickten Resonanzgesellschaft", Rostock: Universität Rostock elektronische Publikation 2011.
「ドイツ民主共和国における個人的余暇の前提」『ドイツ研究』四五号（二〇一一年）。
「ドイツ民主共和国における余暇論―「自由な時間」から「余暇」へ」『三田学会雑誌』一〇七巻三号（二〇一四年）。

政治《せいじ》がつむぎだす日常《にちじょう》
――東《ひがし》ドイツの余暇《よか》と「ふつうの人《ひと》びと」

二〇一五年三月二十五日　第一版第一刷発行

著　者　河合信晴
発行者　菊地泰博
発行所　株式会社現代書館
東京都千代田区飯田橋三―二―五
郵便番号　102-0072
電　話　03（3221）1321
F A X　03（3262）5906
振　替　00120-3-83725
組　版　プロ・アート
印刷所　平河工業社（本文）
東光印刷所（カバー）
製本所　積信堂
製　図　曽根田栄夫
装　幀　箕浦　卓

校正協力・吉沢里枝子
 ISBN978-4-7684-5760-3

http://www.gendaishokan.co.jp/

活字で利用できない方のための
テキストデータ請求券
『政治がつむぎだす日常』

現代書館

矢野　久　著
労働移民の社会史
――戦後ドイツの経験

ナチスの苛烈な民族主義から敗戦を経て民主化へ。経済成長期に大量に渡独してきた外国人労働者は「新たな国民」になれたのか？　人種・宗教・階級・文化の相克はドイツをどう変えたのか。多民族社会ドイツの歴史を一次資料で解明する。

2400円＋税

矢野　久　著
ナチス・ドイツの外国人
――強制労働の社会史

慶應義塾大学教授でナチスドイツ研究の第一人者が、口語体の文章で易しく書き下ろしたナチス期の外国人労働者研究入門。ナチスの恐怖は戦争・人種差別だけにあるのではない。ヒトラー政権下の外国人労働者を通して初めて分かる史実を詳かにする。

2300円＋税

W・ベンツ 著／斉藤寿雄 訳
反ユダヤ主義とは何か
――偏見と差別のしぶとさについて

今も欧米に根深く残る反ユダヤ主義とは何か？　ユダヤ人への憎しみは民族問題か？　宗教問題か？　複雑に絡み合う差別構造をナチズム研究の泰 斗が分かりやすく解説。ナチスの組織犯罪とともにナチス以外のユダヤ人差別の問題も分析。

2800円＋税

F・バヨール／D・ポール 著　中村浩平／中村仁 共訳
ホロコーストを知らなかったという嘘
――ドイツ市民はどこまで知っていたのか

それはナチスの罪だったのか、ドイツ人全体の罪だったのか。ユダヤ人の大量殺戮に感づきながらも知らぬふりをしたドイツ国民の罪を問う。当時から〈公然の秘密〉であったホロコーストの真相を明らかにし、未だ反省なきドイツ精神を検証する。

2200円＋税

平野　洋　著
東方のドイツ人たち
――二つの世紀を生きたドイツ人たちの証言集

冷戦後、旧ソ連邦から約二三〇万人もの「ボルガドイツ人」がドイツ国内に移住している。在独トルコ人に迫る最大マイノリティを形成しつつ、ドイツの民族像・歴史観を揺るがす存在になりつつあるボルガドイツ人から欧州の現在を見つめる。

2000円＋税

平野　洋　著
伝説となった国・東ドイツ

EUの中心国・ユーロの立役者である大国ドイツ。その見えざるもう一つの顔・旧東ドイツの実態に迫る。冷戦後の矛盾を内にかかえ、民族激動の二一世紀になり排外主義が昂まる旧東独地域に密着し、国際化と国粋化が交差する揺れる欧州を活写する。

2100円＋税

定価は二〇一五年三月一日現在のものです。